杨国安 著
和阳 整理

数智革新
中国企业的转型升级
HOW CHINESE ENTERPRISES EMBRACE
DIGITAL TRANSFORMATION

1010001010101010101011110000010101
0111001010110111001010110111001010101101
010
100
101

中信出版集团｜北京

图书在版编目（CIP）数据

数智革新：中国企业的转型升级 / 杨国安著；和阳整理 . -- 北京：中信出版社，2021.12（2025.2 重印）
ISBN 978-7-5217-3752-3

I. ①数… II. ①杨… ②和… III. ①企业管理－研究－中国 IV. ① F279.23

中国版本图书馆 CIP 数据核字（2021）第 221743 号

数智革新：中国企业的转型升级
著者： 杨国安
整理者： 和阳
出版发行：中信出版集团股份有限公司
（北京市朝阳区东三环北路 27 号嘉铭中心 邮编 100020）
承印者： 河北鹏润印刷有限公司

开本：880mm×1230mm 1/32　印张：11　　字数：240 千字
版次：2021 年 12 月第 1 版　　印次：2025 年 2 月第 7 次印刷
书号：ISBN 978-7-5217-3752-3
定价：68.00 元

版权所有·侵权必究
如有印刷、装订问题，本公司负责调换。
服务热线：400-600-8099
投稿邮箱：author@citicpub.com

目录

推荐语 ·· VII

推荐序　数字化的责任 / 马化腾 ············· XXV

自序　寻找中国企业数字化转型升级最佳答案 ······ XXVII

第一章 不要成为数字化、智能化时代的恐龙

什么是数字化转型 ································ 006

企业数字化转型三阶段 ··························· 007

信息化阶段 ··· 008

数字化阶段 ··· 009

智能化阶段 ··· 010

数字化、智能化五大基础设施 ··················· 011

数据源头：万物皆可数字化 ······················ 012

数据采集：传感器普及 ··························· 012

数据传输：4G 普及，5G 到来 ·················· 014

数据存储与算力："云"的迭代 ·················· 015

数据应用：人工智能辅助甚至代替决策 ········ 016

数智革新杨五环 ·································· 017

杨五环：战略驱动 ································· 019

杨五环：业务重构 ································· 020

杨五环：科技赋能 ································· 021

杨五环：组织升级 ································· 022

杨五环：变革领导力 ······························ 023

数字化转型三大洞察 ····························· 024

数字化是工具，更是战略 ························· 025

数字化的威力不是加法，而是乘法 ·············· 026

数字化转型，本质还是转型 ······················ 026

带来启发的 5 个案例 ····························· 027

第二章 杨五环方法论

杨五环：战略驱动的三层视角 ········· 033
 国家视角 ········· 034
 行业视角 ········· 035
 公司视角 ········· 036
杨五环：业务重构的三个切入点 ········· 036
 行业切入点 ········· 037
 商业模式切入点 ········· 038
 难易度切入点 ········· 039
杨五环：科技赋能，稳字当头 ········· 040
杨五环：组织升级，杨三角历久弥新 ········· 043
 员工能力 ········· 043
 员工思维 ········· 045
 员工治理 ········· 047
杨五环：变革领导力，贯穿始终 ········· 049
 战略洞察 ········· 049
 勇气决心 ········· 050
 资源投入 ········· 051

第三章 美的：如何穿越时代

战略驱动 × 业务重构 ········· 058
 为什么要改变 ········· 058
 数字化 1.0 和标准化 ········· 063
变革领导力 × 科技赋能 × 组织升级 ········· 065
 方洪波的犹豫 ········· 065

定制化开发	068
去中心化	073
勇气与决心	075
战略驱动	077
初胜中的焦虑	077
想跟上时代	079
业务重构	081
被颠覆的渠道	081
小天鹅与 T+3	084
科技赋能 × 变革领导力	086
自研系统是最艰难的决策	086
IT 投入的效果在哪里	088
小天鹅突围	090
输出工业互联网	093
科技赋能 × 业务重构	095
数据驱动经营	096
智能家居歧途	098
全面智能化遇阻	100
四大战略主轴与智能化破局	103
**青腾一问	杨国安对话方洪波、张小懿**	107

第四章

便利蜂：数字化系统如何"驾驶"一家公司

战略驱动 × 业务重构	117
为什么选便利店	117
如何理解技术	121

服务水平一致性	124
不要加盟要直营	126
组织升级 × 科技赋能	128
跨界团队启航	128
"数字"的来源	130
"老法师"与技术人员的协同	131
让门店运营更简单	133
最优化的强耦合场景	135
人与系统的重新分工与定位	138
变革领导力	141
人机协同受阻，纠结 2018	141
拥抱变化	143
业务重构	146
系统决定经营的成果	146
刚想迈开腿，疫情来了	149
疫情下的大考	151
加速扩张，相信技术的力量	153
青腾一问｜杨国安对话庄辰超	156

第五章　新瑞鹏：如何同步推进信息化、数字化、智能化

业务重构 × 科技赋能	166
"野蛮人"串门，求老板回国	166
App 会改变世界	169
自研 CRP 与 HIS	172
战略驱动	176

内生增长时，行业过热	176
强强联手造航母	179
合并后的新格局	183
科技赋能 × 变革领导力 × 战略驱动	185
升级阿闻小程序	185
疫情加快数字化进度	187
CEO 亲自挂帅	189
医疗智能化	192
运营智能化	195
行业云	198
**青腾一问	杨国安对话彭永鹤**	200

第六章 新希望：科技要升级，组织先再造

战略驱动 × 组织升级	206
过不去的千亿	206
另辟蹊径	208
互信中的选择	212
体外创新，草根探索	214
勇气与决心	217
控股 + 投后管理	218
业务重构	222
创新业务试点，鲜生活的数字科技	222
产业链百花齐放	225
组织升级 × 战略驱动	228
"五新"理念	228
集团加速转型	230
**青腾一问	杨国安对话刘永好**	236

第七章 贝壳：引领行业升级创新者

战略驱动 245
 线下 VS 线上 245
 行业痛点，五大矛盾 247
 行业底层，尊严的意义 249

变革领导力 251
 求取尊严要先对内归因 251
 求取尊严的外部归因 255
 正反馈 258

科技赋能 × 业务重构 262
 线上升格 263
 先自营做大做深，再开放赋能同行 265
 启动智能化 269

战略驱动 274
 链家再定义互联网 274
 贝壳问世，行业情怀与成长动力 276

组织升级 279
 贝壳的考验 279
 公司标准改成平台标准 282
 贝壳一度遇阻 285

科技赋能 × 战略驱动 287
 人、物、流程的数据化 287
 走向新居住 291

青腾一问 | 杨国安对话彭永东 295

注　释 301

推荐语

今年,新希望就将步入"四十不惑"。这些年我看到市场变了,社会变了,所以新希望也必须变。这个变,不是小修小补,而是大刀阔斧。

对于新希望来说,数字化转型不是引入技术人才就够了,而是要作为一个顶层战略,并进行组织再造和文化再造。实践证明,杨国安教授在《数智革新:中国企业的转型升级》一书中所阐述的"数智革新杨五环"转型路线图和三大洞察,对于像我们这样需要在瞬息万变的市场中持续不断地探索和拥抱全新领域的传统企业而言,是很有意义的。你可以用这本书定位自己的阶段,也可以用这本书规划自己的路径。这本书值得正在思考数字化转型的企业家们一读。

——刘永好　新希望集团董事长

推动数字化转型的难度好比一口气,有时候,一口气突破了、顶住了,可能就是一片新的天地。有时候没有憋过去,又回到起点。杨国安教授见证了美的的数字化转型,我和他也有很多沟通和交流。

我推荐正在转型以及准备着手转型的企业家读读《数智革新:中国企业的转型升级》这本书。杨教授在这本书中提炼出的"数智革新杨五环"转型路线图,以及优秀的企业案例故事,相信会给大家带来很多启发。

——方洪波　美的集团董事长兼总裁

我们已处在数字化时代的洪流中，我们必须主动拥抱数字化。如书中所言，我们应该了解数字化转型的本质：尽可能地挖掘和释放"数据"的价值。

杨国安教授的这本书，从理论和案例企业的角度描绘了数字化转型的各种可能，我们可以从中深刻了解数字化和数据的价值。

——庄辰超　斑马资本创始人

贝壳创立的初心就是希望我们的存在，让这个产业变得不一样。鼓励我坚定推进数字化的原因，就是能真切看到产业数字化对消费者体验的有利推动和行业效率的提升。非常荣幸能够提前拜读杨国安教授的新书《数智革新：中国企业的转型升级》，钦佩他多年来在中国企业数字化转型领域的持续研究和探索。这是一本帮助企业将数字化转型落地的实操指南，帮助企业家理解数字化背后的意义，找准数字化转型的切入点。

——彭永东　贝壳找房董事长兼 CEO

感谢杨国安教授给我们带来的思想启迪和指导。乌卡（VUCA）时代的来临，加上全球科技的迅猛发展，数字化已经成为社会生活中企业这个大物种群实现生物进化和演化跃迁的"新气候"。深耕宠物行业、专注于宠物医疗领域的新瑞鹏将致力于通过覆盖全服务场景、覆盖服务受众的全生命周期和覆盖所有企业伙伴全价值链的深度数字化，把适应"气候"的数字化"新基因"敲入每一个服务业务，使之渗进血液，磨入骨髓，让企业长出"新鳍骨"、"新四肢"、"新羽毛"和"新翅膀"，以适应新的全领域数字化生态，并朝着智慧生物迈进，取得持续精进。书中所提到的企业，也都是各行各业的佼佼者，是新瑞鹏的大哥哥和大姐姐，都是值得我们大力学习的好榜样。数字化时代，我们一起努力！

——彭永鹤　新瑞鹏集团董事长兼总裁

杨国安教授将理论与实践结合，从"杨三角"理论到"杨五环"路径，梳理清晰了千行百业数字化转型的思考原点，也提供了一套被实践证明行之有效的基本路径。作为知行合一的佳作，值得我们在产业数字化的征途上去用心体会和思考。虽然产业数字化注定道阻且长，但是我们相信行而不辍，未来可期。

——汤道生　腾讯公司高级执行副总裁、云与智慧产业事业群CEO

迫不及待地向大家推荐杨教授的这本新书。数字化时代的"数智革新杨五环"路线图之于数字转型，有如当年组织能力的"杨三角"理论对组织变革的震撼，从一个个翔实生动的案例提炼出了数字化转型的底层逻辑和通关路径，数智大潮扑面而来，无法回避，只能拥抱。

——俞熔　美年大健康集团董事长

企业数字化转型需要有明确的目标、创新的方式和清晰的转型路径。《数智革新：中国企业的转型升级》一书中，杨国安教授结合丰富的一线管理经验和数十年对于大量企业组织的研究，将一个复杂的话题变得简单、有逻辑且可行。

——李斌　蔚来创始人、董事长、CEO

在数字化转型越来越成为共识的时代，如何构建和升级与数字化转型相匹配的组织能力，让企业不断成长壮大，是所有企业家都关心的问题。数字化变革靠使命、愿景、价值观指引,靠企业增长战略驱动。数字化建设反过来又可以推进业务模式和流程的迭代升级,扩大战略目标的想象空间。

杨国安教授在《数智革新:中国企业的转型升级》中提到的观点和方法论,我们深有同感,同时对于我们进一步推动数字化变革很有指导意义。

——盛放　百丽国际执行董事、鞋类事业部及新业务事业部总裁

此前有幸与杨国安教授在《一问》节目上有过深入交流。杨教授将数字化企业分为新移民和原住民,他对二者都很了解。他十分清楚逸仙电商这类原住民企业的 DTC 直接面对消费者营销模式和数字化亮点,也很了解大量新移民企业的转型动力和路径。

《数智革新:中国企业的转型升级》这本书集成了教授对于企业数字化研究的精华,其中既包括了教授总结的路线图,也给出了企业案例辅以印证。推荐大家阅读此书,相信这本书会对更多企业的数字化转型升级带来帮助。

——黄锦峰　逸仙电商创始人、CEO

数字化的重要性,不言而喻。但如何将数字化应用到实际工作中,仍是大家所面对的挑战。为了推动数字化转型与应用,杨国安教授深入企业,调查研究,提炼归纳,总结出一系列颇具指导意义的经验。有幸参加北大-青腾未来产业学堂的学习,亲聆杨教授授课,对数字化转型与应用有了全新的认识。我们在公司积极推动数字化应用,取得了良好的成效。此书汇总了杨国安教授的调研成果,相信它一定会给读者带来意想不到的收获。

——邹其芳　瑞尔齿科创始人兼总裁

此前参与过《一问》纪实访谈节目的拍摄，与杨国安教授就行业及京东物流数智化发展有过深入交流。因为京东物流是一家横跨物理世界和数字世界的供应链物流服务公司，两者的智能交互和融合是京东物流核心能力之一。

这次欣闻教授做了大量调研的《数智革新：中国企业的转型升级》一书即将出版，先睹为快后向大家推荐。

这本书不仅提出了数字化转型的路线图"数智革新杨五环"，还囊括了大量的案例企业一手访谈和分析资料，为企业CEO了解数字化思维，剖析自己企业提供了可以借鉴的珍贵视角。

——余睿　京东物流CEO

不要做数字化时代恐龙的故事让人心头一颤，作为一个企业的领头人，最怕的事情就是没有看到所处环境不可逆转的变化，在原来的成功经验上埋头苦干。作为过往以线下实体经营为主体的消费品牌，我们感到这两年各种外部变化带来的经营改变超过了过去十年，未来也会有更多的不确定性和变化。我们深刻感受到数字化是工具，更是战略。

杨教授是我非常敬佩的人，他对不同的领域都有极高的学习热情，并且非常善于将学习经验总结成对企业经营有极强借鉴意义的理论体系。刚刚创业时，我就带全体管理层学习杨教授的"杨三角"，现在又带着团队学习杨教授的"杨五环"。在和教授一起学习、向这些优秀企业学习的过程中，我们对数字化战略如何落地更加清晰和坚定，也有了很多成功经验可以借鉴。

——彭心　奈雪的茶创始人

杨国安教授是我的师长，既有理论高度又有实践经验，并坚持"利他"为先的理念。期待借助"数智革新"机遇，与杨教授一起用好凯辉的独特投资、创业平台，助力更多企业家和创业者的数字化转型升级。

——蔡明泼　凯辉基金创始人兼CEO

杨国安教授深刻考察了数字化这股重要的力量，对于正在思考如何开展数字化转型的企业管理者来说，阅读《数智革新：中国企业的转型升级》是一个很好的开始。教授的洞察一贯非常敏锐，数字化转型的框架、阶段、路径、难点一一跃然纸上。这是一场根本性的革新，对外是重新定义商业模式，对内是重新定义组织与人才管理，企业管理者需要系统化的认知来实现蜕变。我一直在思考和实践人力资源数智化如何为客户创造更多价值，教授的新作增补了宝贵的视角，相信各位读者也能从教授研究的框架中收获启发。

——沈健　肯耐珂萨人力资源科技创始人兼CEO

有幸先看了杨国安教授的《数智革新：中国企业的转型升级》一书，其中既有框架清晰的转型路线图"数智革新杨五环"，又有优秀的企业案例可供对照。

这本书对于数字化转型有着深入浅出的理解，发人深省。企业高管可读，以印证自己所在企业的转型路线是否有所偏离，普通员工也可以了解公司为什么要进行数字化转型。安踏的数字化转型虽已启动数年，但也可从这本书获得颇多的启发。推荐大家一起读书！

——郑捷　安踏集团执行董事、集团总裁

跟随杨国安教授学习企业管理经验 17 年，从最初遇见组织能力的"杨三角"理论后就一发不可收。十几年来，跟着教授看世界，学知识，拜名师，访名企。杨教授总是能够洞察时代先机，将理论与实践相结合，提取出能够指导企业与时俱进的方法论。翘首以盼的《数智革新：中国企业的转型升级》终于面世了，它必将指引我们在数字时代转型升级中事半功倍！

——杨现祥　海丰国际控股有限公司董事局副主席兼 CEO

提升客户体验与优化运营效率是企业生存和发展的不二法门。数字化作为信息化和智能化的衔接者，能够显著提高企业决策的速度和准确性，在持续提升客户体验、优化运营效率的同时，又为未来企业的智能化发展奠定了坚实的基础。"数智革新杨五环"是杨教授从多个优秀企业身上提炼出来的通用性路线图，相信有志于数字化升级的企业在"数智革新杨五环"的帮助下能获得更大的成功。

——马旭广　思派集团 CEO

杨国安教授的新书《数智革新：中国企业的转型升级》是一本具有时代意义的思想实践一体化的佳作，对于传统企业数字化转型具有极强的指导价值，尤其是"不要成为数字化时代的恐龙"一语振聋发聩。天合光能也在光伏智慧能源和能源互联网的路上努力探索前进。

——高纪凡　天合光能股份有限公司董事长

像之前一样，杨国安教授将一个复杂的话题变得简单、有逻辑且切合实际，同时又给出了一个强有力的指南。不论是数字化原住民企业还是数字化新移民企业，都能从这本书中得到启发。企业高层、中层管理者和基层员工都可以从这本书中了解到自己在数字化转型中所扮演的角色,意识到个体对于组织的价值,从而深入转型升级的过程当中,为步入数字化时代的企业挖掘新价值。

——王旭宁　九阳股份有限公司董事长

《数智革新:中国企业的转型升级》是一位商业智者与中国的头部企业家的智慧盛宴,值得每一位站在快速变化的时代路口的创业者深入学习。杨教授的"数智革新杨五环"方法论提供了一套重要的思考工具,让每一个正在进行或期待进行数字化转型升级的企业有更好的框架基础,并结合一个个生动的企业数字化转型案例,解析从战略、组织、人才等多方面的数字化变革需求,帮助更多中国企业穿越下一个时代周期!

——刘小璐　NEIWAI内外创始人

数字化转型无疑是当今企业的突破点,但也是痛点、难点、疑点。杨国安教授的这本《数智革新:中国企业的转型升级》既有前瞻视野,又有丰富工具,更有翔实案例,为企业管理者们提供了具有借鉴意义的路线图和方法论。

——秦朔　知名媒体人、人文财经观察家

多年为客户提供数字化转型服务,我充分体会到数字化转型不仅仅是IT问题,背后是因战略而起的业务流程变革、组织变革、数据驱动等文化变革的问题。顶住压力,长周期投入,选择关键业务环节、关键生产要素,将其数字化,是制胜之道。作为组织变革的专家,杨教授所总结的"数智革新杨五环"转型方法论和深入剖析的五大案例,也充分体现了数字化切入点的选择策略,读完后让我大为获益,帮助我深入反思过往在数字化变革中的方法、经验和教训。

——吴明辉　明略科技创始人

杨教授的新书以多元视角审视了中国企业数字化进程，通过多维度分层分析和对产业的趋势性洞察，为我们展现了当前企业数字化转型的创新路径与模式。在瞬息万变的市场环境下，企业数字化早已不再是"要不要转型"的问题。这本书从众多企业数字化转型实战案例中总结提炼具体方法论，回答了"如何转型"这一话题，也为正在摸索中前行的企业进行数字化转型升级提供了新的解题思路。

——孙涛勇　微盟集团董事会主席兼CEO

非常高兴，能看到杨国安教授历时两年准备的著作《数智革新：中国企业的转型升级》即将问世。作为一个创业者，我在仔细拜读了杨教授的大作之后，觉得这是一本非常有实战价值的著作。杨教授在书中提出的"数智革新杨五环"路线图，针对企业——特别是传统企业在做数字化转型中遇到的五个关键节点做了深入的分析。杨教授实际访谈的五家优秀企业的案例，非常完美地给读者展示了企业在做数字化转型中遇到的机遇和挑战。我相信，这一定会给每位企业领导者带来很大的启发。

——李华　富途控股创始人、董事会主席、CEO

有幸上过杨国安老师的企业数字化转型专题课程和案例分析，他的实战经验和理论体系是前瞻的，揭示了中国绝大部分企业共性的战略问题与实战困惑。企业经营的三个原点是用户、产品和组织，随着数字化和技术的进步，连接用户的能力和方式变了，定义和交付产品服务变了，组织协同的方式变了，要转型升级成原本不存在的"物种"。企业创新经营需要把无的东西变成有，这个过程的理念改变和实践经验是宝贵的。这本书值得所有经营者精读细读。

——陶石泉　江小白酒业董事长

杨教授在这本书中构建了"数智革新杨五环"的理论架构，指明了从战略、技术、组织、业务到领导力的方法论，然后深入分析了诸多数字化转型成功企业的案例，提炼出了可以适用于相关行业的宝贵经验。永辉超市正处在数字化转型的过程中，我们正在努力践行杨教授的理论和经验。希望杨教授的书可以帮助到更多的企业和企业家。

——张轩宁　永辉超市创始人

杨老师是我在青腾学习时的老师，可以说珀莱雅这几年的数字化转型和杨老师有着千丝万缕的关系。这本书是我们课堂内容的高度总结和全新演绎，理论结合实践，值得所有准备转型、正在转型或者已经转型的企业家、经理人阅读学习，相信大家可以在书中找到适合自己企业的路。

——方玉友　珀莱雅创始人兼 CEO

著名的组织能力"杨三角"理论从理念与实践上影响了一大拨中国企业组织与战略再造，相信"数智革新杨五环"，又将再一次引领中国企业数字化的转型实践，成为有用的抓手。我已经迫不及待，想在教授的导读解读下，去迎接书中五个企业案例给我带来的冲击与启发。

——李岷　虎嗅网创始人、CEO

杨国安教授的这本新书，不仅有理论，而且有鲜活的案例。数字化转型，不是一个技术问题，也不是一个工具问题，它是在追问我们一系列战略问题——我们究竟选择在多大的舞台上，以什么样的效率服务用户、迭代自我？

——罗振宇　罗辑思维、得到 App 创始人

最早，大家理解的数字化主要是交易层面的数字化。传统产业分别把生意纷纷搬上互联网。时间长了，大家发现自己的组织架构、运营规则、仓储库存完全匹配不上。现在企业的数字化，必须渗透到骨髓。不但管理要数字化、产品要数字化，甚至服务也要数字化。

希望大家能用杨国安教授的这本书把"数字化"看个通透，回身再把自己的企业用数字化梳理个通透。

——凯叔　凯叔讲故事 App 创始人

杨国安教授，不仅是世界级的管理大师，也是我尊敬的老师。在数字化走向智能化的数智新时代，杨国安教授的这本著作，既为老一代企业的"大象转身"提供了具体的路径，也为新一代企业的快速成长找到了方法。这本著作既有战略，又有实操；既有方法论，又有企业案例。杨国安教授用一如既往的理性和睿智，陪伴企业家一起闯关数智新时代。

——汪浩　好享家 CEO

这是一本帮助中国企业将数字化转型落地的实操指南，理论知识和实践打法兼备。数字化浪潮虽然已经到来许久，但成功者寥寥，对于很多传统企业来说，可能在第一步"究竟什么是数字化"就止步不

前了。这本书结合五大企业的转型案例，提炼出通用性路线图"数智革新杨五环"，可以帮助企业家把握好数字化转型的时机，找准数字化转型的切入点，科学地组织和实施，对企业数字化转型有很大帮助。

——马寅　阿那亚创始人

多年来跟随杨教授去海内外访名企，拜名师，受益良多。杨教授成体系的理论在每一个新浪潮来临之际都会给我们全新的理论指导及落地的具体工具。这本新书将为我们拨开数字化的迷雾，带领企业迈向新的里程！

——王燕清　无锡先导智能装备股份有限公司董事长、总经理

自12年前在中欧课堂听杨国安教授传授组织能力的"杨三角"，到后来持续学习杨国安教授关于组织能力突破、变革的基因等论述，三诺生物的成长过程就是按照杨国安教授的理论和指南来实践的。《数智革新：中国企业的转型升级》是杨国安教授在数字时代基于广泛的调研和深入的思考总结出的硕果，三诺生物将继续钻研、应用教授在这本书中提出的"数智革新杨五环"框架，建立"生物传感+IoT+AI"的智慧糖尿病管理能力，更好地拥抱数智新时代！

——李少波　三诺生物传感股份有限公司董事长

当前时代，"企业数字化转型"不是讨论"要不要做"，而是讨论"怎么做"。杨国安教授秉承常年以来的实践与方法论相结合的原则，不仅广泛深入国内各种领先和特色企业做调研，而且充分发挥入木三分的洞察提炼能力，用简洁的模式阐述复杂的道理，继组织能力的"杨三角"之后又提出"数智革新杨五环"的数字化转型路径。这

本书还有一个宝贵的部分是杨教授与五位成功掌舵数字化转型的企业家、高管的案例，它们生动展示了不同行业的企业数字化转型中那些精彩纷呈、刻骨铭心的的经历，让人受益良多之余，也备受鼓舞，坚定数字化转型的决心。

——谢鹏　北京深演智能科技股份有限公司联合创始人兼COO

有缘在清华-青腾未来科技学堂的课堂上，听到杨国安教授的课，新希望集团有幸成为教授新书中的标杆案例。

我自大学毕业后就加入了新希望集团，主导完成了新希望乳业的蝶变重生与上市，并在刘永好董事长的指导下创建了新希望集团的创新创业平台——草根知本。这些年来企业内部的改革以及数字化升级与转型遇到的阻力，过程中的纠结、困难、犹豫及深度思考后的解决方案，这本书里都悉数做了说明。感谢杨国安教授的"数智革新杨五环"理论框架的启发，也特别感谢刘永好董事长无条件地信任和支持。

除了新希望以外，这本书还提到了更多行业的转型实战经验。对于那些带领企业转型和快速成长的领导者来说，《数智革新：中国企业的转型升级》是一本必读书，书中提供的"数智革新杨五环"理论框架，可以帮助我们突破认知天花板，洞悉未来在哪里，路径是什么，结果会如何，恰似一张战略转型与组织再造的活地图！

——席刚　新希望乳业董事长、草根知本集团合伙人总裁

为打破孤立、分散困境，美的拉开数字化转型的序幕，定下"一个美的、一个系统、一个标准"变革决心。光是重构数字化转型基础，统一流程、IT系统、数据标准，美的就用了三年。杨国安教授和他的最新作品《数智革新：中国企业的转型升级》，给了我们很多深刻启示

和有益帮助。转型路上最难的其实是对未知的焦虑。希望更多传统产业的企业，能从这本书中学习、收获价值。

——张小懿　美的集团副总裁兼 CIO

　　杨国安教授是我在组织管理方面的启蒙老师之一，我对他的"杨三角"理论印象深刻。该理论总结得极其精练，落地也可以做到层层递进，在企业管理的不同阶段，都可以参考实践。如何应用好互联网的基础设施、数字化工具以提升和重构公司业务，提升企业效率乃至改变行业格局，是这个时代的主题之一，非常值得深度研究！

　　我本人也参加过杨教授的《一问》纪实访谈节目，对其在中国企业数字化升级和改造方面倾注的心血和精力非常佩服。这本新书对企业数字化转型升级的思考非常深入，把行业格局、战略管理、组织变革等整合在一起，提供了非常宏观的视角，也结合了不同企业的大量实践，非常具备理论性和实操的价值。

　　我非常期待与企业朋友们探讨这本书的内容，也期待它给大家带来惊喜！

——吕建华　逸仙电商联合创始人

　　数字化是历史前进的车轮，会碾轧一切落后的生产力。杨国安教授的新书《数智革新：中国企业的转型升级》，就是我们在数字化时代"黑暗森林"里的一道光。

　　读书稿时正好赶上限电，只好点上蜡烛，一边阅读一边记录。场景很怀旧，很浪漫，但是谁愿意留在烛光摇曳的时代，回不去了，也无须回去。

　　有幸在北大-青腾未来产业学堂的课程上，听了杨国安教授的课程

"数字化战略蓝图",那时有一种豁然开朗的感受。也看了杨教授关于数字化主题的纪实访谈节目《一问》,了解到大型传统企业如美的都能够"大象起舞"。

这本书则从理论到实践案例,给了中国企业一个清晰的蓝图,特别是"公司为什么一定要进行数字化转型""数字化转型从哪里切入""如何确保数字化转型有效落地"这三个终极问题。

杨教授将这三个问题拆分为"数智革新杨五环",包括战略驱动、业务重构、科技赋能、组织升级、变革领导力这五大层层递进又首尾相连的环节。杨教授的新书,在指导我们如何从企业信息化时代往数字化时代和智能化时代变迁。

林清轩在数字化上的反应是后知后觉的,一直到2018年才开始推进企业数字化工作,走了无数弯路,不是战略驱动,而是"恐惧驱动"。林清轩对数字化的全面推进,竟然是因为2020年春节的疫情暴发。在无路可走的情况下,全体员工切换成了"数字化生存模式",最终数字化的各种手段成为了救命稻草。

在数字化时代,我们绝对不做那群"覆灭的恐龙"。

写了这一段文字与正在进行数字化转型升级的企业家共勉,感谢杨国安教授的大作。

——孙来春　林清轩创始人

数字化,是当下中国每一位企业家绕不过的话题。对每个关心企业数字化未来的人而言,杨教授在这个领域的理论研究,对众多标杆企业的发问、记录与解题,都是一笔宝贵的财富。在下个时代,我们要做怎样的"新物种"?任何一本书里都不会有一个标准答案,但这本书,一定能给你深刻的思考、丰富的启发。

——黄朝楷　侨信集团总裁

过去十年，移动互联网改变了每个人的生活。未来十年，数字化变革将更加全面、剧烈地改变整个社会生态。数字化不再是企业的可选战略之一，而是像接通电力、连接互联网一样成为企业的基础设施。

杨国安教授此书，清晰展示了数字化变革的迅猛势头，更给大家提供各行业标杆企业已见成效的数字化路径，给我很大启发。

——黄黎明　微众银行执行董事、常务副行长

杨先生的专著特别强调数字化时代恐怕不能只关注数字本身，而更要关注企业和人的素质。这一素质的评判标准只有一个，就是看企业的营商新认知和新实践是否足以应对数字化时代的新挑战。

——蒋昌建　复旦大学学者

数字化是新的底层思维逻辑，是新的资产价值评估体系，是未来企业生存的基础设施。感谢杨国安教授作为研究者，把在数字化道路上的优秀先行者排好队，一个个系统地发出关于数字化转型视角上的心灵拷问，梳理他们的思路，分析他们的动作，讨论他们的得失，总结他们的成果。杨教授的研究，帮助我们可以依照自己公司的发展图景，沿着这些先行者的经验做更多关于数字化的沙盘推演，这是做了一件有功德的大好事。特此推荐这本书，同时也督促自己多读几遍，争取成为数字化生存时代的优等生。

——贺晓曦　笑果文化联合创始人、CEO

随着数字化、智能化时代的到来，企业的数字化转型绝不是赶潮流，而将直接关乎企业存亡。杨国安教授在深度调研 20 家案例企业后，总结提炼出企业数字化转型的三个阶段、三大洞察以及"数智革新杨五

环"方法论。无论是数字化的原住民还是新移民,都能通过这本书调整认知、把握全局、找到方法、坚定信念,成为数字化时代的觉醒者。

——刘颖　北京大学未来技术学院副院长、分子医学研究所所长

互联网与数字化的汹涌大潮,深刻影响着每个行业的兴衰命运以及我们每个个体的生活。身处其中,对这潮起潮落背后的机制感到好奇的同时,亦不免困惑。有幸作为北大-青腾未来产业学堂二期学员,聆听杨国安先生关于企业数字化转型的精彩演讲及系列访谈,获益良多。通过对五个鲜活案例庖丁解牛式的分析洞察,杨先生为我们深刻剖析了企业在数字化时代生存发展所仰仗的关键要素及战略选择。这些精彩内容最终以结集成书的形式呈现给读者,就是这本《数智革新:中国企业的转型升级》。

——鲁巍　数学物理学领域前沿科学家、清华大学教授

杨国安先生对20家优秀企业数字化转型案例进行深度研究,将企业数字化转型、智能化升级的经验和教训凝结成《数智革新:中国企业的转型升级》一书,不论是从时代革新到内部升级,还是从宏观深析到优例论证,以及提炼出的"数智革新杨五环"转型路线图,都对中国企业的数字化转型、智能化升级有重要的指引性作用。这样一本好书值得企业家认真阅读并从中汲取养分,用以实践。

——夏华　依文集团董事长、依文·中国手工坊创始人

数字化转型已成为众多组织构建全球高质量竞争力的必选题。杨国安教授的新著恰逢其时,以不同行业、不同公司的数字化转型探索为源,以"数智革新杨五环"框架构建转型关键要素作结,源于实践,

服务实践，数智跃迁，开卷有益。

——崔鹏　菲鹏生物股份有限公司董事长

这是一本为中国企业数字化转型、智能化升级提供方法论与实施路线图的指南型作品，它剖析和再现了企业数字化转型中战略驱动、业务重构、科技赋能等维度的经典案例，为企业数字化转型、智能化升级提供了重要的理论体系与实践指导。

——周观林　江苏康乃馨纺织集团董事长

推荐序

数字化的责任

马化腾

腾讯公司董事会主席兼首席执行官

中国经济正在由高速增长转向高质量发展。各行各业的领先企业，不再仅仅追求纯粹、简单的规模，更看重有价值、可持续的增长。在"危"与"机"并存的数字化时代，几乎每个企业都在思考：数字化转型是一个可选项，还是一道必答题？突如其来的新冠肺炎疫情，让我们不得不做出"难而正确的"回答。

我们发现，各行各业或多或少都在疫情中开启了数字化进程，中国已不再有纯粹的"传统产业"。同时，中国政府加大"新基建"投入，推进"上云用数赋智"行动，明确将"加快数字化发展，建设数字中国"作为国家"十四五"规划纲要的重要篇章。这些举措都将促成各行各业"数字新移民"和"数字原住民"的快速增长。随着数字产业化与产业数字化的快速发展，作为这"两化"的重要载体，产业互联网已经驶入"快车道"。

2018年以来，腾讯不断加大投入产业互联网生态建设。公司通过"930变革"，明确提出"扎根消费互联网，拥抱产业互联网"，设立了"云与智慧产业事业群"（CSIG）。腾讯希望成为"数字化助手"，成为各行各业的"连接器"和"工具箱"，助力其数字化转型升级，努力与产业合作伙伴一起建设"开放、健康、安全的数字生态"。

三年来，我们与产业合作伙伴进行了披荆斩棘但富有意义的探索。数字化转型，既是攻坚战，更是持久战。对很多企业来说，数字化转型的决定往往牵一发而动全身，数字化进程常常难以毕其功于一役。对腾讯来说，数字化探索少有可供借鉴的标杆，每个行业都有深厚经验和专有知识，不同行业的数字化方案不能简单迁移。尽管如此，那些与我们一起在荆棘中勇敢前行的企业，如今已开始品尝胜利的喜悦。

《数智革新：中国企业的转型升级》一书详细记录的 5 个鲜活案例，反映出不同类型企业的数字化转型。作者杨国安教授不但是 2018 年腾讯"930 变革"的亲身参与者和重要设计者，而且是腾讯探索产业互联网的近距离观察者和实战指导者。作为腾讯的高级管理顾问，杨教授过去 13 年带给我们的不只有组织和人力资源管理方面的宝贵经验。他永不停歇地从一线实战中提炼出有生命力的洞见，并将理念不断付诸实践进行检验，这让他能够担当世界级的企业实战教练。

书中的"杨五环"，可看作不断迭代的"杨三角"理论在数字化时代的发展和延伸。数字化，不单在于技术，更关乎人；不单是一种工具，更是战略本身。如果每一位中国企业家可以更积极地去思考，如何把数字科技这个关键变量转变为企业发展的最大增量，那么在高质量发展的道路上，我们一定会走得更稳、更远。对于企业领导者来说，承担自身"数字化转型的责任"与推动对社会"负责任的数字化"，已经变得同等重要。两者将共同为数字化时代中的企业基业长青构筑基石。

自序

寻找中国企业数字化转型升级最佳答案

本书的诞生有三个契机。

第一个是腾讯的"930变革"[①]。2018年腾讯决定深耕消费互联网，拥抱产业互联网。既然定位是"拥抱"，那就要开始积极钻研，包括了解中国企业数字化升级的最佳路径，组织转型时会遇到的挑战，等等。

产业互联网是利用数字化科技帮助企业进行降本增效、管理和商业模式的创新。产业互联网与消费互联网很不一样，消费互联网可以在某个领域赢者通吃，但产业互联网很难做到这一点，因为不同行业（如零售、制造、农业、医疗等）的痛点和需求差别很大，数字化助力不同行业的企业转型升级的路径也有所不同。因此，研究产业数字化必须涵盖多行业的案例，这样才能提炼出更加通用的框架。

第二个是2019年我与戴维·尤里奇（Dave Ulrich）合作出的

---

① 2018年9月30日，腾讯宣布将原有七大事业群重组为六大事业群，其中新成立了云与智慧产业事业群（CSIG）、平台与内容事业群（PCG）。同时成立腾讯技术委员会，并升级整合新的广告营销服务线。

一本书——《组织革新》[①]，讲述企业未来的组织架构的演变。《哈佛商业评论》的编辑问我，《组织革新》中的8家案例企业都是偏高科技的企业，实体经济里的传统企业未来演变方向也是如此吗？这引起了我的兴趣。

第三个缘于我在腾讯除了担任集团高级管理顾问外的另一个身份——腾讯青腾教务长。青腾是一个与校友企业、合作伙伴一起共创知识的学习平台，累计有近500个校友企业，它们遍布于新消费、新农业、医疗、教育、出行、前沿科技、文化产业等前沿产业领域。

我于2019年开始进行企业数字化转型升级的研究，调研多个行业的标杆企业后颇感其迫切性和重要性。于是开始把数字化、智能化的主题注入北大-青腾未来产业学堂，通过与青腾同学的共创，探索不同行业的数字化转型最佳答案。

2020年疫情加速了企业数字化转型的进度。经过一批早期案例的调研，我把自己的思考框架提炼为"数智革新杨五环"（下称杨五环），作为解剖和引领企业数字化转型的蓝图。

根据杨五环也做成了视频访谈纪实节目青腾《一问》。我在节目里依照杨五环的框架，与数字化转型、智能化升级的标杆企业的领军人物对话，梳理出他们在不同行业的前沿思考与企业实践，以视频记录下中国数字化浪潮中的时代样本。

另一方面，我觉得在帮助大家学习理论框架和优秀企业案例，完善自身的数字化转型、智能化升级进程中，书籍可以发挥更加细

[①] 《组织革新》由中信出版社于2019年出版。

致入微的作用，于是在 2021 年写就了《数智革新：中国企业的转型升级》。

数字化时代的企业家通常面临着三大框架性问题：公司为什么一定要进行数字化转型？数字化转型从哪里切入？如何确保数字化转型有效落地？

我提炼的杨五环理论框架即是一次回答。杨五环包括战略驱动、业务重构、科技赋能、组织升级、变革领导力五大环节，下面我简单做一介绍。

战略驱动，是指在战略上要想清楚为什么要推动数字化。

业务重构，是指企业从广度和深度上用数字技术重构价值链乃至生态链时，它势必要考虑从哪里切入、每个阶段的节奏如何。

科技赋能，是指用什么数字科技来提升企业的价值链。

组织升级，是指要让数字化能够落地，你的员工能力、员工思维、员工治理得适应数字时代的需求。

变革领导力，是指在变革之际最高领导者的战略洞察、勇气决心、资源投入是否足够。

熟悉我过往论述的读者朋友或许已经看出，杨五环结合了我以往提出的很多理论。比如组织升级沿用了组织能力的"杨三角"理论的三个维度，其中的员工治理部分则采纳了《组织革新》的研究成果"市场化生态组织"。

杨五环可以看作组织能力的"杨三角"理论的延伸，也可以看作企业在数字时代更完整的整体转型框架——我更常使用的词是路线图。我能做的是向你展示时代的潮流，为你提供一个路线图和方法论，以使你在不确定的时代中感受到踏实。

本书分为七章，前两章着重阐释了上述杨五环，后面五章是我从约 20 家调研企业中选取出的美的集团、便利蜂、新瑞鹏宠物医疗集团、新希望集团、贝壳找房的案例。这五家企业的数字化属性不同，行业不同，规模不同，发展阶段也不同，各自突出展示的杨五环某一环也不相同。

如果你尚未看过《一问》纪实访谈节目，可以扫描封面勒口处的二维码观赏完整的两季视频，也可以阅读到具体案例时扫描篇章页的二维码观看对应的视频。

我希望这些鲜活的案例可以帮助你在面对数字化转型、智能化升级的潮流时，不至于茫然无措。我相信数字科技将成为大多数企业提升整体经营质量的重要抓手，这对于中国经济完成从高速增长阶段转向高质量发展阶段的跃迁也会有帮助。

这本书的最终完成离不开腾讯一群同事和研究团队的默默奉献。要感谢的团队成员包括王兰、戴华、曹美英、周旋、樊珊、潘伟、王亮亮、高裕虹、尹红梅、陈琦杭、刘玉龙、赖筱堃、王荣敏、伍晓敏、刘默、杨小龙、赖旭波、邓军、司欢、黄承婧。也要特别感谢和阳投入大量时间和精力，丰富、整理案例内容，让这本书可读性更高！

他们收集了大量的资料并进行了文献综述，有些成员与我一起进行了大约 80 次针对调研企业的深入访谈，有些成员参与了杨五环的提炼，有些成员在书籍设计、流程推动等方面提出了专业建议。

感谢中信出版集团商业社社长沈家乐、策划编辑黄维益和陈麓眠、责任编辑付颖玥为这本书的出版所做的工作。预期的图书完成时间并不算十分充裕却能如期上市，她们的专业能力至关重要。

感谢参与此次研究的受访企业领袖们。他们有的是我多年敬重的企业家朋友，有的是青腾校友，我对他们所付出的时间和给予我的启发深表谢意。这本书的出版某种程度上有赖于他们的坦率分享和支持。

也要特别感谢为本书写序和推荐语的众多企业家。他们所领导的企业极大丰富了我的案例研究积累，尤其是为本书写序的腾讯公司董事会主席兼首席执行官马化腾。近距离观察腾讯探索产业互联网的历程，让我对产业互联网的发展、企业数字化转型升级的前景充满了信心。

过去这一年我很忙碌；感恩我太太 Jenny 的默默支持，让我始终感到后顾无忧！

最后，谨以此书献给正走在数字化转型、智能化升级道路上的诸位中国企业家和高管，你们此时的奋斗正在提高中国经济增长的质量和竞争力，中国必将更强！

杨国安
2021 年 11 月于深圳

第一章

不要成为数字化、智能化时代的恐龙

新冠肺炎疫情对企业数字化转型、智能化升级的推动不是暂时的。这不是条前景不明的小道，而是奔向未来世界的必经之路。数字化原住民、新移民公司们的变革虽然不快，却在改变根本。一旦变革完成，那它们可能就是你无法理解的新物种了。希望你不是仍在怀疑数字化能持续多久的旁观者，不要做海龙，去做VUCA时代的"新物种"。

2003 年"非典"期间,刘强东在中关村 IT[①] 卖场里的 12 家门店全部关门歇业,迫于生计的刘强东只好在网络上卖电子产品。这段偶然的经历改变了此前甚至不知道什么是 BBS(网络论坛)的刘强东的认知。[1]

刘强东放弃了成为 3C(计算机类、通信类、消费类电子产品)领域的国美、苏宁的目标,"非典"疫情结束后也继续探索电子商务,还上线了"京东多媒体网"。2004 年底,刘强东力排众议关掉了占据公司净利润 90% 的线下业务,全力做京东多媒体网。

后来的故事大家都知道了。

刘强东在"非典"后继续拥抱线上业务,"京东多媒体网"日后发展成了国人耳熟能详的京东集团,旗下包括京东零售、京东物流、京东健康等多项智能化程度颇高的子业务。

同样在"非典"中遭受重创、刘强东的房东之一、中关村一号 IT 卖场海龙集团则重回自己的线下主赛道,仿佛"非典"、互联网、电子商务只是一段无关紧要的插曲。

直到 2005 年,海龙集团才推出了一个试图吸引用户去线下卖场选购的电子商务网站,但没有收到任何反响。2009 年海龙集团又与中搜公司合作试图打造 B2C(商对客电子商务模式)平台大久宝网站。[2] 你肯定没听过这个网站,或许,你甚至都没听过海龙的名字。

在新冠肺炎疫情仍肆虐,线下各场景时不时会受到防疫管控的 2021 年,与你分享这个小故事的目的很简单,希望你成为京东而

---

① IT 即信息技术英文名 information technology 的首字母缩写。

不是海龙。

希望你能洞察到，物联网、人工智能、云计算、5G 等在 2015 年前后开始成熟的新一代数字化乃至智能化的基础设施，将给人类社会带来完全不同于以往的生产力。就深度而言，大数据成了新的生产要素，智能机器已经成为新的生产工具；从广度而言，以前只有互联网公司面临着 VUCA[①] 的环境，现在随着数字科技向所有行业的渗透，越来越多传统企业面临的环境也 VUCA 化了。比如新消费品牌的崛起，原先需要 5~10 年塑造品牌，现在只需要两三年。

新冠肺炎疫情对企业数字化转型、智能化升级的推动不是暂时的。这不是条前景不明的小道，而是奔向未来世界的必经之路。

表面上看，这或许是个对传统企业较为温和的发展阶段。移动互联网时期的原住民公司[②] 大多只改造了部分传统行业的信息层面，最多到交易层面，却在两三年内就获得了颠覆性的成功。

数字化时代的原住民公司的成长速度不会那么快。它们的主要落地场景是在制造业、服务业、农业等产业互联网领域。在这些业务链条复杂、线下场景众多、内部价值链烦琐、外部产业链落后、监管政策严格的行业，数字化原住民公司打磨好团队、试验打法、

---

① volatility（易变性）、uncertainty（不确定性）、complexity（复杂性）、ambiguity（模糊性）的首字母缩写，20 世纪 90 年代冷战结束后美国军方提出的概念，意在表达这个世界的不可捉摸。VUCA 也是近年来在企业界非常流行的概念。

② 原住民公司，指的是原生于数字化世界的公司，突出反映为科技能力、数据意识较强，一般是指互联网公司。

技术落地等都需要时间。

但别因此觉得自己有喘息的时间。

数字化原住民公司正在重构原有价值链、产业链的诸多环节。借助大数据、云计算、人工智能等先进技术，它们在一些行业的重构广度已经到达了价值链的决策环节，即由系统来做经营决策，它们在一些行业的重构深度则达到了数字孪生[①]的水平。

传统行业中的领头羊们也不容小觑。它们通过重构组织能力的方式，把先进技术、数字化人才、新的成长模式嫁接进自己的肌体。不少公司老老实实地从数据标准化这样的基本功做起，正在一点一点地构建自己的数字科技和业务模式。

总之，数字化原住民、新移民公司[②]们的变革虽然不快，却在改变根本。一旦变革完成，那它们可能就是你无法理解的新物种了。

希望你不是仍在怀疑数字化能持续多久的旁观者，不要做海龙，去做 VUCA 时代的"新物种"。

---

① 数字孪生（digital twin）是基于美国军事领域的实践并在 2011 年前后提出的概念。数字孪生的严格定义仍未统一，但大体上是指以数字化的形式动态呈现物理实体的行为、流程，即物理世界和数字世界之间实现准确、实时的联系。这种联系的建立，严重依赖于物联网、大数据、AI 等技术。数字孪生显然可以在质量检验、保修与索赔预判、产品设计、工程变更、流程优化等方面发挥巨大价值。

② 新移民公司，指的是希望向数字化转型的公司，它们的科技能力、数据意识普遍较低，一般而言是传统企业。

什么是数字化转型

对于数字化转型的定义,在不同的时间,不同机构、不同国家的理解不尽相同。

谷歌认为,数字化转型的定义是利用现代化数字技术(包括所有类型的公共云、私有云和混合云平台)来创建或调整业务流程、文化和客户体验,以适应不断变化的业务和市场需求。[3]

亚马逊认为,数字化转型的本质是信息技术和能力驱动商业的变革。企业数字化转型的三个关键是:第一,建立起数字化的企业战略、模式和文化;第二,企业掌握驾驭数字化新技术的能力;第三,将数据视为企业的战略资产。[4]

国务院发展研究中心相关课题组在《传统产业数字化转型的模式和路径》中对数字化转型的定义是:利用新一代信息技术,构建数据的采集、传输、存储、处理和反馈的闭环,打通不同层级与不同行业间的数据壁垒,提高行业整体的运行效率,构建全新的数字经济体系。

IDC(国际数据公司)一方面认为数字化转型是"利用数字化技术(例如云计算、移动化、大数据/分析、社交和物联网)能力来驱动组织商业模式创新和商业生态系统重构的途径或方法",一方面又觉得数字化转型经济与信息经济、网络经济、互联网经济等大同小异。[5]其实,两种说法均在描述信息技术与经济发展之间的关系,大体上可以将之理解为同一事物。

而2016年《二十国集团数字经济发展与合作倡议》将数字经济定义为:以使用数字化的知识和信息作为关键生产要素、以现代信息网络作为重要载体、以信息通信技术的有效使用作为效率提升和经济结构优化的重要推动力的一系列经济活动。[6]

上述说法均有各自的角度和道理，在此我想指出的是其中的共性：数据的价值正在日益凸显。

林林总总的各类新技术、新模式本质上都是在采集更多的数据，并使传输数据速度更快，存储数据更高效。没有数据孤岛，人或者系统依赖大数据可以做出更加准确、快速的决策。

数据有点像电气化时代的"电"，它是新时代的能源，但它又不像"电"那样离价值链那么远。随着数据量的空前膨胀和人工智能技术的日渐成熟，数据正在智能化地直接驱动几乎所有企业的产品设计、经营决策、服务客户等内部价值链甚至外部产业链。在商业世界，数据或许会像空气那样与你我亲密接触。

我认为，数字化转型的本质就是尽可能地挖掘和释放"数据"的价值。

值得注意的是，"数字化"不等于互联网化。前者是涵盖范畴更大的概念，后者更多强调互联互通。互联网只是数字技术应用的一个典型场景，互联网公司也只是更精专于数字技术。

企业数字化转型三阶段

综合众多企业界人士的直观感知和文献资料，数字技术在企业内的影响越来越深远的过程，大体可以分成三个阶段：信息化阶段、数字化阶段和智能化阶段。而这三个阶段有着同一个前提——流程、数据标准化。

信息化[1] 阶段

大多企业依靠人力去采集数据，特点为：即时性差；准确率有待提升[2]；数据类型简单，多为文字、数字、音频、视频；数据维度单一，基本上是结果数据[3]；比起计算机普及前的数据量算大了，但也无法称为"大数据"；数据联通性差，企业内部的数据孤岛现象较为普遍。

企业的 IT 架构大多是 IOE（以 IBM 为代表的主机、以 ORACLE[4] 为代表的关系型数据库、以 EMC[5] 为代表的高端存储设

---

[1] 《2006—2020 年国家信息化发展战略》中对信息化的定义是"信息化是充分利用信息技术，开发利用信息资源，促进信息交流和知识共享，提高经济增长质量，推动经济社会发展转型的历史进程。"

数据通常是指数字，信息的内涵则要大一些。在多篇类似的官方/半官方表述里，可以看到很多语境下"数据"和"信息"事实上可以互相替换。在此无须追究语义学上的具体定义。

我把这两者当作数字技术（称作信息技术亦可）深入人类社会时在不同阶段的体现。

[2] 众所周知，PC 互联网的用户画像准确率相当低。PC 互联网主要依靠第三方 cookie 来追踪用户的浏览行为，但大家为了保护隐私往往会清除和禁止 cookie，所以 cookie 的生命周期相当短暂。如此一来，记录到的用户行为的准确率就堪忧了。PC 互联网上亦有其他方法追踪用户行为，但大多是不合法的。

[3] 我所使用的结果数据一词，顾名思义，指的是某个状态的结果。比如 PC 互联网已有大量音乐、照片、视频等影音资料，以及大量的交易数据、支付数据。但它们更多是结果，而达成该状态的大量行为数据并没有被记录下来，或被记录的有限，准确度也不够高。

[4] ORACLE 即甲骨文公司，数据库软件的代表厂商。

[5] EMC 即易安信，传统数据存储厂商，2015 年被戴尔收购。

备），企业员工的办公设备是电脑，应用的主要网络是宽带、Wi-Fi（短距离高速无线数据传输）。企业进行信息化的目的一般是提升价值链上某个单一环节的效率，典型动作则是购买 OA（办公自动化）、PLM（产品生命周期管理）、ERP（企业资源计划）、CRM（客户关系管理）等软件。

信息化阶段大体与 PC 互联网、电脑（台式机、笔记本电脑）的普及同步。在这个阶段，互联网、IT 技术只能在有限的场景里连接人与人，其时间跨度大概是 20 世纪 90 年代至 2010 年。

数字化阶段

移动终端通过传感器自动采集、传输数据。这样的数据特点为：数据类型丰富，以文字、数字、图片、语音、视频、物体状态、交易、支付等多种多样的方式呈现；数据维度多样，行为数据[①]量大幅增加；数据量暴增几个级别，人类进入大数据时代；数据联通性好，企业内部打通数据孤岛。

企业的 IT 架构大多在云端，企业使用的软件多为 SaaS（软件即服务）模式。企业员工的办公设备是个人电脑以及移动终端（智能手机、平板电脑、智能穿戴设备），应用的主要网络是宽带、Wi-Fi 以及 4G。企业进行数字化的目的除了提升效率之外，还希

---

① 我所指的行为数据，也可以理解为过程数据、中间数据。它是推导出结果数据过程中的那些被记录下来的动作，比如社交行为、购买喜好、地图数据流等。这些数据对于刻画某类画像、识别某个动作而言，显然是更全面和准确的。

望数字化技术可以参与、重塑价值链的多个环节,与业务结合得更加紧密,甚至改变公司的商业模式。

数字化阶段涵盖了移动互联网、产业互联网、物联网的崛起。这个阶段,几乎实现了人与人、人与物的全场景互联,智能手机和其他智能移动端成为人体器官的延伸,其时间跨度大概是 2011 年[①]至今。[7]

智能化阶段

万物互联,传感器遍布世界,物联网时代到来。数据类型进一步丰富,温度、位置、环境等物体数据大增。数据量级进一步大涨,物联网数据量将远超非物联网数据。数据维度保持多样性。数据联通性极好,在边缘计算的帮助下系统处理数据的能力更好。

企业的 IT 架构部署在混合云、公有云和私有云。企业员工的办公设备是个人电脑以及移动终端,应用的主要网络是 Wi-Fi、4G 以及 5G。除了信息化、数字化阶段的目的外,企业进行智能化还希望在公司运营上实现系统与系统对接,依靠算法做智能决策,以降低对个体经验的依赖,提高决策效率,扩大判断维度。

另一个近期或可实现目的则是数字孪生,即在虚拟空间中构建可同步交互映射的数字模型与物理实体,实现数字世界与物理世界的融合。数字孪生可以感知、诊断、预测物理实体的状态,进而优

---

① 鉴于 2011 年中国智能手机千元机时代到来,全球智能手机出货量超过 PC,所以我将这一年作为中国数字化发展的里程碑式年份。

化物理实体、进化自身的数字模型。它可以整体优化多个行业的运行效率。

智能化阶段由人工智能、物联网[8]的兴起所驱动。由于产业互联网中物物互联、人机交互场景众多，AIoT[①]已成为传统企业数字化转型的重要通道之一。这个阶段的时间跨度大概是2016年[②]至今。[9]

一些顶尖的数字化原住民公司的内部价值链，已经整体推进到了智能化阶段；一些顶尖的新移民公司虽然整体上处于数字化转型中，但价值链的个别环节也推进到了智能化阶段。

考虑到中国企业参差不齐的发展阶段，严格意义上讲，当前中国企业整体上处于数智化的状态，即以数字化转型为主、智能化升级为辅，互相融合推进。

数字化、智能化五大基础设施

数字化三阶段的演进，得益于技术基础设施的不断进步。当前企业界的数字化转型、智能化升级蔚然成风，即是因为技术基础设施在前几年已经打下了很好的基础。

---

① AI 即人工智能，IoT 即物联网。AIoT 大体可以理解为人工智能与物联网的融合，但是它并不是 AI+IoT 这么简单，我将其理解为集合了众多技术的 AI × IoT。

② 鉴于 2016 年物联网设备连接数增速加快，规模日渐庞大，类似小米这样的领军企业以投资的方式布局智能家居且初见成效，以深度学习算法、云计算为标志的新一代人工智能围棋软件 AlphaGo 与职业棋手对战且获胜，所以我将这一年作为智能化阶段的里程碑式年份。

数据源头：万物皆可数字化

最近七八年间，人类的生存方式对数字化的依赖程度越来越高。

在沟通、阅读、娱乐、工作等行为时，处于衣、食、住、行等生存状态时，度过生、老、病、死等人生阶段时，使用的产品或服务中由原子构成的越来越少，由比特构成的越来越多。

以吃饭为例，信息化阶段的 PC 互联网对它没什么影响，但现在除了"咀嚼"外，吃饭的其他构成要素已不同程度地实现了数字化。

有社区团购公司给你提供性价比较高的生鲜菜品；有 App（手机软件）向你提供精准到每一步和克数的菜谱，甚至还有教学视频。如果你不愿意在家吃饭，可以选择外卖 App。用户看到的是经过算法排序后的餐厅；点餐后由 AI 驱动的智能配送系统送餐；如果用户一时不能取餐，食物还会被放在带保温功能的智能取餐柜里。

正在悄然崛起的全息投影、AR（增强现实）、VR（虚拟现实）、MR（混合现实）等数字技术，则会让虚拟世界和现实世界进一步紧密结合。比如，贝壳找房的 VR 看房已经能让大家不出门即看到栩栩如生的真实场景，或许十年之内，你能看到美剧《西部世界》那样真实到不可思议的虚拟世界。

数据采集：传感器普及

从数据采集的角度来看，移动互联网和物联网普及浪潮的核心并不是手机或者智能硬件，而是其中的传感器[①]。

任何一个你认为挺聪明的终端上，都集成了少则十几个、多则几十个传感器：陀螺仪传感器、压力传感器、指纹传感器、热电偶温度传感器、心率传感器、加速度传感器、面部识别传感器、血氧传感器、影像传感器、超声波传感器、悬崖传感器、沿墙传感器、三目前视摄像头传感器、毫米波/激光雷达传感器、跌落传感器、里程传感器、风机传感器、回充传感器、激光测距传感器……[10]

这些传感器不断感知物理世界，采集各种数据，再由中央处理器或图形处理器（CPU/GPU）计算处理，通过各个 App 让你的手机、手环、平板电脑、耳机、电动车等智能设备实现脸部识别、指纹识别、自动息屏、自动驾驶、远程车辆软件升级（FOTA）等功能。没有传感器，手机、电动车、可穿戴设备就没有那么多维的数据和丰富的功能。[11]

智能设备的渗透率非常高。2016 年中国的智能手机普及率已经达到了 58%。[12] 物联网的发展更为凶猛。2020 年，全球物联网连接数达到 117 亿，首次超过了非物联网的连接数。[13] 到 2025 年，物联网连接数预计将增长至 309 亿。

这些终端产生的数据量已经超过了常人的想象。仅举一例，一台智能电动车会产生 1.3PB/月的数据以及 80 万张/天的待标注图片。[14]

[①] 国家标准 GB/T 7665-2005《传感器通用术语》对传感器的定义是，能感受被测量并按照一定的规律转换成可用输出信号的器件或装置，通常由敏感元件和转换元件组成。

数据传输：4G 普及，5G 到来

匹配海量数据传输的技术基础首先是 4G。2019 年第三季度全国 4G 平均下行速率已经达到了 24 Mbps[15]，即我们在生活中能感受到的手机下载速度可达 3 MB/s[16]。同时中国的 4G 用户数已达 12.4 亿，4G 用户占移动电话用户的比例接近 80%。[17]

正是基于这样的普及率和速度，才有了社交、游戏、直播、短视频等移动互联网服务的极度繁荣和产业互联网的方兴未艾。

5G 的平均下行速率则是 4G 的 10 倍左右[18]，5G 理论最低延迟小于 1 毫秒[19]——还不到当前 4G 网络最低延迟的 1/20。除了高速率、低延时之外，5G 还有广连接、高可靠等特点。[20] 随着终端售价的降低[21]，5G 时代已经到来。截至 2020 年底，中国 5G 套餐用户数已超过 3 亿，终端连接数已超过 2 亿。[22]

正是这样的传输技术将支撑智慧物流、餐饮外卖、打车、在线医疗、在线教育、视频会议、远程办公、智能制造、AR/VR、自动驾驶/车路协同等产业互联网应用进入新的发展阶段。

比如智慧物流，远程操控配送机器人送货时能控制时延，在 4G 时代是 3~4 秒，5G 时代则缩短到了毫秒级。[23] 再如车路协同，待红绿灯、信号杆等处布满传感器，智能电动车也普及后，道路网将如同神经网络一样，每个节点都可以互传车况、路面的准确数据，那时就可实现真正的无人驾驶了。

数据存储与算力:"云"的迭代

根据中国信息通信研究院发布的《云计算发展白皮书（2020年）》，2019年中国已经应用云计算的企业占比达到66.1%。在存储领域，全球已经有22%的企业选择把数据存储在云端，仅次于选择内部数据中心的30%。[24]这意味着企业IT架构的去IOE化已不是趋势，而是现实。

数据库里的大量数据有待计算，计算能力还不能太贵，不然也没价值。在国家建设的超级计算中心服务能力有限的前提下，云厂商纷纷加速设立HPC（High Performance Computing，高性能计算机群）超算业务。

比如腾讯的长三角人工智能超算中心及产业基地项目已在上海松江开工，这个预估投资超过450亿元的项目将承担各种大规模AI算法计算、机器学习、工程计算等任务。

IDC则研究发现，得益于互联网巨头对人工智能不遗余力的投入，中美两国互联网行业的算力支出占比均超过30%。[25]根据券商的测算，公有云算力的投资比例将从2014年的0.01%骤增至2020年的11.75%。[26]

计算能力的增加反过来又将推动区块链、视频、自动驾驶、智能电网等行业的发展。比如智能电网，传统的人工巡检电路若改为视频巡检，巡检效率可提高约80倍，同时识别准确率大大提高，可及时发现人工巡检不易发现的隐患点。[27]

再如区块链，其技术特性（每个节点有完整账本、交易时全网广播）使其对存储和算力有着超出常规的需求。在技术进步的推动下,比特币区块链的账本数据从 2016 年的 80GB 大涨至 2020 年 9 月的超过 300GB。早在 2016 年 1 月,比特币区块链的算力已经超过了全球排名前 500 的超级计算机的算力总和。[28]

数据应用:人工智能辅助甚至代替决策

前述四大技术基础设施分别可以在不同的剖面给企业界带来效率的提升,但把它们当作一个部件的话,算力、数据、算法则指向了一个共同的方向:人工智能(AI)。

人工智能是指让系统与"人"或"物"进行交互,通过知识库和机器学习等方式模拟人的思维过程和智能行为,如学习、推理、思考、规划等,并对自身进行迭代、改进。落地到商业世界的场景,即是通过算法、算力来训练大量数据,建立相应的映射关系,从而辅助业务决策甚至直接给出推理结果。

2016 年 AlphaGo 令人震惊地击败世界围棋冠军李世石后,人们才意识到了人工智能在大数据、深度学习、云计算的支撑下已经进化到了如此"聪明"的程度。接下来的几年里,我们看见图像识别、视频识别、语音识别、语义理解、语音合成、机器翻译、语义理解等技术在金融、医疗、安防、交通、教育等领域实现了颇为深度的落地,比如机器人客服、拍照搜题、语音助手、自动驾驶、人脸识别、feed 流智能排序等。

如果说前述人工智能产品更多还在应用侧,那么在规划决策领域,我们也正见证着越来越多人工智能的落地。

在医疗领域,人工智能已经在辅助诊断上发挥作用。机器依据算法在海量医疗文献里自行学习、发现、提取规律，如此完成一个病种的训练后，便可在临床环节给医生提供有针对性的参考意见。新冠肺炎疫情肆虐时，武汉的部分医院曾装设了腾讯 AI 医疗实验室"腾讯觅影"，其基于 CT 图像识别的 AI 辅助诊断，可在 2 秒内完成模式识别，1 分钟内为医生提供诊断参考。

在复杂决策领域，人工智能也开始崭露头角。我在中国新零售领域的企业中，在门店排班、订货环节解放店长，让系统来做决策已成为潮流。而在亚马逊，预测需求、订购库存、动态定价等任务已在 2018 年被交给了算法驱动的系统，系统会根据全网数据自行工作且不大需要人工干预。[29]

IDC 认为人工智能将在中国企业的数字化转型中扮演重要角色，到 2022 年，"中国具备人工智能（AI）实力的企业对客户、竞争对手、监管机构和合作伙伴的响应将比同行快至少 30%"。[30]

数智革新杨五环

已经有很多数字化原住民、新移民公司敏锐地意识到了技术基础设施的迭代，并大胆开展了相应的数智化，即数字化转型和智能化升级。

但也有不少企业仍然内心颇为犹豫，或者想转型而不得其法。我希望企业家在开展数字化转型、智能化升级前先思考三个框架性问题：

  Why 公司为什么一定要进行数字化转型？

What　数字化转型从哪里切入？
How　如何确保数字化转型有效落地？

对这三个问题的回答可以细分为战略驱动、业务重构、科技赋能、组织升级、变革领导力五大环节，它们层层递进又首尾相连，所以我将其称为"数智革新杨五环"（简称为杨五环，见图1-1）。

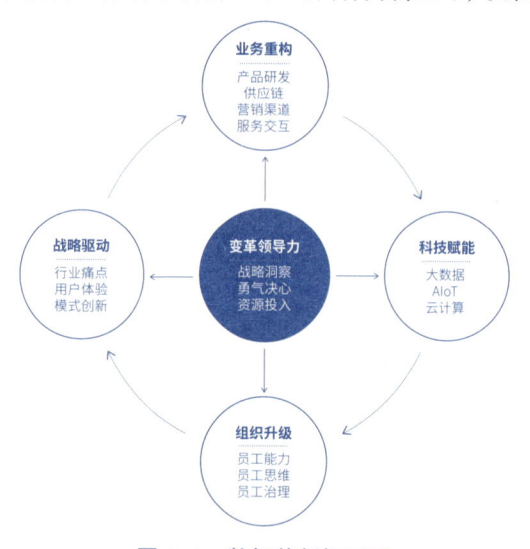

图1-1　数智革新杨五环

"数智革新杨五环"是我在腾讯青腾以《一问》纪实访谈节目开展数字化研究时，从多个优秀案例企业身上提炼出来的通用性路线图，它是多家成功企业验证过的企业数字化转型框架。不同的行业、企业，推进数字化转型时应用"数智革新杨五环"的顺序不尽相同，但一般而言，战略驱动在前，同时企业家的变革领导力是贯穿始终的一环。

在此有必要强调的是，每家企业所处发展阶段、行业属性、组织能力等有所不同，所以切忌把"数智革新杨五环"当作导航地图般亦步亦趋地跟随。我提炼出"数智革新杨五环"，是为了让企业在转型时不至于茫然无措，让它们知道大方向是什么，该往哪里去，路上可能出现的风险是怎样的。

杨五环：战略驱动

为什么要进行数字化转型？

我所在的行业面对哪些重要的机遇与挑战？

行业/公司现在的痛点是什么？消费者未被满足的需求是什么？数字化能在其中发挥什么作用？

数字化在公司未来的战略中会扮演什么角色？智能化技术应用于公司业务场景还有多远？

不进行数字化转型，公司会有什么危机？

诸如此类的问题本质上是在重新梳理公司的发展战略，可以借助外聘的IT专家、咨询顾问之力，但企业家自己必须想明白，并与高管团队达成共识。企业切忌赶时髦、追逐风口，为了数字化而数字化。没有想清楚为何需要数字化，企业数字化转型升级必定半途而废。最高领导者的思考深度与广度会直接影响公司未来的战略和商业模式。

美的集团的董事长兼总裁方洪波就是一个例子。2010年前后，方洪波发现经营环境发生了变化，于是他重组了美的集团的业务板块、调整了组织架构，把数字技术看作推动战略落地的最重要抓手之一。

随着数字化转型的成效日益凸显，方洪波觉得美的集团的定位都将为之改变。软件将给硬件提供更多的内容和服务，硬件则是软件的流量入口。待 App 月度活跃用户数（下称月活）、设备连接数达到一定规模后，美的将由一个制造硬件的传统公司变成软硬件结合的互联网公司。

贝壳也是个很典型的例子。贝壳的创始人们对行业痛点的判断就像北斗星一样，引导着他们在几分懵懂间做出了一个个重大决策。几年后，他们意识到基于这些决策的发展战略可以将链家的商业模式彻底改变，于是链家从一个线下中介公司变成了线上、线下相结合的房产 O2O（线上到线下）平台，又在最近几年打造了贝壳找房这个交易平台。

杨五环：业务重构

企业的价值链条很长，包括产品与研发、供应链管理、营销与用户增长、服务与交互、采购与物流等。数字化转型的战略要落地，如何选择最核心的切入点？数字化转型不是"0"和"1"的有与没有的状态，而是企业不断做深、做广的过程。

从业务价值链的哪里切入，然后再往哪里去，步骤到底是什么？答案与行业痛点、公司战略密切相关。零售业的切入点一般是在营销和渠道端，制造业一般是在供应链端。切入点的选择十分重要，因为一旦切入点选错了，企业在数字化上的劳师动众可能得不到正反馈，这时继续投资数字化所遇到的阻力就会大得多。

选谁执行数字化转型战略也很重要。公司一般倾向于从外面找个技术"专家"来负责。但"专家"往往不熟悉公司业务，推动了一两年可能仍没效果。这时CEO（首席执行官）往往倾向于撤掉专家，从头再来。折腾这么一两次都不成功的话，CEO会对公司的整体战略、数字化方向产生怀疑。

所以，切入点的选择和推进应当十分慎重，应由企业最高领导者、技术负责人、业务负责人共同决定，务求成功。

杨五环：科技赋能

想清楚切入点后，紧接着要弄清楚哪些科技能力适合赋能业务。云计算、大数据、AI等技术适合于所有行业。无论是房产经纪行业还是宠物医疗行业，它们的系统都需要上云，都需要算法来处理自己的数据，都需要建设数据中台、业务中台。

但不同的行业对技术也有自己的特殊要求。比如在房产经纪行业里，基于大数据的房屋估价可以帮助经纪人提高交易效率，VR技术在疫情肆虐的当下可以让消费者足不出户即能看到栩栩如生的屋内场景，去线下看房时更有的放矢。

如何获得这些科技能力有两个方向。第一个方向是以公司原有的团队为主，外援为辅。好处是走得比较稳妥，磨合期间问题较少，坏处是技术实现可能较慢。

另一个方向是借助腾讯云、华为云、阿里云这样的科技巨头，向它们购买IaaS（基础设施即服务）、PaaS（平台即服务）、SaaS

等服务，甚至直接使用它们的技术团队。这种合作方式在技术实现上的速度更快，但外来团队与公司之间的磨合问题也会更突出。

杨五环：组织升级

数字化转型之所以不成功，往往不是技术能力的问题，而是组织和团队不具备相应的能力来支撑转型。在此以杨三角理论的框架略做分析。

员工能力上，企业能否吸引数字化转型所需的互联网或技术人才，以科技提升运营效率或用户体验？如何保留他们？如何帮助他们与业务团队有机结合，打造既懂业务又懂技术的项目团队？如何培训员工接受和使用这些新工具？

同时，企业还需要顾及一起"打天下"时的老下属们。如今他们身居高位，掌握着大量的资源，却跟不上时代了。如何给他们找到更好的归宿，这是最高领导者在进行顶层设计时必须注意到的地方。

员工思维上，推行数字化转型时企业内往往会出现新旧两类商业模式并存的现象，身处其中的员工如果不支持转型，往往是因为激励机制并不统一。比如零售行业，线下与线上两大渠道提供的产品、价格、服务都不一致，若想让线下导购人员推荐线上渠道的产品，前提是线下成交和线上成交时，他获得的佣金处于同一水平。

公司的管理层也面临意愿上的挑战。很多人习惯了凭经验"拍脑袋"做决策，让他们依靠大数据做决策，甚至相信智能化系统的决策是一件有难度的事。

员工治理上，公司组织架构是否调整得更加扁平？能否打通不同部门的"烟筒"或数据孤岛，建设共享数据、内容或技术的平台？有没有让前线员工借着科技得到更多授权？

我推荐市场化生态组织[①]，这是诸多优秀案例企业在组织架构上的演进方向，架构共享中台+敏捷业务团队的组织模式，兼顾业务团队的自主性和企业的协同效应。

杨五环：变革领导力

平稳增长时期的领导力与变革时期的领导力是不一样的，后者要求企业最高领导者具备更强的战略洞察能力、勇气决心和资源投入。

比如勇气决心。进行数字化转型时，企业往往会重组业务板块、变更业务流程、调整组织架构、引入新工作方法和人才，这些都会引发人、事的剧烈动荡。

最高领导者是否能承受这样的波动？所有的变革一开始都有投入没产出，最高领导者是否可以继续坚定地推动数字化转型和智能化升级？企业最高领导者有多大的决心去帮助桥梁型人才在企业里推动新流程、新技术的落地？

简而言之，"数智革新杨五环"的每个环节都可能出现只有最

[①] 有关市场化生态组织，可参见杨国安、戴维·尤里奇《组织革新》第18—19页。

高领导者才能承担的巨大压力，需要他提供洞察、搭建团队等。所以变革领导力是"数智革新杨五环"的核心引擎，贯穿和推动了各个环节。

在链家/贝壳找房的发展历程中，创始人们做过太多超脱于行业发展状态的决策，每一个都面临着极大的压力。不吃差价、真房源、IT投入和战略变革、从链家变为贝壳找房等，或者面临着员工大面积流失，或者面临着资金压力，或者有相当数量的高管不支持这项决策。

但创始人们坚持着公司的使命不动摇。这不是一件容易的事。创始人对于自己关于行业、公司的痛点判断得极为自信，他得看到正反馈才能坚持下去。最终，一个B2C的中介公司变成了B2B2C的中介平台，链家进化成了贝壳找房。

美的数字化转型的头几年，员工数从近20万削减至11万，方洪波几乎承受着千夫所指的压力。最近十年，美的开展了数字化1.0、+互联网、数字化2.0、T+3、工业互联网、产品智能化等数字化变革，每项投入都少则数亿元、多则二十几亿元，而且谁也无法保证一定能产生效果。这是最高领导者需要展现的领导力。

数字化转型三大洞察

青腾拍摄《一问》纪实访谈节目时，我深度访谈了约20家在数字化转型方面处于领跑位置的企业，发现成功的数字化转型会呈现出三大共通点。

数字化是工具，更是战略

在信息化时代，IT 部门大多是一个比较单纯的后台支持部门。它的职责是在一些流程烦琐的环节中提供技术支持，以优化该环节的运营效率。

数字化时代则不同。数字技术确实是实现战略的工具。各行各业都有基于自身属性的基本功和成功因素，数字技术可以给这些成功因素插上翅膀，让它们变得更加高效。

ERP 时代，企业出数据的单位是"天"，现在随着大数据、云计算等新技术的到来，出数据的单位已经变成了"小时"，甚至变成了实时在线。越来越多的价值链环节都在奔向实时、可视的未来，从而实现最大化的降本增效。

但数字化对价值链乃至产业链的根本性改造，使它也可以演变为战略本身——从配角变成主角。很多企业正在通过数字化转型和智能化升级重新定义自己。

链家原本是一家信息化程度很高的房产中介，在线下成长 17 年后衍化出了贝壳找房—— 一家线上线下融合的互联网平台。链家 to C，贝壳 to B。链家现在只是贝壳找房平台的一个客户。链家的经纪人与德佑（加盟品牌）的经纪人，通过 App 遵循着同一套 ACN 网络[1] 规则，共享彼此的楼盘、客户。数字化技术改变了链家，也改变了所有人对它的认知。

---

[1] ACN 经纪人合作网络，由链家/贝壳找房提炼出的经纪人合作规则，它重点突出了利益共享的分工原则，从而最大程度杜绝了经纪人抢客户的现象。

数字化的威力不是加法,而是乘法

公司内部价值链的各个环节完成信息化,甚至产业链上下游也都完成信息化,对公司是有帮助的。但这是加法,提升的是单个环节的效率,优化的是局部,给企业带来的价值有限。

数字化的价值体现得最为极致之处,是它能帮助企业实现整个生态链的乘法,而不是加法。乘法的意思是,价值链、产业链之间实现多频次的联动。

比如,在不同环节的数据联动起来后,管理层做决策时可以依靠数据,甚至在部分环节让系统去做决策,而不是凭经验"拍脑袋"做决策,从而大大提高决策的准确性和效率。

再如,传统企业也可以通过了解客户使用产品的习惯和行为来集中资源开发恰当的用户平台。新瑞鹏曾尝试以 App 为客户服务的主要界面,但努力多年后月活未见起色,也没产生什么规模级的营收。后来新瑞鹏意识到微信小程序更符合用户使用习惯后,集中资源开发了小程序。2020 年初新冠肺炎疫情突发时,公司推出的预付费性质的会员产品保障卡在小程序上获得了 7 亿元的收入,加固了公司的财务安全水平。

数字化转型,本质还是转型

如果以前述的 Why、What、How 三个问题作为指标来打分,满分 5 分的话,很多企业在 Why 这个维度能打 4.5 分,What 这个维度能打 3.5~4 分,How 这个维度只能打 2~2.5 分。

但技术赋能企业要有效果，也得人、组织与之相匹配。很多企业谈到数字化转型时往往会对技术产生敬畏心理，与之伴随的后续动作往往是过度关注科技。但不重视与任用员工，再好的 AI、算法、大数据等也发挥不了威力。

人和组织方面的问题，是导致很多企业的数字化转型推进到深水区时遇阻的原因。

数字化 =Technical（科技）× Social（人的因素）

数字化转型的本质还是组织转型。资金可以买到技术，但很难买到组织能力。

为了数字化，企业可以做哪些灵活的调整？新希望集团董事长刘永好在 2014 年前后面临着互联网的冲击和企业增长的停滞，十分希望向互联网公司靠拢。作为中国改革开放后诞生的第一批优秀的民营企业，新希望集团的组织模式和人才体系已有多年积淀，船大难掉头，该如何进行转型呢？

他判断新希望集团当时的组织架构和企业文化很难支撑新生力量。于是他在集团之外设立了多个投资平台，并以合伙人制度、"五新"理念（新机制、新青年、新科技、新赛道、新责任）等将新生代与新希望集团关联在一起。在他的推动和合伙人制度的激励下，新希望集团内部的年轻人和外聘人员让企业焕发了活力，在乳业、冷链、金融等产业板块上创造出了一批新兴公司。

带来启发的 5 个案例

无论是"数智革新杨五环"、三大洞察还是数字化转型三阶段，这些总结在相当程度上得益于我在青腾拍摄《一问》纪实访谈节目时深度调研过的约20家案例企业。

它们可以分为两类。一类是数字化原住民，比如便利蜂。"数字化转型"不能准确描述它的状态，用"智能化升级"更为合适。原住民公司的发展历程更像是互联网人士用数字技术去理解、提升一个产业。

另一类是数字化新移民，比如美的集团、贝壳找房[①]、新瑞鹏、新希望等。"数字化转型"很大程度上是在描述传统企业拥抱数字技术从而改变自己的过程。

我从诸多案例企业中挑选了5家在数字化转型和智能化升级中已经呈现领跑姿态的先行者，作为案例写入本书。

5家案例企业中以新移民居多，因为我的一大目的是希望新移民公司的经验教训，能帮助更多传统企业对数字化转型祛魅。数字化转型并不神秘，经过了这样的历程，遇到了那样的困难。新移民公司也可以把数字化原住民公司当作另一个维度的参照物，看看数字科技能力卓越的公司目前推进到了哪一步。

原住民公司则可以看见新移民公司转型中的不易之处。若想在数字化上与新移民公司有所合作，希望这个案例可以提供有益的参考。

除了数字化原住民、数字化新移民这样的横向划分之外，我还可以根据"数智革新杨五环"路线图将这5家企业分成5个类别。

---

① 鉴于创始人出身、线上动作的时间等因素，贝壳找房创始人左晖一直觉得链家/贝壳是"混血"公司，不算典型的传统企业。

需要说明的是，以下分类只是为了帮助读者加深理解，并不表明该公司只在此环节表现良好，或者只有该公司在此环节成效明显。

第一类案例体现了"数智革新杨五环"中的战略驱动。典型企业是贝壳找房和美的集团。链家作为自营房产经纪公司，毅然推出了互联网平台公司贝壳找房，并成为后者的一个客户——既重塑了自己，也正在改变行业。

美的通过多个策略不断提升自己的数字化能力，在取得优异财务业绩的同时还逐渐意识到自己应从以企业为中心转向以用户为中心。在美的掌舵人方洪波眼中，美的将来不是单纯的硬件公司，而会是一个软硬件结合的互联网公司。

第二类案例体现了"数智革新杨五环"中的业务重构。典型企业是新瑞鹏宠物医疗集团。与很多医疗公司推动数字化转型时的切入点选择不同，新瑞鹏坚持选择C端产品，大多医疗公司曾试图选择C端切入但最终还是落在了从内部运营上去推动数字化。这体现了细分行业的不同所带来的企业惯性，宠物医疗一直是个B2C行业，而很多看似也是B2C的医疗行业，事实上往往依赖于从企业获客。

第三类案例体现了"数智革新杨五环"中的科技赋能。典型企业是便利蜂。便利蜂向我们展示了智能化阶段的公司运营是何面貌。便利蜂用数字化技术密布的软件系统，驱动旗下近2000家便利店的日常经营决策，并且经受住了新冠肺炎疫情级别的突发事件的考验。

第四类案例体现了组织升级。典型企业是新希望集团。新希望集团意识到自己作为农牧业企业的数字技术能力相对薄弱，推动数字化转型时会遇到较大阻力。于是它在核心公司之外另辟蹊径，创立了传统企业中较为独特的合伙人机制和投资平台进行组织革新，结果反而推动了新希望集团的数字化转型。

第五类案例体现了"数智革新杨五环"中的变革领导力。典型企业是美的集团。当初方洪波在推动公司战略转型时面临着极大的压力，从员工、高管、投资人、社会到政府，大部分人都反对方洪波的转型思路，但他顶住了。

面对结果高度不确定的数字化升级所需要的巨额投资，方洪波虽有压力和犹豫，但还是坚定地投资甚至追加预算，而且方洪波没让下属感觉到他的犹豫。

在方洪波的带领下，美的集团不仅成为最快适应数字化时代的家电公司，还在把自己的定位刷新成科技公司和互联网公司。

第二章

杨五环方法论

在产业互联网的浪潮中,新移民与原住民之间各有所长,这是一场公平的较量,而且才刚刚开始。从20个案例企业——既有新移民也有原住民——以及相关高管的思考中梳理出的"数智革新杨五环"方法论,它不是保证你到达目的地的导航地图,但相信它能帮助更多的企业在推进数字化转型的过程中找到更明确的方向。

新移民已不再像 2012 年左右面对移动互联网势力时那样惶恐。因为原住民的数字科技能力无法抵消新移民对行业的理解和积累，线下能力也很难做到大规模复制。

但原住民的学习能力、数字能力依旧出类拔萃，而且拥有天生的用户思维。对数字化新移民挑战巨大的线上"从 0 到 1"，对原住民而言几乎不存在。

在产业互联网的浪潮中，新移民与原住民之间各有所长，这是一场公平的较量，而且才刚刚开始。

我从 20 个案例企业——既有新移民也有原住民——以及相关高管的思考中，梳理出了细化一些的"数智革新杨五环"方法论。它不是保证你到达目的地的导航地图，但相信它能帮助更多的企业在推进数字化转型的过程中找到更明确的方向。

杨五环：战略驱动的三层视角

为什么这个时代需要你的公司的存在？

你可能会想：我的公司已经存活很久了……

那么我可以问得再准确点，为什么这个时代需要你的公司继续存在？供不应求的时代已经转变为供大于求了，你的公司真的还是必需品吗？

如果你认为是，有什么客观的数据可以支撑你的判断？反之亦然，哪些数据证明你的公司已经不受欢迎了？

如果你的公司还是必需品，目前最大的迭代点是什么？如果不是，公司目前最大的痛点是什么？数字科技在这两个方向上分别可以发挥什么作用?

问题可以继续延展下去……我要表达的意思是,企业的存在价值很容易发生变化,战略/商业模式也会随之改变,所以企业家应该时不时用第一性原理去思考公司存在的意义。这种思考可以分为三个层次。

国家视角

企业是国家组织中的一个有机构成,企业家是公民的一分子。只有时代下的个人和企业,没有个人、企业的时代。所以企业的最高领导者最好了解和体悟中国经济发展蓝图、法规要求、社会需求等关键因素。

比如,自改革开放以来,中国社会的主要矛盾经历了两次重要变化。[1] 第一次是1981年,中国明确了主要矛盾为人民日益增长的物质文化需要同落后的社会生产之间的矛盾。正是有此定性,才有了日后大力发展生产力的局面。

近年来,中国特色社会主义进入了新发展阶段,中国社会的主要矛盾已经转化为人民日益增长的美好生活需要和不平衡不充分的发展之间的矛盾。这次变化正在带来全局性的改变。中国要坚持以人民为中心的发展思想,在高质量发展中促进共同富裕。

国家经济增长、城市化进程、人口老龄化、新基础设施、碳中和目标、核心技术自主等发展趋势,都是企业在制定公司未来发展规划时必须考虑的因素。

行业视角

这个视角的本质是从产业链的角度去分析行业的流通是否高效，行业供给是否能满足用户的需求等。比如农业、工业、服务业，上游、中游、下游，不同的行业、不同的产业链环节的发展水平相差极大。

过去十年，中国的消费水平不断升级，对于制造业的需求普遍进入了个性化、高品质的阶段。这是美的完成数字化转型、小米及其生态链企业崛起、新消费成为风口的时代背景。

服务业则是另一番画面。有太多细分行业还处于小、散、乱、差的原始状态，至今不能提供达到基本品质的服务，或者只能勉强提供，典型如房地产经纪、保险代理人、家政、餐饮、搬家、冷链等。

数字科技凭借数据打通产业的上游供应、中游生产和下游分销等不同环节，提高重构产业链的能力，使不同环节变得更加扁平和高效。

链家正是如此。它判断房地产经纪行业的供给不是差在哪家公司不行，而是全行业的经纪人口碑都崩塌了。这已经不是商业模式的问题了，而是行业价值观需要改变的问题。"房地产经纪"其实是个价值观的生意。

于是链家打造了适用于全行业的经纪人合作规则，并用数字科技固化到 IT 系统上。自己则从 B2C 的房产 O2O 公司链家蜕变为 B2B2C 的交易平台贝壳找房，商业模式也从与自己的经纪人分佣转变为与合作经纪品牌、合作经纪人分佣。

公司视角

这个视角的本质是从价值链的角度去分析公司运营效率、产品质量、用户体验、渠道触达等不同需求，它可以细分为产品规划或开发、采购、生产、仓储物流、营销推广、客户触达渠道、客户服务与运营等不同价值链环节。每个视角都可以分析出当前的现状和目标之间的差距。

2012年方洪波出任美的集团董事长之后，需要面对新时代的来临。一方面是美的赖以成长的中国劳动力红利消失和消费者对传统家电需求的基本满足，另一方面则是消费者喜好的改变、智慧家居的出现、互联网渠道的冲击……美的集团逐渐意识到，自己必须全面拥抱数字化和智能化才能持续成长，从一个制造硬件的传统家电公司变成软硬件结合的互联网科技公司。

细看本书案例你将会注意到，无论是美的还是贝壳找房，数字科技都在它们重塑自身战略和商业模式的过程中发挥了举足轻重的作用。

杨五环：业务重构的三个切入点

当企业对未来成长战略有共识，了解数字科技扮演的角色后，下一个便是切入点的问题。价值链很长，企业数字化也不可能一步到位，需要不断做深、做广。那么，企业该从哪个环节切入来推动数字科技的落地呢？

行业切入点

行业不同，切入点不同。零售业企业的切入点一般是在营销端和渠道端，如何提高品牌知名度，引起消费者对产品的兴趣，通过便捷的渠道促成购买，以及后续的关系维护和重复购买。这些是零售企业的成败关键，无论是传统媒介还是新媒体，线下还是线上渠道，数字化科技都有很大的发挥空间。

制造业的核心关键环节在供应链，包括采购、制造、仓储物流。无论是光伏、家电，还是机械制造，它们的数字化切入点普遍选择了智能制造和JIT（just-in-time，实时制）供应商管理，达到降本增效、软性生产的效果。

有的行业依赖人类过去的经验形成判断，不需要太高的决策能力，单一决策并不是重大决策，那就可以用大数据、算法、模型来预测未来，比如依赖库存和运力的物流行业。这些行业虽然也原始，但却进入了智能化决策的阶段。

有的行业则依赖于重大决策，比如投资、咨询、医疗、创意等。它们是面向未来的，过去的经验很难帮助你做出有效判断，在可见的未来还得依赖人类的决策能力，但是大数据和人工智能可以辅助决策。

文创行业在创作环节比较依赖不可捉摸的灵感和天才，较难形成 SOP（标准作业程序），所以它们的数字化往往出现在制作工具、流量采买、社群运营、社交媒体推广等细部领域。医疗行业由于流程烦琐，知识树复杂，数字化往往发生在内部运营和 AI 辅助诊断等场景中。

商业模式切入点

商业模式不同，切入点不同。中国有太多看上去是在向 C 端提供产品和服务的公司，从商业模式的角度来说，它们其实是 B2B 企业。比如那些家电公司、快消公司、美妆公司、服装公司、汽车公司等，它们一直靠着经销商或分销商等线下渠道触达消费者，它们了解的是 B 端（大经销商或小零售商）而不是 C 端。C 端和 B 端的决策逻辑、消费能力、用户数量、喜好倾向等相差极大。

本书的案例企业中，只有 B2C 类企业选择营销与用户增长环节为数字化切入点，比如链家推出的链家在线、链家网和贝壳找房，新瑞鹏推出的 App 和小程序。其他调研案例还包括《一问》第二季拍摄的奈雪的茶、逸仙电商（完美日记）等公司。

B2C 企业——尤其是数字化原住民公司——内部运营效率的痛点往往不是主要矛盾，它们的第一痛点往往体现为用户获取、触达、运营等环节不够高效和创新。解决了这些问题，它们才会把注意力放在运营效率、产品研发等环节上。

这与 B2B 企业非常不同。内部运营效率较低是传统 B2B 企业的通病。它们的人多，比如新希望集团的员工数超过了 13 万。它们的业务构成复杂，比如美的集团不仅业务布局众多，海外业务还在营收当中占据了相当的比重。

与此同时，传统 B2B 企业的数字科技提升空间更大。它们往往还处于信息化水平，购买了应有的 IT 软件，但没打通数据，也没有数据挖掘的能力，技术团队以运维为主而缺乏自主研发（下称自研）能力。

传统 B2B 企业的企业家很快意识到了数字化转型在降本增效上的发挥空间更大，于是以此作为数字化转型的阶段性重点，并取得了不错的效果。比如，通过 2012—2019 年在数字化转型等战略主轴上的努力，美的的员工人数从 19.6 万人一度减少至 11 万人，仓库面积从 800 多万平方米减少到约 200 万平方米。不少效率的提升可以直接归功于智能生产、以销定产、JIT 等数字化手段。

由于企业过去积累的组织能力不同，B2B 企业很难骤然学习 B2C 企业从营销和渠道端切入。虽然大家都意识到互联网、移动互联网或物联网赋予了消费者更多权利，于是想尽快接触用户寻找增量空间，DTC（direct to customers，直接面对消费者的营销模式）的去中间化模式变得非常有吸引力，但对 B2B 企业来说，渠道变革往往非常敏感，不适宜作为优先项。企业只有在提升内部运营效率和敏捷制造等能力后，才能更好地将数字化能力延伸到渠道合作商。通过透明化的 B2B 电商平台、仓储物流线上线下全国一盘货等建设，将企业与渠道伙伴从博弈关系转为共赢关系。在确保合作伙伴角色改变的同时，必须重新分配利益。在这方面，美的的实践值得大家参考。

难易度切入点

难易度不同，切入点不同。数字化转型是一个很费钱的投资，美的集团十年时间花了超过 120 亿元，链家 / 贝壳找房十年仅在楼盘字典这个房源数据库上就花了超过 10 亿元，新瑞鹏自研 App 也花了几千万元……但一时间很难看到它们的效果。

一位新消费品牌的 CTO（首席技术官）告诉我，他到任后整体更换了公司的 IT 系统，并做好了运行过程中发生宕机的准备。他认为，只能宕机两次，再多一次他就得不到组织的信任了。

所以选择具体业务部门时，切忌硬碰硬地迎难而上。为了降低组织内部的阻力，应寻找阻力最小、最易突破的业务部门去落地数字科技，以便公司内部能尽快看到数字化转型的效果。

美的集团当初选择在公司内推动数据标准化时，选择的是董事长方洪波起家的空调事业部做试点。新希望集团预估到了身为农牧业企业嫁接数字化转型的难度，于是董事长刘永好选择了在新希望集团之外设立私募基金草根知本集团等迂回的形式来摸索数字化，最终也取得了不错的效果。草根知本集团控股了调味料、牧业、冷链等多个新兴赛道上的潜力公司，部分激发了整个新希望集团的活力。

杨五环：科技赋能，稳字当头

想清楚业务重构的切入点后，应制定切实的技术路线。

如果说信息化时代的通用软件和技术是 ERP、IOE 的话，那么在数字化、智能化时代的通用软件和技术已经更迭成了 App、SaaS、物联网、大数据、云计算、AI 等。

每家企业都需要成为数据公司，用算法来构建模型，并搭建数据中台、业务中台。获得这些数字科技，可以走自研的道路，也可以向科技巨头购买 IaaS、PaaS、SaaS 等服务，甚至直接使用它们的技术团队。

当然，每个行业也有自己特殊的需求。比如制造业的机器人技术，房地产经纪行业的 VR 技术，零售行业的数据采集技术，物流行业的 RFID（射频识别）技术，等等。

向这片技术蓝图前进的最大障碍就是为了"数字化而数字化"的状态。它体现为制定了短期内要实现的宏伟目标，制定了相对庞大的预算，瞄准互联网大厂招募了大量数字化人才，一次不成再试一次，还是不成直接放弃……

在调研中，这种节奏的数字化转型结果往往不尽如人意。其本质是跳过了前述洞察"数字化是工具，更是战略"中的"工具"阶段，直奔"战略"而去，相当于想一口吃成个胖子。

企业最高领导者做此选择，常常是因为在数字化时代中产生了时不我待的紧迫感，于是他选择了事实上最容易做的动作，撒钱、上资源、堆人、挖人。这种数字化转型并不是建立在正确的战略和切入点之上的，所以往往会失败。

我建议数字化新移民公司不用好大喜功，在获取数字科技的道路上可以秉持稳健的心态。稳健应体现在以下几个方面。

第一，外包还是自研？与其着急建立自研团队，因为没有技术人才的判断力而付出昂贵的代价，不如先从外包入手，用供应商的套装软件来提升价值链的运营效率。但不能完全把自己的命运交给供应商，除了必需的 IT 运维团队之外，可以从培养 IT 项目管理人才入手，慢慢摸索、搭建自研团队。

当你的企业成长到了一定规模时，业务场景中的特殊环节会大为增多。你会慢慢不满意外包团队的响应速度、技术能力、技术前瞻性等，最终建立起自研的技术团队。

自研确实是终点，但不要把终点刻意提前。要建立成功的自研团队，前提是找到一位能恰当推动数字化的领军人物，配合 CEO 的战略规划，制定实现数字化的技术路径。这个领军人物必须是深懂业务的科技人才，或者是深懂科技的业务人才。他不能只懂科技或者只懂业务，他得是业务和科技都懂的桥梁型人才。

第二，标准化最重要。业务、流程、数据的标准化是企业进行数字化的大前提，不然系统无法打通，数据无法共用。有了这个前置条件才有最终的数据化，数据多了才有智能化的可能。

标准化是一个漫长、琐碎，很考验延迟满足感强大与否的环节。链家建立楼盘字典的初期，不熟悉流程、团队结构、作业标准，到第四次数楼时才有了质的突破。标准化也不是一个一劳永逸的动作。链家建立了楼盘字典的数据库后，还需要专门团队和经纪人团队时不时更新房源数据。

第三，参照系是自己。每个传统产业都有自己的行业认知和积累，它不会轻易被互联网公司跨越过去。看看这些年 O2O、二手车、房地产经纪、互联网金融等行业的数字化改造，大家可以发现数字科技强大的互联网公司的大多数改造都不太成功。现在"互联网 +"的浪潮已经变成了"+ 互联网"。

强如便利蜂的庄辰超，在摸索数字化操作体系与门店经营的结合上，也花了 4 年时间才上轨道。而新瑞鹏的前身瑞鹏集团在业内稳扎稳打了十余年，面对技术能力、膨胀速度都较为酷炫的竞争对手时，做到了丝毫不落下风。

数字化新移民公司只要确保自己是在正确的轨道上稳步前进，完全不用担心会从哪里冒出一个强大的原住民对手威胁自己的生存。

重视，但别恐慌。

杨五环：组织升级，杨三角历久弥新

当数字化转型进入深水区时，组织能力的匹配和升级至关重要。像新希望这样有着几十年历史的公司，甚至会觉得应当先进行组织能力的重塑，待企业的业务、组织架构、文化基因得到改造后，再进行数字化转型。否则，或许会陷入传统基因与数字化基因完全不兼容的情况。

杨三角理论将组织能力建设分解为员工能力、员工思维、员工治理三个维度，在企业数字化转型的时代，它们的内涵各自有着相应的更新。

员工能力

员工能力方面，我认为企业最高领导者应该重点关注的是寻找和培养桥梁型人才。

正如前面所说，桥梁型人才的大体定义是既懂业务又懂技术的员工。懂业务，让他能更好地理解业务本质，从而制订既接地气又能引领业务全局发展的技术规划。他要确保的是固化到 IT 系统上的最优流程，而不是去满足某个既有环节的提效需求——那只能实现局部最优。如果不懂业务，业务方提出的需求往往是他见到过的呈现方式，他并不知道技术的实现空间有多大。他以为流程是 $A \to B \to C \to D \to E$，但很可能技术能直接实现 $D \to E$。

懂技术，让他能选择恰当的技术手段。比如前述提到的研发团队何时从外包转为自研，以运维人员为主的结构何时改为以研发为主等。他也能给出技术上的建议，比如业务逻辑对应的技术实现逻辑大体为何，哪些技术满足了应用、价格等综合条件，当前的技术方案能采集到多少真实数据，团队是否在为了技术而技术，等等。

桥梁型人才如此可贵，但去哪里能找到他们呢？我的判断是，很难找到一个现成的CTO或CIO（首席信息官）恰好懂你的业务。即便是传统企业中的桥梁型人才典范——美的集团CIO张小懿，10年前进入美的时也不大懂业务。

自主培养是一条更可行的道路，在此我提醒大家注意以下几点。

第一，人才类型。以我所见，桥梁型人才更多具有IT背景而非业务背景。之所以如此，是因为具有IT背景的人相对而言学习能力更强。数字科技相对抽象，业务出身的人较难理解。一位企业家表达过类似观点："线上从0到1太难了，对线下的人来说，根本就进不了门。"

第二，人才心态。绝大多数传统企业的CIO都是高管团队中的弱势群体。他的部门是一个花钱很多但基本不赚钱的部门。CIO得有"夹着尾巴做人"的姿态和良好的沟通能力，尽量寻找最佳突破口，积小胜为大胜。同时在必要时刻得鼓足勇气坚持己见，比如在外购套装软件已无法满足企业需求时必须建立自研团队。这是一个可能会付出昂贵代价，但对企业的长期发展价值影响很大的决策。企业要完成变革，需要业务引擎和数字化引擎一起推动。

第三，人才定位。为了降低CIO推动数字化变革的阻力，企业最高领导者应当尽可能地支持 CIO，重要体现之一就是给足头衔。如果 CIO 不是企业最高决策机构的成员，那么他最好位列其中。一位 CIO 告诉我，这对于他去做内部协调很有好处："有头衔会吓人的，人家一看，怎么都要给点面子，说话不会太难听，就跟你讲道理了。"

除了吸引、保留和发挥推动数字化转型的关键人才，企业还要处理跟不上数字化时代步伐的既得利益者。这些人才在之前的商业模式中做出过关键贡献，很多也身居高位，掌握着大量的资源，如何给他们找到更好的归宿呢？以顾问、导师、非执行董事、理事等头衔确保旧时代高层的"名"，以工资、股票等收入确保他们的"利"。解决了"名"和"利"，请他们从所在职位上退下来就不是一件会在几年时间里都处于棘手状态的事情。

包括但不限于新希望集团的案例，我发现那些交接班顺利的企业，也是最高领导者痛快退位的企业。新希望集团的刘永好则不再担任核心上市公司的董事长一职，安守在集团董事长的位置上。

成立几十年的那些传统企业安排此类人事交接时，最高领导者最好带头做出表率，才能完整释放"时代已变，我们这些人都过气了，该交给年轻人了"的信号，否则容易被老臣子们解读为"单单是自己（老臣子们）不行了"。

员工思维

数字化能否落实执行，关键是公司各级员工（特别是基层员工）是否愿意支持新工具和背后的新利益安排。

我之所以强调基层员工而非中层管理者，是因为基层员工作为服务的直接提供者，在数字化、智能化的时代不仅可以提供大量的行为数据来提高公司的整体经营效率，还是与客户、用户的第一接触点。在这个时代，员工的行为经过社交媒体的运用和传播会释放出惊人的影响力。

为了让基层员工支持和认可公司的数字化转型，核心要解决两点。第一点是激励机制。员工不支持转型的原因，很大程度上是担心工作机会减少、薪酬福利水平下降。在零售行业，线下与线上两大渠道提供的产品、价格、服务不一致。若想让线下导购人员推荐线上渠道的产品，那他们在线下成交和线上成交时获得的佣金必须处于同一水平，否则员工为什么要干吃力不讨好的事情呢？

第二点是赋能。数字化转型一般由企业最高领导者在总部发起，除非基层员工觉得这些工具能帮助他们带来业务机会或者提高工作效率，不然都会产生抵触心理，结果是多好的系统或者工具都被空放着，无人问津，更谈不上数据的采集。

所以优秀的数字科技应该为一线员工赋能。用高瓴资本合伙人李良的话来说："市场上都是单发的驳壳枪，这时候你做了一把连发的冲锋枪，你是给战士用，还是给司令用呢？"[2]

很多时候，一线员工的提效空间非常大，但他们缺少工具和数据。便利蜂的数字科技能力在很大程度上用来给一线门店的店长、员工赋能，减轻他们做出日常经营决策时的压力，让他们将精力投入服务客户等更有价值的环节。

员工治理

员工治理方面，大家可以借鉴"一小""一大"两个组织架构。

"一小"是指用项目制搭建团队的数字化能力。临时的跨部门、跨层级沟通中，以项目组的形式能让更多人保持参与感。不少公司在筹谋公司的新战略时，既请来了咨询公司作为外脑，也囊括了相关高管。如此一来，高管的参与感、承诺感很高，又避免了咨询公司的方案落地执行难的问题。

当公司的数字化转型上了轨道，项目制也可以发挥不小的作用。为了让产品技术落地得更坚决，线上线下一体化运营得更有效，贝壳找房改变了以前迭代产品时"运营→产品→技术"的单线反馈链条。公司把运营、产品、技术这三者的相关人员都拉到一个项目组里，总部和某个城市的员工也拉到一个项目组里，组内沟通提高了所有角色的及时反馈和价值感。最终，贝壳找房的研发效率、内部协调都得到了提高。

以项目的形式推动或大或小的变革，沟通过程十分重要。这里需要注意三点：第一，面对现实提方案时，大家都需要坦诚。我们的问题到底在哪里？但不要变成抱怨，抱怨很容易在团队中演变为权力斗争。第二，每个人都要深度参与，很大程度上这不是为了集思广益，而是让其他人从潜在的反抗者变成变革的推动者。因为他也参与讨论了，他就愿意接收和推动。第三，积极的心态，解决问题的心态。变革方案很容易因为大家要一团和气而做出妥协，但这对公司毫无用处。

"一大"是指市场化生态组织作为日常运营管理模式，这不仅是错综复杂、瞬息万变的经营环境下最为灵活、敏捷的组织形式，也是诸多案例企业在整体组织架构上的演进方向。

市场化生态组织主要解决小企业的敏捷打拼与大企业的协同综效问题。很多企业过去强调不同地区或者不同产品业务团队的高度授权和职能闭环（如美的的产品事业部），这可以让不同的业务团队快速响应市场变化，以满足不同客户群的需求。它的弊端是各自为政，造成"烟筒"和信息孤岛。企业在推动产品规划、品牌推广、物料采购、技术赋能、仓储物流、用户或业务数据共享、线上线下业务打通时都会遇到组织障碍的问题。

市场化生态组织提倡的是"大平台+业务团队"的做法。共同的资源和能力，尽量集中到共享平台，以其统一的系统、能力和数据，赋能前端业务团队，甚至上下游的产业链合作伙伴。无法共享的资源或能力，就尽量闭环到各业务团队，确保业务团队的敏捷高效。

我在新瑞鹏集团看到了市场化生态组织的身影。新瑞鹏集团成为中国宠物医疗行业的"航空母舰"后，一方面着力推动自己的数字化转型、智能化升级，一方面把自己在供应链、培训领域的能力向合作伙伴开放。

贝壳找房是更明显的例子。链家适当修改自己对于行业的理解、数据、规则等后，向全行业开放，自己也从房产O2O公司蜕变为交易平台。尽管一度遭到了行业抵制，但这一两年内越来越多的业内经纪品牌、经纪人加入了贝壳。

杨五环：变革领导力，贯穿始终

数字化转型这场变革是地地道道的 CEO 工程，只有企业最高领导者发挥的领导力与前四环紧密交融在一起，才能推动转型的落地。变革领导力在"杨五环"中是发动机，也是唯一一个贯穿始终的环节。它具体可以细分为三大要点。

战略洞察

一方面，外部环境瞬息万变，世界上似乎每年都有着重大改变；另一方面，所有成功的企业案例都告诉我们要以不变应万变。

那么，你作为最高领导者能否敏锐地感知到外部环境的变化？

你能否深度理解消费需求是什么，消费升级又意味着什么？

你能否意识到绝大多数公司过去的成功都依赖市场红利或者劳动力红利，其实自身的战略、组织、IT、产品等通用能力相当薄弱？

你能否理解如何以数字科技和大数据重构产业链和价值链，解决行业痛点、运营低效的问题，或者满足客户没被满足的需求？

公司的旧有发展模式是否遇到了天花板？公司未来如何成长？如何获取更高利润？

公司如何避免被时代淘汰，被客户摈弃，被竞争对手"弯道超车"？

类似自省不胜枚举。总之，最高领导者在战略认知上的差异会导致企业之间的成长方向和途径[①]、竞争格局完全不同。

新瑞鹏集团董事长兼总裁彭永鹤一直希望提升宠物医疗行业的整体尊严水平，至少让从业者敢于坦荡承认自己的职业，而不少竞争对手始终停留在争取成为行业龙头甚至只是做好这门生意的层次。前者想的是行业终局，后者想的是目力所及的事。那么谁成为行业航母的概率会高一些？从结果来看，是前者。类似的例子，也发生在了链家/贝壳身上。

为什么很多企业的变革方案没达到效果？是因为太多企业的变革方案沦为了高管团队一团和气的牺牲品，被团队现有的经验和能力、权力和利益所绑架，变得不痛不痒。

出现这些现象的源头是高管团队对未来战略演变和商业模式创新没有达成真正的共识。以未来规划今天，以外部机遇重构内部业务，而不是延续旧有模式和架构，这样才能集中力量往前推进。

勇气决心

平稳增长时期的领导力与变革时期的领导力不一样，后者要求企业最高领导者具备超强的勇气和决心。

大家都知道推动重大变革的节奏是找到切入点后快速试错、迭代。但这个路径在产业互联网里的效率不如消费互联网，很多传统行业具有庞大又复杂的组织架构，试错需要在线下进行大量的资金

---

① 成长方向包括客户端驱动、地区端驱动或业务端驱动。成长途径包括内生式增长（build）、并购同行（buy）、与同行达成某种同盟（borrow）等。

和时间投入。也就是说，切入点的投入规模不会小，一旦做错就会面临巨大的压力，这时你是否会自我怀疑？

便利蜂创立初期光鲜亮丽，万众瞩目，但那时它设计的数字化操作体系在思路和技术架构上都遇到了问题。要改动的话，对组织而言可谓伤筋动骨。创业经验丰富的斑马资本创始人庄辰超也犹豫了半年左右。

如果是你，你会犹豫多久？

第一次切入点选错了，第二次选择或许也是不对的。你能否继续支持桥梁型人才？一位 CIO 告诉我，如果不是最高领导者的支持非常明确，"估计我在企业里活不过三年。我没那么大能耐"。

美的开始投入巨资推动战略变革，以致资本市场关注的财务数字在三四年时间内都不被好看，美的集团的市值从 2013 年的约 700 亿元，一度跌到约 500 亿元，而且看上去还将继续跌……集团内外的主流舆论都是方洪波的战略方向选错了。面对重重压力和质疑，你能否挺得住？

没办法，企业最高领导者只能一边顶住压力往前走，一边努力寻找正反馈来加固自己的信心。一旦后退，就前功尽弃了。

资源投入

数字化转型升级不是纸上谈兵，是需要投入真金白银和高管精力的。IT 系统升级动不动就需要上千万元甚至上亿元的投入，而且成效具有高度不确定性，CEO 是否愿意拍板决策，牺牲短期利润？

推动数字化落地，企业需要引进一批关键技术人才或者寻找外部合作伙伴。他们首先不会便宜，而且说不定要花九牛二虎之力才能吸引他们进来。大家可以去看看上市公司财报上那些优秀CIO的年薪是多少，看看优秀CEO当年吸引技术人才时给出的股份是多少，这些都是企业实实在在的投入。

最后，战略升级、业务重构、组织调整、人才调动都需要高管团队投入大量的精力去推动，才能成功。帮助关键技术人才融入公司的传统文化，保留和发挥他们的才干，会耗费CEO极大的精力。

对于以CEO为首的高管团队来说，时间与精力是最稀缺的资源。你们是否愿意在兼顾业务发展的同时，投入足够多的精力来推动这些转型升级？还是雷声大雨点小，虎头蛇尾，最后不了了之？

这些才是数字化转型、智能化升级中最大的难题。你的对手可能是时代，更可能是你自己。

第三章

美的：
如何穿越时代

美的在时代浪潮中的数字化转型充分体现了数字化"是工具，更是战略"的洞察。在这个过程中，美的也逐渐意识到，自己必须全面拥抱数字化和智能化才能持续成长，从一个制造硬件的传统家电公司变成软硬件结合的互联网科技公司。

更多关于美的数字化转型升级的详情，请扫码观看《一问》视频。

在青腾《一问》拍摄的诸多案例中，美的存在的时间跨度最长。并不是想讲述一个陈旧的故事，而是因为美的的数字化转型穿越了两大时代命题。

第一个背景是中国制造业升级。长期以来，制造业企业的竞争力依靠的是人口红利、土地成本、市场未饱和等时代红利。它的经营动作是建立工厂、向渠道商压货、产品多元化等，目标是做大企业规模而不是提高净利率和毛利率。

时任美的电器董事长兼CEO的方洪波相信这种规模导向的发展路线在2008年金融危机后的世界已经走投无路，美的必须转向以利润为导向的发展路线。这时，美的需要提高自己的标准化水平，以支撑企业的精细化管理。

在这个阶段，IT技术是解决美的管理痛点的工具，其深远影响在于美的积累了标准化的数据，植入了标准化的思维。标准化给美的之后的各种数字化战略打下了良好的基础。

但标准化也是很多传统企业进行数字化转型时相对容易忽略的基础环节，因其具有烦琐细碎、耗时久、见效周期长的特点。

第二个背景是2015年前后移动互联网、物联网、人工智能等技术在国内产业界的兴盛所带来的"互联网+"浪潮。凭借着远远领先于传统企业的数字科技能力，国内互联网公司纷纷进入了此前从未涉足的服务业、制造业，在产品、渠道、运营等多个价值链环节向传统企业发起了冲击。

已成为美的集团董事长兼总裁的方洪波带领美的见招拆招，在渠道变革、柔性制造、决策效率等优势环节展现出了深厚的积淀和快速的反应能力。也受企业基因所限，美的在智能产品、用户思维一侧的动作迟迟未见明显成效。

意识到这一波数字化基础设施的迭代将把世界带入"用户主权"的时代后,方洪波以彻底自我否定的决心果断更新了美的的战略主轴和组织架构——从以企业为中心转向以用户为中心。美的也终于在产品、用户运营上取得了累累硕果。

节点清晰、波澜壮阔的数字化转型作为核心要素之一,支撑着美的集团实现了10年间营收增长近3倍、净利润增长近4倍、市值增长近9倍的辉煌业绩(见图3-1)。[①]

优质成长
- 营收增长近3倍
- 净利润增长近4倍
- 市值增长近9倍

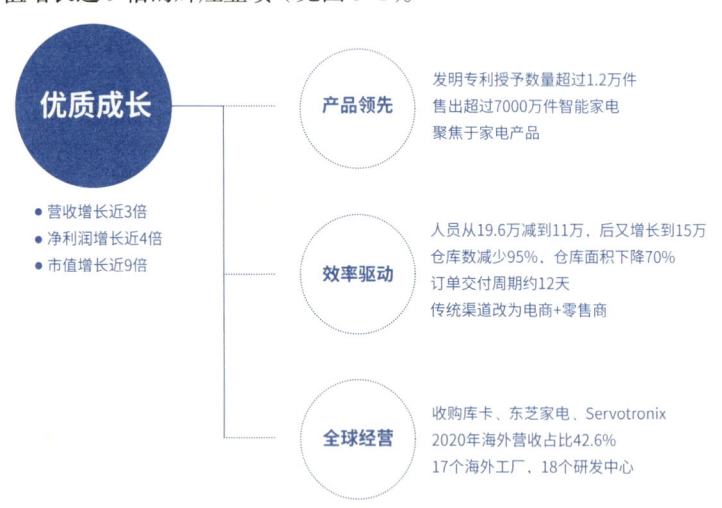

产品领先
- 发明专利授予数量超过1.2万件
- 售出超过7000万件智能家电
- 聚焦于家电产品

效率驱动
- 人员从19.6万减到11万,后又增长到15万
- 仓库数减少95%,仓库面积下降70%
- 订单交付周期约12天
- 传统渠道改为电商+零售商

全球经营
- 收购库卡、东芝家电、Servotronix
- 2020年海外营收占比42.6%
- 17个海外工厂,18个研发中心

图3-1　美的集团数字化转型阶段性成果(2011—2020年)

来源:公开资料、财报、访谈

---

① 由于美的集团在2013年实现了整体上市,所以这些数字是针对美的集团所得而非当初的美的电器。具体而言,营收比对的是10年前的美的集团,净利润和市值比对的是2013年的美的集团。

美的在两大时代背景下的数字化转型，充分体现了数字化"是工具，更是战略"的洞察。

在方洪波眼中，随着美的对数字科技重要性的理解逐渐加深，美的从数字化转型中尝到的甜头越来越多，美的正在从以生产家电产品为主的硬件公司转型为以生产智能产品为主、软硬件结合的科技公司（见图3-2）。

图 3-2　美的发展历程

来源：美的、公开资料

对于企业最高领导者而言，方洪波在面对人事调整和数字技术投入上的坚定值得借鉴。近20万员工几乎裁减了一半，十年间在数字化上投入了100多亿元，任何一项都足以令人焦头烂额。

方洪波有过高压的时刻，也有过犹豫的时刻，但他没有因暂时的焦虑而怀疑过数字化转型升级的大方向和自己设定的战略主轴。

他没有躲进安全的舒适区里。

战略驱动 × 业务重构

为了应对 2008 年金融危机的冲击，政府在家电领域先后推出了家电下乡、以旧换新、节能空调补贴三项政策。市场容量的增加刺激着美的迅速脱离 2009 年增长停滞的局面。

为什么要改变

2010 年美的电器①的营业收入同比增长了 58%，2011 年又增长了大约 25%。母公司美的集团的营业额则在 2010 年突破了 1100 亿元，2011 年突破了 1400 亿元。②

一时间员工的士气颇为高涨，在一些美的人的回忆里："那段时光总让人感觉世界太小，天下就没有我办不成的事。"

但是 2009 年接任美的电器董事长职位的方洪波完全不这么想。金融危机和职位的高升迫使方洪波进行了"非常大的思考"。他觉得公司的发展模式似乎不可持续。

---

① 2012 年之前，美的电器长期是美的集团的一个二级产业集团，美的集团的涵盖范畴要大于美的电器，只是美的电器在美的集团中占据着重要的位置。
② 本章所有的财务数字，均来自财报或公开报道。由于财务数字较多，在此做统一说明，以下不再一一列明出处。

美的过去走的是规模导向的发展路线，目标、动力、盈利……"所有都来自规模。"方洪波表示。

规模导向的成长方式本质上依赖的是外部环境提供的红利，比如未饱和的市场[①]、廉价劳动力和土地、政府的刺激政策。包括美的在内的中国家电巨头们的最优发展路径一直是扩充品类、建设工厂，低成本、大规模地生产尽可能多的产品，然后向渠道商压货即可实现收入规模的扩大和市场份额的提高。

技术研发、精细化管理、产品设计、自动化等要素并不是竞争中的主角，它们更像是让企业实现差异化的调味品。用方洪波的话来说，"只要做得稍微好一点就行了"。

能抓住时代红利做大企业规模当然算得上一种成功，但红利正在越来越少。

2010年房地产行业即将进入增速下滑、竞争激烈的白银时代[1]，冰箱、洗衣机、空调的普及率达到了相当的水平[2]，城市里的市场正

---

① 关于市场是否饱和这点，有几个明显的阶段。在1998年住房制度改革（房改）前，中国家电市场一度趋于饱和，以至于家电企业在那段时间打起了惊人的价格战。房改提高了城市市场的上限，于是家电企业依靠多元化和市场自然增长，仍旧实现了每年20%~30%的增长。2008年的金融危机阻断了这一增长，于是政府出台了政策，给家电企业添加了下沉市场这一增量空间。所以严格意义上，直到2011年前后中国的家电市场才进入了较为明显的饱和期。这点从大家电的城市百户拥有量也可以看出来（见图3-3）。此后的中国家电需求，除了仍有空间的下沉市场需求外，已经从刚需转变为了改善型需求。打个比方就是，以前家庭没有空调必须得买一台空调来满足降温需求，现在城市家庭几乎都至少有一台空调了，讲究的更是每个房间各有一台空调，各自吹各自的冷气。

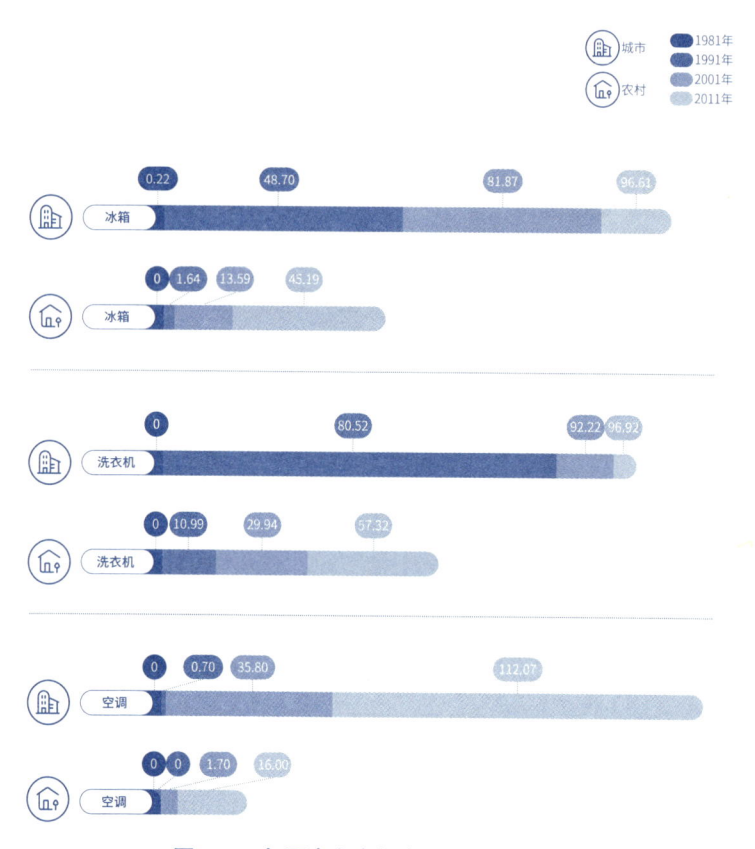

城市 ■1981年 ■1991年
农村 ■2001年 ■2011年

城市 冰箱: 0.22 | 48.70 | 81.87 | 96.61
农村 冰箱: 0 | 1.64 | 13.59 | 45.19

城市 洗衣机: 0 | 80.52 | 92.22 | 96.92
农村 洗衣机: 0 | 10.99 | 29.94 | 57.32

城市 空调: 0 | 0.70 | 35.80 | 112.07
农村 空调: 0 | 0 | 1.70 | 16.00

图 3-3 每百户白电拥有量（台）变化图

趋于饱和。中国的劳动力成本则急剧上升，珠三角地区甚至出现了"招工难"的现象。

站在今天回顾过去，一切都是清晰的。站在当时往前看，世界要模糊很多。

当时的方洪波只是隐隐觉得大环境变了。观察了政策刺激带来的短期效果后，2010 年方洪波坚决否定了规模导向的发展思路：

"还是不行。这个模式不行……过去的竞争力可控制吗？不行。（所以）我要转到一个新的形势上。"

战略上的质变在 2010 年被方洪波描述为"结构调整和转变发展方式"。[3] 2011 年初，美的集团上下进行了内部反思，认为公司的发展主题不应是"规模扩张，应该以提高毛利率为基础"。

2011 年 7 月，在美的集团的内刊上，创始人何享健也提出了"转变发展方式，实现战略转型"。[4] 发展目标由规模导向转为利润导向，考核激励从注重销售额向注重利润额转变。2012 年后，美的集团没有再制定增长目标，而是优先看现金流，其次看盈利，再次才看收入的增长。

2011 年下半年，方洪波已经明确了美的电器的转型战略。他对标华为、美国丹纳赫、韩国三星，提出了美的电器的三大战略主轴：产品领先、效率驱动、全球经营（下称三大战略主轴）。[①]

2012 年 8 月，美的集团创始人何享健正式退休，将集团董事长职位交给了方洪波，于是后者将自己的改革思路推广到了全集团（见图 3-4）。

方洪波的坚定给人留下了深刻印象，因为这三大战略主轴基本上推翻了美的过去 30 多年[②]的发展经验。

---

① 产品领先，学的是华为在技术、研发、人员上的果断投入所带来的先进产品。效率驱动，学的是美国制造业巨头丹纳赫。该集团的管理系统 DBS（Danaher Business System）闻名于业界，其精益管理能力号称仅次于丰田汽车。丹纳赫旗下包括生命科学、医学诊断、水质管理和产品标识四大产业布局。

② 美的集团的前身为何享健带领团队创办的生产塑料瓶盖的"北街办塑料生产组"，创立于 1968 年。美的进入家电行业则是以 1981 年生产风扇为标志。

战略主轴	产品领先、效率驱动、全球经营			科技领先、数智驱动、用户首达、全球突破	
	2012—2015年	2015—2016年	2015—2017年	2017—2019年	2019—2020年	2021年至今
企业阶段性战略	·聚焦产业，做好产品，确保规模，改善盈利； ·整体上市，推进一个实的，一个标准，一个体系	·智能产品，智能制造	·产销模式变革：T+3，一盘货，面向大经销商改为直接触小零售商； ·收购库卡、东芝家电等	·推动精益管理与全价值链卓越运营，持续优化产品结构； ·数字化转型经验对外输出，美云智数成立	·全面数字化，方向是数据驱动经营； ·全面智能化，普及智能家电	·成为一个互联网及IoT化的企业，一个科技型的数字化企业，成为全世界智能家居的领先者，能制造的赋能者 ·全面数字化 全面智能化深度转型 ·普及智能家电所有的业务流程、模式、工作方法、运营与商业模式，都通过软件和数字化来驱动
企业阶段性数字化战略	数字化1.0 ·流程、数据标准化，建设"632"系统	+互联网 ·移动数据平台； ·智能制造、自动化	数字化2.0 ·全面自研发系统，比如APS结果导向型改为实时支撑型 工厂推动机器人、自动化	工业互联网M.IoT ·用物联网、人工智能、云等技术打造SCADA平台、工业云平台、工业大数据平台和工业SaaS面向C端用户APP整合而，Iot事业部成立	每个流程软件化 ·每个流程软件化，重点打造管理驾驶舱，工业先在高端产品上增加智能模组，成为智能家电	

图 3-4 在美的集团战略主轴下的数字化

来源：公开资料，采访所得

数字化 1.0 和标准化

根据 2015 年年报的解释，美的三大战略主轴的具体路径是通过技术驱动、结构升级和品质提升来系统性地增强产品竞争力，通过业务、管理和资产效率的提升，降低企业运行成本、费用率与经营风险，通过加大合资、合作力度，把过去较为单纯的出口产品升级为在海外建立制造、研发、运营等完整的价值链，提升自有品牌比例与赢利能力。

不难看出，技术将在产品领先、效率驱动这两大主轴发挥明显的作用。技术的切入点有二：一个明显的方向在于家电产品技术本身，从此美的集团投资了几十亿元在全球范围内建设大规模的研发中心，设立研发团队（见图 3-5）；另一个方向则被一件筹划已久的大事的落地牵引了出来。

图 3-5　美的研发占比

来源：美的财报

除了地产业务与美的电器关联不大外，美的集团的资产中还有经营小家电的美的日电、经营家电核心零部件的威灵电机、经营物流业务的安得物流这三大业务板块与美的电器关联紧密，而且它们规模颇大，三块业务在2012年的合计营收约为320亿元。

美的集团打算把这些资产并入作为上市公司的美的电器以实现整体上市，并于2012年正式开始资产重组。这时它发现自己不像是"一个"集团。

美的集团旗下诸多子公司、事业部的流程不统一，管理方式不统一，数据标准也不统一。比如，有些事业部对于营收的定义是产品送到仓库，有些部门的定义是产品出仓库，有些部门则以海关清关开始计算营收。

与之对应的软件也五花八门。"运行的ERP就有七八套"，2010年8月加入美的集团从事IT工作的张小懿说，集团那时的各类IT系统合计有100多套。

这些外购自各类第三方的软件个个都是信息孤岛，且不说向三大战略主轴迈进，连基本的协同效应都发挥不出来。比如，由于生产、销售、购买环节互相断裂，美的的渠道体系内库存高企，同时部分物料又很匮乏。工厂、渠道等单元的仓库各自为战，物流效率低、成本高。

方洪波就此提出了"三个一"的整合战略：一个美的，一个体系，一个标准。其中IT技术被方洪波认为是最有力的抓手，它可以"提高我接收信息的一致性、快速性，让过程的管控变得透明，甚至都有可能"。

美的集团打算从数据标准化这份基础工作做起。由时任美的集团 CIO 谷云松的 IT 团队为主，协同各业务部门梳理、清洗集团的所有数据。美的集团在该阶段的人力投入规模已经超过了 1000 人。

他们的目标是标准化到名词释义的水平。比如将物料编码指代的每个产品都重新定义清楚，各事业部描述同一款钢板产品时使用同一个词。员工、供应商、客户等主要数据类型的定义都需经历同样的整理过程。标准化的工作量不容小觑，单美的集团的物料编码就有 100 多万个。

同步推进的是梳理流程，即统一做事的标准动作。从外销到内销，从采购到付款，从产品开发到生产，IT 团队希望集团的主要流程都可以划分层次。他们以家用空调和厨房电器两个事业部为试点，颗粒度由大到小不断拆分，从中寻找新规定动作的方向。

由于拆解、梳理流程会改变别人的工作习惯和思维方式，很容易被解读为对其过往的否定。因此，我们可以想象这是一个充满了"建设性的争吵"的过程。

变革领导力 × 科技赋能 × 组织升级

随着底层数据标准化的推进，方洪波面临着一个难题，是否该上一套新的 IT 系统？

方洪波的犹豫

新的数据、流程继续在那 100 多套 IT 系统上运行似乎不太现实，但替换成一套系统也麻烦多多。如果自研，需重写的代码量至少上亿行，经营风险会很大，过往的所有数据都要转移到新系统里运行。

方洪波说："如果不成功，这个企业就无法运营，企业就失控了。最起码几个月不能运营，存在非常大的风险。"而且整体替换IT系统所需不菲，第一期便得到10亿元投资。美的集团那时的经营状况并不算好。渠道体系一直以代理商为主，2009年左右一度想转为直营，但并不成功，于是又打算重回代理商路线。这无疑意味着裁员。在产品端，美的正聚焦核心，方洪波果断砍掉了非家电业务及低毛利润产品，只保留了20多个核心品类，具体产品型号由2.2万个减少至1.5万个。这意味着裁员和收入下滑。

组织架构上的动作更大。按"小集团、大事业部"思路，方洪波将集团总部明确为对一线作战单元的赋能平台。他取消了二级产业集团①的层级，各事业部直接向集团汇报。事业部内部也大量精简，原则上从方洪波到一线员工不超过5个层级。公司整体架构变革为"789"，即7个平台、8项职能、9大事业部（见图3-6）。这也意味着裁员，且社会风评会颇为震荡。

我们可以看到，单美的电器在2011年便裁掉了3万多人[5]，占美的电器员工总数的30%。方洪波接班掌舵美的集团后裁员潮仍在继续。

---

① 美的集团原有制冷家电集团、日用家电集团、机电集团三个二级产业集团，共15个事业部。集团的人力规模颇大，对事业部的管控也较多。

7个平台	物流平台	看图平台	售后平台	创新平台	金融平台	国际化平台	采购平台

8项职能	用户与市场	产品管理	财经	人力资源	法务	企业发展	流程工厂	审计

9大事业部	家用空调事业部	中央空调事业部	冰箱事业部	洗衣机事业部	热水器事业部	厨房电器事业部	环境电器事业部	生活电器事业部	部品事业部

图 3-6 美的 "789" 架构图

来源：公开资料

由于美的工厂的整体开工率均值不足 50%，卖的产品少了，收入也随之大降。2012 年美的电器的营收同比下降了 26.89%，净利润也同比减少了 6.25%。美的集团的营收则从 2011 年的约 1400 亿元下滑到了 2012 年的 1027 亿元，而且预计 2013 年也只能恢复到 1187 亿元。[6]

那一年，方洪波生出了不少白发。[7] 然而，漫长的压力才刚刚开始。因为美的集团是一个处于发展高峰期时员工数接近 20 万人的超大型集团。这时将过去的万国牌系统替换为一整套新 IT 系统所需的 10 亿元，让方洪波觉得"是很大的一个数字……每到这个时候，做这种抉择，我都觉得很迷茫"。

但他和 IT 团队都相信一套新 IT 系统对美的的未来至关重要。"未来美的要想成为优秀的企业，伟大的企业，必须要搞，就是要彻底推倒重来。搞'632'系统没有错，看得见痛点，是很明显要解决的问题。它一定有回报。要在一张白纸上画最新、最美的图画。"

"789"组织架构就对美的集团的数字化水平提出了更高的要求。数据流动如果不精准、不够快、不够多，集团总部无法向事业部赋能。

定制化开发

思考了很久后，方洪波叫来了谷云松，询问他们要多长时间可以做出新系统。

谷云松答："三年研发成功，推广至第一个事业部。五年内推广至整个美的集团。"

方洪波告诉他："谷云松，我不知道三年后董事长还是不是我，你还让我等三年？一年之内必须完成。"

对 IT 系统一直以外购，仅有 300 余名员工，且大部分为运维人员[①]的美的而言，一年意味着太大的工作量和难度。谷云松只好

---

① 读者可以把此处的 IT 运维简单理解为过去每个公司都有的网管，他们的主要工作内容是修电脑、处理软件问题、重装系统等，基本没有研发能力。

回道:"不可能。"

但方洪波很坚决:"为什么让你来做这件事情,就是要把不可能变成可能。"

谷云松沉思良久后回道:"我试试。"

2013年,在数据、流程梳理工作的基础上,大量咨询公司、软件公司帮助美的梳理出了代号为"632"的新一代IT系统(见图3-7、图3-8)。顺便一提,张小懿就是在这个时候脱颖而出,并在日后成了美的集团数字化转型的主力成员之一。

"632"指的是:6个运营系统,包括PLM(产品生命周期管理)、ERP(企业资源计划系统)、APS(高级计划与排程系统)、MES(生产执行系统)、SRM(供应商关系管理系统)、CRM(客户关系管理系统);3个管理平台,包括BI(报表系统[①])、FMS(财务管理系统)、HRMS(人力资源管理系统);2个技术平台,包括MIP(统一门户平台)、MDP(集成开发平台)。

仅从系统介绍就可以看出,美的集团希望在客户体验、管理规范、精益制造、内外协同等公司全价值链条上提升自己的一致性和运营效率。

由于自研能力严重不足,时间又很紧张,谷云松实现"632"

---

① BI是商业智能的意思。BI系统是个数据分析工具,它集成了数据统计、数据展示、数据分析和挖掘等多个功能,报表只是其中一个功能。由于BI应用的结果多用报表来展示,所以很多企业都会把报表约等于BI,上BI系统时也往往会上线报表子系统。为了便于大家理解,我采纳张小懿在此处对于BI的说法。

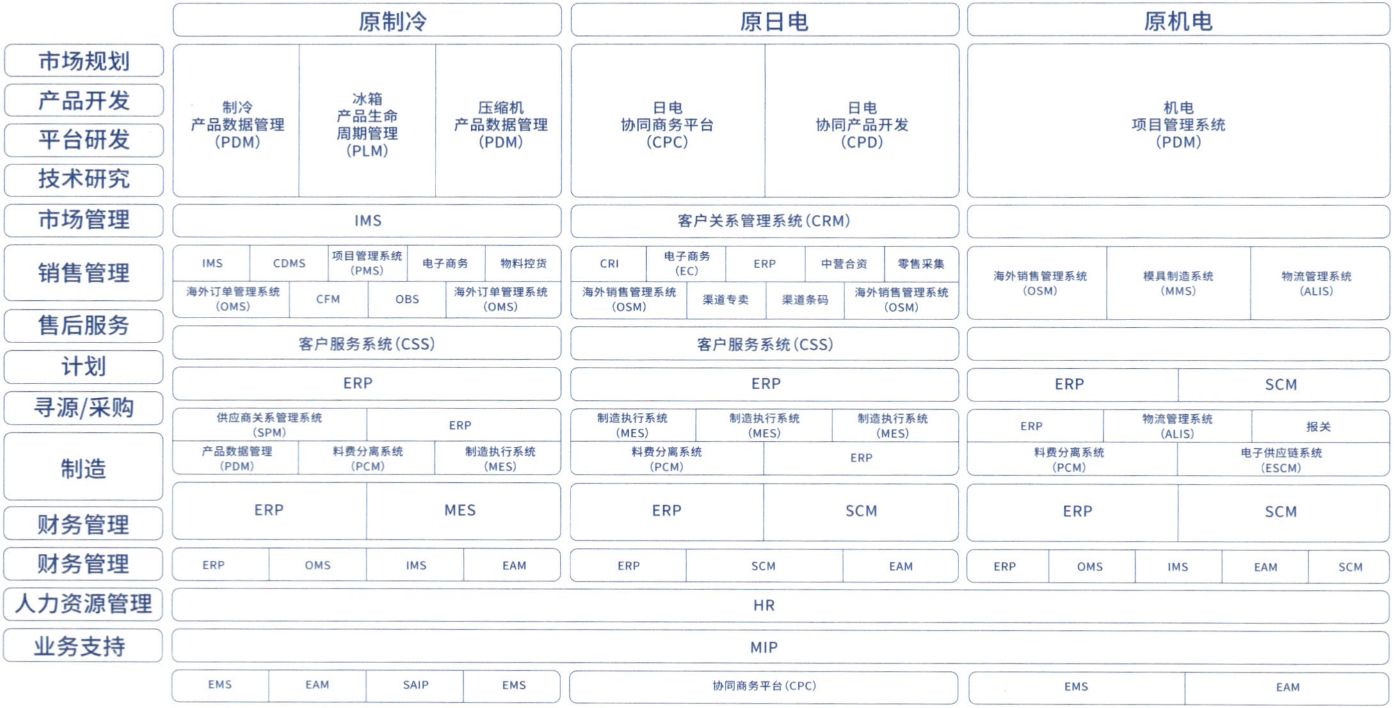
原制冷
原日电
原机电
市场规划
产品开发
平台研发
技术研究
市场管理
销售管理
售后服务
计划
寻源/采购
制造
财务管理
财务管理
人力资源管理
业务支持
制冷 产品数据管理 (PDM)
冰箱 产品生命周期管理 (PLM)
压缩机 产品数据管理 (PDM)
日电 协同商务平台 (CPC)
日电 协同产品开发 (CPD)
机电 项目管理系统 (PDM)
IMS
客户关系管理系统(CRM)
IMS
CDMS
项目管理系统 (PMS)
电子商务
物料控货
海外订单管理系统 (OMS)
CFM
OBS
海外订单管理系统 (OMS)
CRI
电子商务 (EC)
ERP
中营合资
零售采集
海外销售管理系统 (OSM)
渠道专卖
渠道条码
海外销售管理系统 (OSM)
海外销售管理系统 (OSM)
模具制造系统 (MMS)
物流管理系统 (ALIS)
客户服务系统(CSS)
客户服务系统(CSS)
ERP
ERP
ERP
SCM
供应商关系管理系统 (SPM)
ERP
产品数据管理 (PDM)
料费分离系统 (PCM)
制造执行系统 (MES)
制造执行系统 (MES)
制造执行系统 (MES)
制造执行系统 (MES)
料费分离系统 (PCM)
ERP
ERP
物流管理系统 (ALIS)
报关
料费分离系统 (PCM)
电子供应链系统 (ESCM)
ERP
MES
ERP
SCM
ERP
SCM
ERP
OMS
IMS
EAM
ERP
SCM
EAM
ERP
OMS
IMS
EAM
SCM
HR
MIP
EMS
EAM
SAIP
EMS
协同商务平台(CPC)
EMS
EAM

图 3-7 美的“632”前的 IT 架构

来源：公开资料

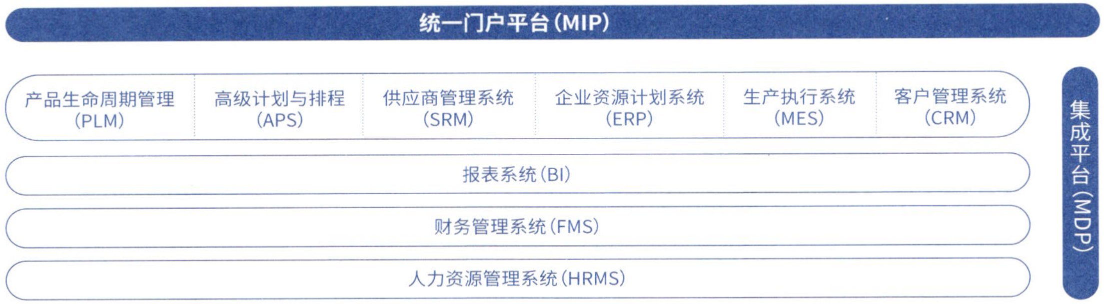

```
                    统一门户平台（MIP）                          集成平台（MDP）
┌─────────┬─────────┬─────────┬─────────┬─────────┬─────────┐
│ 产品生命 │ 高级计划 │ 供应商   │ 企业资源 │ 生产执行 │ 客户管理 │
│ 周期管理 │ 与排程   │ 管理系统 │ 计划系统 │ 系统     │ 系统     │
│ （PLM）  │ （APS）  │ （SRM）  │ （ERP）  │ （MES）  │ （CRM）  │
└─────────┴─────────┴─────────┴─────────┴─────────┴─────────┘
                              报表系统（BI）
                           财务管理系统（FMS）
                         人力资源管理系统（HRMS）
```

图 3-8 美的 "632" 系统架构

来源：美的

系统的主要思路是要求供应商按照美的的需求进行定制化开发。美的 IT 团队则在办公室买了很多折叠床，几乎所有 IT 人员都加班加点投入项目。他们给方洪波留下了深刻印象："这帮人几乎 24 小时不睡觉，不是一个人，而是很多人。"

在一次向青腾校友企业家们的分享中，张小懿说那时他们更像是包工头："一手拉需求，一手找供应商，自己人做项目管理。目标是赶紧把任务完成。"

歪打正着的是，"包工头"成了美的既懂业务又懂技术的桥梁型人才成长过程中的关键步骤。张小懿曾任职戴尔亚太区供应链 IT 总监、联想集团 IT 高级总监，但他是通过"632"时期与业务团队的大量接触，对美的业务架构的熟悉度才更上了一个台阶。由此张小懿有了"IT 人学业务最好的方式便是推动业务变革"的观点。

定制化系统的开发并没有以整个集团为对象，IT 团队还是谨慎选择了一个试点单位——家用空调事业部。后者既在集团的收入结构中占据着举足轻重的地位，又是组织架构中的一个事业部。这意味着它的试点意义可大可小，便于调控。

一年后，代号为"632"、拥有 2000 多个接口的新系统如期上线。方洪波非常高兴，不仅给团队奖励了 500 万元人民币，还在年会上把 IT 团队全身心投入的姿态拔高为"632 精神"。

随后，新系统又推广至厨房电器事业部。这同样是个值得玩味的选择。家用空调属于大家电产品，厨房电器则属于小家电产品。大家电属于成熟产业，小家电则方兴未艾。大家电体系成熟，厨房电器则由散落在不同事业部的产品线刚刚汇拢成立。如果"632"

系统在这两个事业部都运行良好,那就说明它可以推广到美的集团所有的事业部。顺便一提,美的海外业务的制造、研发、运营等相对简单,IT系统的上线普遍晚于国内。到2019年,国际版"632"项目才完成了对全球17个海外经营单位的推广和建设。

去中心化

随着转型的深入,方洪波力图同步改变美的的企业文化。以前的美的颇重视层级划分,比如公司管理层有专属的用餐空间。这显然是不合时宜的,方洪波希望打破这种阶层感,将企业文化氛围扭转为"所有人都在一个非常去中心化的平等的环境。我讲的是互联网公司的文化,实际上是一个时代的文化,你怎么去尊重每一个个体"。

方洪波取消了几乎所有人的个人办公室,电梯、餐厅里针对管理者的特殊待遇也被取消。一位人力资源管理者回忆道:"美的比较大的改变,真的是去层级。信号非常明确,所有人都平等,没有什么特权阶层。"

与平等伴生的往往是集体决策。总部的执委会以前更多是个形式,如今方洪波要求与会的每个管理者在重要决策事项上必须讲自己的观点。事业部层面则被要求建立管理委员会进行集体决策。"不能一言堂。"上述人力资源管理者说道。

去中心化的另一层含义是不苛求研发人才一定要去顺德北滘镇的美的总部工作,而是人才在哪个城市,研发机构就设在哪个城市。2015年美的集团在深圳成立了人工智能研发中心,在上海成立了设计中心。2016 年又在上海设立了电机与驱动控制研究所。

薪酬设计上也体现出了类似的灵活性。美的需要的软件人才、数字化人才的薪酬水平比制造业的薪酬体系高出太多了,美的便允许公司不同的人力梯队适用不同的薪酬、激励体制。

美的的透明度也增加了,管理者选拔由小圈子讨论变成竞聘和公示。方洪波还尽量在自己的办公室使用玻璃墙,意即"随时开放,任何人都可以进来"。

人事调整意味着主动裁员,文化变革则意味着很多人也会因此感到不适。总之,离开美的的人很多。2014 年之前,美的集团的人事震荡有两三年之久。

秉持着"小集团、大事业部"的原则,美的集团总部从近 2000 名员工下降到了 2014 年底的 243 人。[8] 美的集团的员工人数从 2011 年高峰期的 19.6 万人,一路缩减到了 2015 年的 11 万人出头。方洪波提到的目标是:"到 2017 年销售额做到 2000 亿元时,员工总数控制在 10 万人以内。"[9]

公司的业绩则恢复得并不理想。美的集团 2013 年实现了 1210 亿元的营收,仍低于 2011 年的巅峰水准。公司的市值更是在 2013 年底 2014 年初跌到了仅为 500 亿元左右,比整体上市时的近 700 亿元跌去了近 1/3。

战略转型确实让美的集团离开了规模导向的发展路线,但利润导向的发展模式还未显示净利润上的成果。看上去战略转型没有给美的带来什么好处,坏处倒是显而易见的。那时不认可方洪波的人非常多。

勇气与决心

有员工在美的的内网留言：不知道我明天早上上班的时候隔壁的同事还在不在。

在媒体眼中，业绩下滑、市值下跌的美的已经不行了，而且其战略转型看上去是老调重弹：强调增长质量和提升科技水平，已经被喊了太多年。

政府不明白美的为什么要进行这么剧烈的转型。2010年之后，美的不再建设新的工厂、开拓新的生产线，还向政府退还了6000亩土地，给政府贡献的税收也减少了。

社会各界不知道美的的转型为什么如此不太平。尽管美的的裁员实行"N+1"补偿机制，但巨大的裁员规模下还是产生了大量纠纷，仅员工找美的打的劳动仲裁官司便有1400多起。

方洪波相信自己的战略判断。他在高管会议上告诉大家要做到4个"忍得住"：忍得住员工的不理解，忍得住政府的不理解，忍得住媒体的不理解，忍得住社会的不理解。

问题是不少高管并不认可方洪波的战略思路。他们觉得过去规模导向的发展路线仍然成功，为什么要变呢？一次高管会议上，甚至有一位副总裁公开挑战方洪波："你这个做法有问题。"

"（转型中）外面所有的东西我都不担心，最担心的困难就是内部人的思维转变不了。"方洪波感到很多高管其实内心也相信过去的方向走不下去了，但就是不愿意尝试另外一个方向，因为"不愿意放弃过去的成功经验，觉得2011年、2012年也还是不错的。新的东西变化又快，他们不敢去面对、去拥抱新的变化"。

方洪波果断调整了 100 多位核心管理层的职位，其中堪称高管的人也基本上都调整了。2020 年时，美的集团的 9 位执委几乎都是 2012 年后进入美的的。

但给方洪波带来最大压力的是资本市场，因为投资者的身份很难调整。因美的集团的股价下跌严重，不少股东的财富也随之减少。在 2014 年中的一次饭局上，一位股东当着方洪波的面评价美的道："股价跟盈利没关系，跟战略有关。大家不是怀疑美的的赢利能力，而是怀疑美的的战略方向有问题。"

面对青腾的学员企业家，方洪波分享了自己当时的想法：说战略方向有问题，那不就是在说我的战略出了问题？！但他没有说话。

他并不是美的集团的创始人，也不是美的集团的大股东，而是一名职业经理人。方洪波生于 1967 年，1992 年加入美的集团担任内刊编辑，以一篇刊发在《南方日报》的文章赢得了何享健的赏识。

日后无论是在公共关系部门、广告部门，还是在营销公司、事业部，抑或是后来主导投资小天鹅[10]，方洪波除了留下赫赫战绩外，还体现了业务上的创新和不惧人事调整的果敢。

最终何享健在 2012 年 8 月将美的集团董事长的职位交给了方洪波，表示自己将退休，"不再过问公司经营，不再参与公司事务，也不再出席公司会议"。[11]

尽管获得了创始人的支持和相当数量的股份，但如果没有专门的制度设计，职业经理人仍然无法像创始人那样凭借投票权、股份比例就可以不在乎资本市场。轻描淡写是打完胜仗后才被允许的状态，当时的方洪波需要在乎资本市场。

各方面的压力汇聚到了方洪波身上，他说："那一阵子晚上吃完饭，有时候在花园喝茶，自己就急得不行。像无头的苍蝇。后来我有一次跟朋友讲，我的代价是什么？我说我的代价最多就是岗位没了。就压力到了那种时候，是非常无形的压力。"

但方洪波仍然坚持推动三大战略主轴、"632"系统、"三个一"等既定思路。美的集团的数据标准实现了统一，大部分流程也实现了统一。仅有"约20%的流程可以不一样"，张小懿说道。最终它也成了日后美的集团所有数字化转型的基础。

随着每个事业部都差不多拿出200人来支持"632"系统的落地，到2015年上半年，那些标准化的流程和数据终于被"632"系统在整个集团范围内固化了下来。自此方洪波有了复制自身、融合他人的底气，"未来收购任何一家企业，我什么都不怕，因为我有一套成熟的系统"。

战略驱动

最终各类财务数据也证明了三大战略主轴是正确的，但这只是个开始。

初胜中的焦虑

美的集团的运营效率出现了提升。2011年美的人工成本率为11.7%，即每100元的营收中有11.7元是发给员工的薪酬福利，到

2015年这个数据已经降至大约6%。[12]

美的的增长方式也完成了转变。2014年美的集团的营收超过了2011年的1400亿元，虽然到了2015年又微跌到了1384亿元，但不管营收如何波动，美的集团的归母净利润从2013年的73亿元[①]增加到了2014年的105亿元，又增加到了2015年的127亿元。经营活动产生的现金流量净额从2013年的约100亿元，增长到了2014年的248亿元，又增加到了2015年的约267亿元。

美的的组织架构也进行了调整。自从2015年美的把产品线梳理清楚，大、小家电事业部不再混淆、各有对应后，便开始在集团层面建设横向的协同平台，比如电商、采购、研究院、资金中心。这样就更加明确了总部的赋能功能。

扎实的业绩渐渐获得了资本市场的认可，美的集团的股价从2015年下半年开始进入了较为稳定的上升区间。方洪波身上来自资本市场的压力也小多了。

一个目标集中、一致性高、走向精细化经营的美的，与家电同行们逐渐拉开了差距。但方洪波来不及喘息。因为美的的安全感并没有提升，反而下降了。它的竞争对手们，已经不再是家电同行。

2015年前后，PC互联网时代的胜者阿里巴巴和腾讯在移动互联网时代又各自焕发出了惊人的生机。新一代公司滴滴、美团、小米等的接连成功，证明了数字科技卓越的互联网公司不仅可以渗透消费互联网，在产业互联网领域也大有可为。

---

① 由于美的集团是在2013年完成整体上市，所以该年度的净利润数据并不能完全支撑转型方向正确的论点。

小米尤其震动了家电企业。强调互联网思维的小米不仅在 3 年多时间里实现了营收从 0 到 743 亿元[13] 的爆炸性增长，还以投资打造小米生态链企业的模式进入了智能家居领域。小米不仅想掌握作为软件的智能家居控制中心，其生态链企业的硬件产品也涵盖了智能家居的方方面面——电饭煲、洗衣机、扫地机器人、手环……

一时间，互联网企业、绝大多数媒体和专家、创业者都相信互联网将颠覆，至少将极大地冲击传统行业。他们的口号是：互联网可以把每个行业都重做一遍。

美的集团的管理层心想：那不就是要颠覆我们吗？！我们属于要被颠覆的典型传统行业！张小懿回忆他们看着此前与自己几乎是平行世界的互联网公司骤然发起挑战时的感受："当时我非常焦虑。"

方洪波也对互联网的迅速发展感到"有些焦虑"，他担心互联网会颠覆家电行业传统的商业模式。"移动互联网已经颠覆了一大批行业……未来不再有家电企业的说法，而是智能硬件……现在门口的野蛮人已经冲进来了，家电企业要守绝对守不住，只能往前赶"。[14]

想跟上时代

美的集团的管理层一方面去小米、阿里巴巴、腾讯等互联网公司学习，并与小米[15]、阿里巴巴[16] 等公司达成了颇为深度的合作，另一方面则讨论如果美的不想被颠覆，可以做出哪些改变。

他们意识到互联网公司在运营效率、产品形态、用户互动等方面的能力确实具有颠覆性，但既没想明白互联网公司会在哪个环节率先颠覆自己，也不知道美的应该作何应对。

因在"632"系统建设中表现出色而被晋升为美的集团流程IT供应链系统部长的张小懿回忆当时集团管理层的思考道："大家争论得非常多。有的人说我干脆就拥抱互联网，但怎么拥抱也没说清楚。有的人说（美的）没问题，互联网也做不了空调这些，就等着，我还是按照自己的节奏来。"

最终方洪波提出了"双智"战略作为应对之策。双智的意思是智慧家居＋智能制造。智慧家居很好理解，没有智能模块、Wi-Fi模块，不能用App远程控制的硬件产品都是旧时代的产品。智能制造则要求美的聚焦于交付精准、效率提升、品质改善、数字化透明[17]，这意味着智能制造的主要动作放在了设备自动化、管理移动化等维度。美的希望深刻改造自己的工厂以实现柔性生产。

双智战略，本质上是三大战略主轴中产品领先、效率驱动在新时期的体现。

在新战略的指引下，美的集团重点发力了机器人产业，试图通过自动化来提高工厂侧的生产效率。美的与全球机器人巨头日本安川电机设立了工业机器人及服务机器人公司，投资了国内工业机器人第一梯队企业安徽埃夫特智能装备股份有限公司，投资了汽车用工业机器人公司德国库卡等。2012—2015年美的在自动化改造上投入了约50亿元，累计投入使用了近千台机器人。

谷云松、张小懿对应双智战略也提出了新的数字化战略"＋互联网"：移动化，将内部员工、外部合作伙伴的工作场景搬到了App上面，并将"632"系统改造成移动版；智能制造，将智能模块加入工厂的运营链条；大数据，互联互通的"632"系统沉淀下的内部数据被建设为大数据平台。

其中，移动化在与用户建立联系上取得了一些突出的进展。美的把全国十几万售后技术工程师从"400体系"搬到了"美的通"App上，让他们在线上解决客户的问题，客户则能看到清晰的作业流程和给工程师的星级评定。日后美的通发展成了业内唯一一个用户可以选择维修师傅的平台，并在2020年实现了85%的在线支付以及杜绝了乱收费现象。不仅是工程师，安得物流的司机、导购等其他合作伙伴也在美的通上向消费者提供服务。

为了提高用户体验，方洪波在退换货环节提出了要求："只要用户提出的需求，我们就要满足。"他的意思是，只要用户买了产品后提出退货要求，美的体系所有渠道就要无条件退货。如果事业部或代理商不同意，方洪波就强制他们退货。

业务重构

这些策略颇有些预判互联网颠覆能力会在何处发力进而提前应对的意味，如果说那是主动为之，接下来美的是被迫感受到了互联网推动的趋势到底是什么。

被颠覆的渠道

渠道要变了。

电商成为中国零售市场的主流渠道已经是个确定的结果且不必

说，就是在美的这样的传统公司，电商的增长势头也是惊人的。美的全电商平台的销售额在 2013 年不到 40 亿元，在 2014 年暴增至近 100 亿元，2015 年再增至 160 亿元。

三年四倍。具体到产品线的数据更加惊人，比如小家电产品的营收中，电商渠道已经占据了 30%~40% 的份额。

与涨势喜人的电商渠道相比，那时层层代理与分销的传统线下渠道虽然仍贡献了美的内销的大部分营业收入，但它臃肿、低效，增长也很缓慢。方洪波认为这是典型的"不可持续的商业模式"。

2015 年前后已担任美的集团流程 IT 供应链系统部部长的张小懿也感觉传统渠道已经面临着生死存亡的危机："以前我们能够把产品生产出来放在渠道里面慢慢卖。现在这种形式已经不行了，线上动作越来越快，线下的效率也要越来越高。市场的需求每天都在变，不可能一个产品做出来卖半年。"

渠道变革背后的主要推动力来自用户，用户需要更加精准、周到的服务。小米等互联网公司通过线上渠道满足了用户需求，并做到了依靠用户画像来指导产品设计、营销互动。

"小米它们离用户很近，能够互动。"张小懿说美的离用户就太过遥远了。美的的客户和用户错位严重。它的主要销售对象看似是消费者，事实上是经销商。美的其实是一家 B2B 公司。

美的的线上渠道兴起后也无法掌握准确的用户画像，美的不知道是谁买了产品，不知道他为什么买，也不知道他后续使用产品的情况。因为美的的线上渠道主要依靠天猫、京东等平台，它只能看到来自天猫或京东的一个个 ID。

离用户遥远的美的完全没意识到消费者已经发生了根本性的变化。2015年前后，往房子里购置家电产品的主力人群已经是80后，他们购买力强、品牌意识强，既要求产品具有高性价比，又期待它能满足自己的个性化诉求。

美的无法满足他们的需求，产品配色是个典型的例子。苹果手机iPhone 5S推出后在全国范围内带火了香槟金配色，一时间各路厂商纷纷跟进。美的也不例外，它旗下销往全国的所有电器一度全部拥有香槟金配色。

但美的没有意识到，香槟金被戏称为贬义色彩浓厚的"土豪金"。零售商反馈给美的的信息是："我不要卖你给我的东西。你们觉得好卖，但我这里根本卖不动。在上海，'土豪金'卖不出去，有没有纯色系的产品？"

美的回答道："有，在工厂，你要的话一个月以后甚至更久才可以给到你。"

零售商当然不满意这个回答："等到那时纯色系也已经过气了，没准我都忘了这茬。能不能我订什么，你们很快给我什么，而不是把你们认为好卖的给我。"

美的试着去支撑渠道的诉求，却发现力有未逮。"我要的货你不给我，热销的货大家都抢，抢完之后美的供货时间很长。"张小懿说。

这个尴尬的局面可以用方洪波在2015年反复强调的话来概括：在移动互联网时代，家电产业里那些传统的经验、方式和方法都已经失效。[18]

小天鹅与T+3

最先对新一代用户诉求做出反应的是美的集团的洗衣机事业部,即小天鹅[①]。时任事业部总经理殷必彤在2014年就带领团队琢磨如何改变价值链以满足客户的碎片化订单。他们的结论是生产销售模式得做整体变革。

原先的美的生产是备货式(make-to-stock,MTS)[19],即大规模生产标准品,目的是补充库存。事实上它是以品牌商为核心的以产定销。

美的眼中的客户并不是消费者,而是代理商、零售商、经销商等,其销售动作的核心是向他们压货。美的销售网络内的渠道商们合计拥有大量仓库,储存的商品可以让美的至少大半年都不用再生产。这个低效的现状意味着物理空间和现金流的占用,以及极大的减值风险。

价值链的这些环节要服从客户需求往更快、更灵敏、更加柔性的方向进行调整。美的虽然时不时表达一下对C2M(用户直连制造商)的追求,但他们知道自己没有合适的抓手去触达消费者,所以他们把客户定义为终端的零售商。美的希望把自己的销售对象先从大经销商更替为小零售商。

美的将备货式生产改为客户订单式生产,实现按需生产、以销定产。零售商要多少,要什么,美的就生产什么。

---

① 自2008年投资小天鹅以来,美的一直在持续收购小天鹅的股权,并将自己的荣事达品牌注入了小天鹅,从而让小天鹅约等于美的集团的小天鹅。2018年,美的收购了小天鹅剩余股份,小天鹅成为美的集团的全资子品牌。

考虑到渠道侧要做减法，美的打算尽量减少代理商的层级。"大家都活不下去了，别批发又代理了。"张小懿回忆道。

库存则推行从 2014 年启动的"一盘货"模式。核心是"统仓统配"，所有的仓库、商品集中到安得物流，零售商有需求时也由安得物流统一配送。渠道商只需要卖产品、安装产品，服务好用户即可。

殷必彤将该模式命名为"T+3"，即客户下单为起点日为"T"，"T+1"为物料准备期，"T+2"为成品制造期，"T+3"为物流发运期（见图 3-9）。不难看出，T+3 的核心业务逻辑是从以品牌商为核心改为以客户订单为核心。

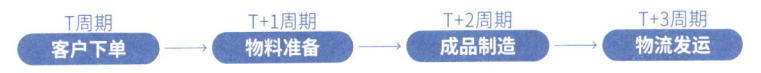

```
T周期              T+1周期           T+2周期           T+3周期
客户下单  →  物料准备  →  成品制造  →  物流发运
```

周期内耗时可长可短，美的走完这四个周期一般耗时12天

图 3-9　T+3 是以客户需求为主导的产销模式

来源：美的

谷云松、张小懿一早就注意到了小天鹅的变革举措，他们相信市场的高度不确定性带给产销体系的挑战，"必须要用到数字化的手段才能够应对"。他们决心在小天鹅配套推动数字化 2.0 的新变革。

之所以称之为 2.0，是因为他们意识到过去那些定制化的套装软件支撑不了柔性程度这么高的业务需求。过去"632"时代的系统以结果、报表为管理导向，比如 ERP 是以财务管理为核心的软件，强调单据的校验，所有的流程事实上都围绕着财务账。

它对于 T+3 而言，业务运转的速度太慢了。张小懿认为 IT 系统得改成以实时支撑型为主的系统才能适应 T+3。IT 团队决心把功能从过去的系统中逐渐拆解出来，支持业务先行，产生业务结果后再对财务账。"要快，系统就得实时支持。我是围绕着业务去做，而不是每一个单据围绕着财务去做。"张小懿说道。

科技赋能 × 变革领导力

如果说 ERP 等系统不支持 T+3 是因为核心逻辑不同，那么另一些系统不支持 T+3 则是因为美的的需求过于复杂。

自研系统是最艰难的决策

需求复杂的典型例子是柔性化的核心系统 APS（advanced planning & scheduling system，高级排程系统）。

APS 系统一般针对大规模生产场景所设计，默认机床、注塑机、冲压机等设备拥有无限产能，规划层次一般只有主计划和作业两层。而美的的场景具有多品种、小批量、个性定制的特点，产能得有限制。同时美的习惯于在采购钢板、铜管、塑料粒子等原材料后，对其层层加工生产出空调，所以新 APS 得实时同步各类供应商的计划，其排程需求多达十几层。

向青腾校友企业家们分享时，张小懿说自己本想在套装软件的基础上请供应商进行定制化开发。结果他在 2015 年带队前往供应商的美国总部沟通时，对方的 APS 副总裁、产品开发副总裁并不认可美的的需求。他们认为美的应该压缩排程层次至一两层，尽量外购成熟零部件。如果一定要为美的这么奇怪的需求定制APS，他们需要单独招一个团队进行开发。开发副总裁表示，报价1500万美元，且不能保证它发挥功效，因为"它不是业界的最佳实践"。

对方反复强调最佳实践云云，让张小懿醒悟到美的的模式已经与国际通用模式大相径庭，由供应商进行定制化开发的模式走不下去了。"因为是套装软件，我没有源代码，定制起来总是比较慢，而且很难。"于是张小懿在回国的飞机上决定投资1500万元自研APS，"没人帮我做了，我没办法，自己去做。"

这是2016年美的准备自研数字化2.0系统的一个原因——被逼的。

但还是有很多人劝张小懿不要自研系统："别人的套装软件是国际大厂那么大一个团队搞了这么多年做出来的，你贸然去，到时候搞砸了就影响业务了。你的团队能比那些国际大厂的人更牛吗？"

张小懿心里其实没有那么大底气，但是嘴上还是义正词严："我做的不会比套装软件更好，但是我一定能够做出业务方更喜欢，能更好支撑业务的产品。"

自研系统需要的核心人才已经不单纯是项目管理人员了，它需要的是能衔接业务架构与技术架构的产品经理，以及编写具体代码的程序员。

程序员的重要性自不必说，他们是数字科技的重要体现之一，值得强调的是前者的角色。操作岗位往往只考虑如何提升自己工作的便利性，所以研发人员不能满足于实现业务方提出的需求，那样往往只能实现局部优化。

张小懿希望研发人员能站在业务变革的角度用 IT 技术去引领业务的变化，"一定要跟业务方一起探讨未来的方向去共创。自研最难的是（衔接）业务架构的能力和 IT 架构的能力"。

这样的人才理所当然非常珍贵。最终在 IT 运维和部分代码外包超过 1000 个岗位的前提下，美的集团的 IT 研发人员也超过了 1500 人。

时间成本也很高。比如前述 APS 系统即使得益于张小懿本人即其作为 APS 领域专家的便利，也需要投入几十个研发人员和 1500 万元人民币，预计得花上一年半的时间才能完成。

这是张小懿在美的做出的最艰难、最冒险的决策。旧模式看上去走投无路了，新模式又着实凶险。

IT 投入的效果在哪里

巨额的投入引来了需要分摊 IT 成本的事业部和财务人员的抱怨。每个人都在问张小懿："IT 投入的效果到底在哪里？"

"财务的同事问得特别多。他们说，IT 一天到晚不干实事，就花钱。"张小懿与青腾校友企业家们笑谈道，前几年做预算时会跟每个事业部讨论，"绝大部分事业部说你们花钱花太多了，影响我的绩效。你能不能少花点？'632'都做完了，还要花那么多钱干吗？"

面对总规模达十几亿元的投入，方洪波有时会产生些许困惑，偶尔也会问张小懿 IT 投入的效果在何处："我不知道这个投资对不对。你说数字化无法以肉眼、经验去判断,有时候甚至不知道方向在哪里。"

困惑归困惑,但过往数字化成效的体现,让方洪波始终相信IT投入至少会有长期价值。他没有砍过张小懿的项目,总体思路仍是加大投入,有时还会给IT投入追加预算。"我做数字化2.0这个项目,钱不够去洗衣机事业部做。波哥二话不说批了几千万。"张小懿说自己没感觉到"波哥"[①]对数字化方面的投入有过什么困惑和压力。

一如既往,质疑并不只是针对是否做资源投入,T+3的业务架构、数字化2.0的IT架构也受到了广泛的质疑,渠道商、分公司、事业部、总部的多位同事与合作伙伴既怀疑变革的方向,也怀疑变革的路径。

以改变大家工作流程较为剧烈的"一盘货"为例。美的的渠道商早已习惯了库存思维,不觉得库存产生的相关成本是支出。但他们认为支付给安得物流的物流费用、仓储费用则是一笔新增的支出。原有模式确保了零售商碰到生意时肯定有货,但初创期的一盘货却不能保证这点。一旦渠道商缺货,他就抱怨共享的模式不行,IT系统也不好用,数据也不准确。

渠道商的各种投诉传至美的内部也引起一片争吵。营销人员指责工厂交不了货。工厂则回击说订单怎么能一天到晚变来变去,上一个小时生产这个,下一个小时又生产那个,连物料都弄不过来,而且批量越来越小,是不是想"弄死"他们。

[①] 美的集团内部人士称方洪波为波哥。

在率先进行 T+3 和数字化 2.0 变革的小天鹅，订单一度碎片化到 C2M 的程度——一台、两台地定制。这时 3 天内的计划变动率高达 70% 以上。原来的 APS 系统无法基于这么高的不确定性运转，而自研的 APS 还未上线。

"一锅粥。大家吵得非常厉害。"张小懿提到美的的一大风格，"大家不说瞎话，反对也好，赞成也好，有一说一。你是怎么样的，大家就说怎么样。"

幸亏小天鹅的总经理殷必彤是个极有魄力的管理者。为了证明 T+3 的大方向正确，他以强推小天鹅在供应商附近增加更多备件的方式，即降低供应链的效率来满足柔性化生产的需求。

在集团层面，偶有困惑的方洪波也给予了他们最大的支持。张小懿说："如果不是波哥支持，这条路径就跑不下去了，对吧？大面积质疑下来，那肯定是让人非常难受的。在任何一个公司推动这些变革的人估计都会被赶走，对吧？"

小天鹅突围

在殷必彤的强推和张小懿的努力下，T+3 和数字化 2.0 效果初显，其中一盘货模式更是大获成功。2012 年小天鹅的渠道体系里拥有 90 多万平方米的仓储面积，2015 年已缩减至 10 万平方米，每月在仓库中流转的洗衣机数量却高达 100 万台。

价值链的提效也让小天鹅得以推出更多新产品，比如以比佛利为代表的高端产品，与迪士尼、漫威合作的新品。它们都可以通过客户订单式的生产快速被送到消费者手中，此前客户下单到收货需要的时间大约为30天，到2015年底压缩到了大约12天。2015年的"双十一"，小天鹅甚至做到了"一周之内产品全部发到市场"。[20]

在洗衣机行业仍然依靠规模化扩张时代的打法而深陷困境时，小天鹅依靠T+3和数字化2.0实现了逆势增长。2015年小天鹅的营业收入为131.32亿元，同比增长21.54%；归属于母公司股东的净利润为9.19亿元，同比增长31.65%。2016年小天鹅的营业收入为163.35亿元，同比增长24.39%；归属于母公司股东的净利润为11.75亿元，同比增长27.84%。

由于小天鹅的卓越成效，2017年初张小懿也晋升为美的集团CIO，殷必彤则在2016年底晋升为美的集团副总裁兼美的家用空调事业部总裁[21]——显然集团希望他给家用空调事业部也带来变革。

小天鹅的战绩大家看在眼里，记在心里，于是美的的第二大风格开始发挥作用了。"这几个事业部里只要一个事业部做成了，我这个IT项目组就可以了。为什么呢？其他人会感觉你要做这个变革是有好处的。"张小懿表示只要有效果，美的人还是比较愿意去改变自己的。

大概在半年时间里，美的集团其余事业部也纷纷开始了各自的T+3和数字化2.0变革。

张小懿团队则在两年时间里将"632"时代系统逐步改写成了实时支撑型的IT系统，以最大的柔性能力支撑客户订单式生产模式、一盘货的渠道模式。

还是以APS为例。美的自研的APS于2017年上线后，可以做到在客户下单的那一瞬间,供应商通过系统便知晓自己该准备什么物料、排期是什么等等。当供应商发车后,美的可以通过安得物流系统追踪到车辆轨迹。当车辆驶入离工厂三公里范围内,系统自动帮它预约车位,到工厂后自动指引它去下一班生产线需要的地点卸货,卸完货直接离开。

2017年美的集团开发的美云销App上线[22],让旗下渠道商们也进入了数字化、智能化时代。他们在App内即可完成订货、进销存数据管理、政策兑现等支持保障,一切都一目了然,零售商不用再与上游经销商博弈价格和产品。对于美的集团而言,渠道库存也一目了然,可以据此制定出更恰当的销售策略,支持渠道商更好地销售产品和服务用户。在这一年,美的取消了二级经销商,希望尽可能在美云销上直接针对零售商发货。

一盘货模式切实改变了商品的搬运次数。以前消费者买一台冰箱需要从生产线到各种仓库,再到用户家里,搬运四五次,如今安得物流可以实现下生产线后只中转一次即搬到用户家里。

完成数字化2.0转型后的美的集团的经营效率再次得到了大幅提升。2017年美的全网电商平台的销售额突破了400亿元。张小懿说:"2018年全年美的自有库存下降36%,美的渠道库存下降32%,产品品质指标提升17%,综合效率提升15%,截至2019年第三季度的物流成本下降了8%左右。"[23]

2017年美的集团实现营业总收入为2419.19亿元,同比增长51.35%;归母净利润为172.84亿元,同比增长17.7%。2018年美的集团实现营业收入为2618.2亿元,增速下滑但归母净利润为202.31亿元,仍然实现了17.05%的同比增长。

方洪波有时想到"632""三个一",甚至会感到后怕:"当年如果不走这一步的话,我就失去了这个机会。因为今天这样做已经来不及了。我很后怕。"

输出工业互联网

T+3 模式和数字化 2.0 在美的集团范围内的陆续成功,意味着美的在硬件、软件、制造业 know-how(技术诀窍)上的能力积累已达到了相当的水平。

比如软件,当初堪称冒险的选择,如今已算成功。除了 ERP 的财务模块仍在沿用外,美的其他所有软件都被自研软件替代,包括研发、项目管理、APS、客服等。

美的觉得是时候将这些经验总结、沉淀为平台能力向外"溢出"了。2017 年 2 月,美的集团从 IT 体系和业务体系里划拨了一些参与过美的数字化建设的员工,由谷云松领衔建立了美云智数,作为对外输出数字化经验、向外部企业赋能的平台。张小懿则在 2017 年成了美的集团 CIO。

在向其他事业部推广时,美的也意识到了自己价值链中尚未拉通的几个环节,其中之一是工厂。

过去美的工厂体系的数字化侧重于用 APS、MES、SRM 等软件在人和设备之间实现互联互通,并进行数据挖掘,以及尽量推动机器人的落地使用,提高自动化水平,至于设备之间、物料之间的互联互通基本处于空白状态。说得直白点就是,美的没有进军物联网。

物联网能提供的数据量将远远超过互联网。它与 4G/5G、人工智能等技术的结合，可以进一步提高信息的流动性和一致性，让企业在过程管控上变得更加透明，而且在智能化、自动化的应用场景上的潜力十分惊人。美的如果想继续提高效率，那就必须进军物联网。

美云智数的第一个客户就是美的集团。这个事业部一边在工厂里铺设各类传感器，一边编写可实时采集、监视和控制设备，并将数据实时传递给 MES 等系统的 SCADA（supervisory control and data acquisition）系统，即数据采集与监视控制系统。2018 年美的终于将数字化 2.0、SCADA 系统、库卡机器人等成果融合成了 M.IoT 工业互联网平台，随后在空调事业部的广州南沙工厂展开了试验性改造。

一年半的时间里，南沙工厂给 41 类 189 台设备升级了连接模块，使得一条生产线每秒即可采集上万条的数据。[24] 大量数据让上千种物料的库存状况、货运进程、交付周期通通实现了可视化实时呈现。空调生产过程的每一个流程完成时间都精准到了分钟。

基于此，南沙工厂给每位班长、机修人员配备了智能手表来推行"3-5-8"管理机制①。一旦出现问题，系统会自动向负责人的手表推送弹窗。AI 人脸识别则在防止代岗、防止疲劳作业、智能调度、空调外观检测精度等方面大幅提效，检测成本可降低 55%。

---

① "3"：班长 3 分钟内到场，安排人员解决问题。
　"5"：5 分钟内不能解决问题，系统将上报经理。
　"8"：8 分钟内还不能解决，系统将上报给总经理。

2019 年中，试验结果出炉，南沙工厂的整体制造效率提高了 44%。员工数从 6000 多人减少到了不足 3000 人，产能则由此前的 30 万套 / 月提升到了 60 余万套 / 月。"工厂没人都可以，晚上把灯关了也可以操作。可以完全由机器自动运转。"方洪波说道。

同时，原材料和半成品库存减少了 80%。以前每天排查一次备料，一备就是 4 天的量。现在每 4 个小时就排查一次，备料只备 4 小时的量。

南沙工厂的柔性化程度也大幅提升。客户可以定制外观、功能内核、器件品牌等，而且接受单台起订——真正的 C2M 水平。一套空调准备生产时，系统已经可以判断出它将被运往黑龙江还是云南的仓库。空调内销的交付周期由 T+3 时期的 12 天左右做到了最快 3 天交付，外销交付周期也缩短至 24 天。

"美的有制造业中唯一以小时作为时间单位的系统。精确到 2 小时、4 小时，效率特别高。"方洪波不无自豪地说，"中国现在能做到这个程度的本土企业，我认为屈指可数，可能还没有。"

M.IoT 工业互联网平台的南沙试验大获成功，一边在美的工厂体系内进行复制，一边作为主力解决方案向美云智数的大中型企业客户售卖。美云智数在 2018 年即实现了约 3.5 亿元的营收。[25] 员工数在几年内达到了 1200 人[26]，2019 年已斩获了 20 多个行业的 150 多家企业客户。

科技赋能 × 业务重构

至此，美的在价值链的渠道、制造、供应链、内部运营等环节均已实现了数字化甚至智能化,但方洪波还是看到了数字化提升效率的空间,比如经营决策环节。

数据驱动经营

过去的美的还是太慢了。比如财务报表,就算 IT 人员、财务人员连续加班,方洪波看到反映最新经营情况的财务报表也需要十天半个月——距离决策落地还得再隔上一个月。

"再来决策有什么用?"方洪波在 2019 年底提出了"全面数字化、全面智能化"的新战略,其中的"全面数字化"对张小懿团队提出了一项要求,打造名为移动端经营驾驶舱的系统。

驾驶舱基于内部数据和外部数据,可形成业务分解、预警、改善、复盘的闭环,在销售、财务、供应链、产品、零售、电商等领域的共计 45 项关键指标上能及时发现问题,然后向管理层发出预警和催办提醒。内销业务打造完成后继续在海外业务上搭建海外版移动经营驾驶舱,同样要实现实时在线、数据透明和风险预警。

在方洪波看来,价值链过去那些子环节的数字化如同珍珠散落在美的,驾驶舱就像一条线把它们产生的数据串联在一起,让美的高管从依靠系统确认经营转向数据驱动做决策。

而且要快,方洪波的目标是"每一刻、每一分、每一秒的过程"都在用数据驱动所有的经营环节。比如厂长看到产品滞销、库存高企后,可以迅速停止生产线,分析问题所在。事业部总经理看到季度赢利能力下降后,可以立即分析数据,思考是产品线有问题还是事业部有问题,是国内市场有问题还是哪个海外市场出了状况。

最后，方洪波坐在办公室里即可通过手机知晓美的天下事，他说："手机一点开，每天所有的东西都展示在网上。比如说此刻天热，有人在安装美的空调，每装完一台，我这（驾驶舱）上面就反映出来。我知道所有的存货、生产现状。"

驾驶舱要串联的当然不只是旧系统。方洪波希望每一个业务流程、每一个环节都要做到软件化，"所有的产品和服务要变成数字化的产品和服务"。于是美的集团2019—2020年进行开发的软件便有1000多个。

鉴于集团过往在数字化转型中的优秀战绩，张小懿在推动工业互联网和经营驾驶舱的建设时，在事业部那里遇到的已经不是阻力了。"大家一听是数字化的项目，都非常积极主动地要来做试点，来推。"

但它们的推动和进展还是没有减轻方洪波对未来的焦虑。在智能手机掀起的这波消费电子智能化浪潮中，软件驱动硬件、内容也需要靠软件驱动的趋势清晰可见。硬件更多是作为软件的载体、内容的通道。市场对其定价也完全不同，高端智能手机可以卖到6000元左右，而42英寸的液晶电视机只能卖出两三千元。

"（单纯的）硬件没有用。"方洪波很担心美的将来仍会是一个纯粹的硬件公司，那将"步彩电后尘……如果美的今天做的产品都像彩电一样，哪里有未来"？

可美的的软件和内容能力平平，该公司过往的数字化成就着重体现为价值链中的to B环节，价值链to C环节的数字化效果很一般，尤其是作为用户抓手的App和产品智能化的普及度。经多次努力，美的离用户还是不够近。

这也是方洪波为什么在 2019 年底提出的新战略中既有"全面数字化"，又强调"全面智能化"。

智能家居歧途

那时用户与美的的正面互动更多体现在复购率、投诉率上。得益于此前推动的无条件退货，方洪波说美的在线上电商平台的差评率、投诉率是最低的，其中在天猫的复购率最高："一个用户超过了 9 件。"

但美的还是没有用户黏性。"尽管我卖空调到用户家里，给他安装，有他的门牌号和手机号，但我跟用户没有任何关系。他也不会来找我，我也不会找他。"方洪波认为这是中国制造业最大的问题之一。

而智能家居则可以让冷冰冰的家电产品与用户互动起来，比如通过 App 来查看空调的耗电量、洗衣机的耗水量，设定扫地机器人扫地时间等。基于此，美的早早便打算进军智能家居领域。

2013 年它开始积累智能产品的开发和销售经验[27]，2014 年提出了 M-Smart 智慧家居战略并建立了智慧家居研究院（下称研究院）作为落地机构，2015 年的双智战略再次强调了智能产品。

美的知道自己的线上能力弱、产品智能化程度低，但胜在产品线齐全、产品销量大、用户品牌基础好。于是，除了补缺之外，美的也走对外开放融合的平台路线。它不光一度与小米互相持股，还与阿里巴巴、京东、华为、小米、中国家用电器研究院、香港科技大学等多个机构展开了合作,一起打造智慧家居平台。

方向正确,心态开放,但研究院的路走窄了。开发出 Wi-Fi 模组后,研究院在美的制造业基因的影响下希望把卖模组当成一项业务。最后它也确实把模组卖给了多个产品线,各事业部也在 2016 年一度推出 22 款智能家电[28],涵盖了主要家庭场景。

但受美的事业部制分权传统的影响,研究院并不是以集团的名义统一售卖模组,各事业部推出的智能家电销量也相当一般。

更深远的影响是,每个事业部只管建设自己的智能产品所对应的 App。结果美的一度有 36 个官方 App！在无人统筹的松散局面下,连研发工程师自己编写一个 App 也可以以研究院的名义发布出去。

这会给用户带来灾难性的体验,美的集团的管理层对此有所感知时已经是 2017 年底了。他们注意到大量来自 400 客服电话的用户投诉是在抱怨 App 太多:"买你们美的的电器要下载好几个 App,空调是空调,冰箱是冰箱,洗衣机是洗衣机。有时候有两个不同型号的空调还得下载两个 App？！"

这是当年美的与用户互动的典型场景:400 客服电话。张小懿告诉青腾校友企业家们,这是美的当年唯一有的用户数据:"那时用户非常生气才找我。即便其中有我的粉丝,我听到的也都是愤怒的声音。谁打客服电话是为了跟厂家交朋友呢？他是来跟你吵架的。他不会给你提意见,也不会跟你交朋友。"

可想而知,这些 App 的月活不会很高。一个恶性循环便开始了:产品思路不对,折腾用户→App 月活低→美的还是不了解用户→没有用户思维,推出的产品还是不能贴合用户需求……

方洪波和张小懿都颇有些后悔智能家电蹉跎的那几年，"如果那时候拿出今天这样的力气，就不会出现在 IoT 生态上有落后的焦虑"。不幸中的万幸是，在智能化产品市场，还没有哪一家企业占据绝对优势地位，尤其是空调、冰箱之类的大家电领域。

这是方兴未艾的新兴市场，美的仍然有机会，但不能再犯错误，必须进行调整了。

方洪波在 2018 年初找到张小懿，希望由他来统筹集团的产品智能化，他说："首先 36 合一。然后月活我不要多，什么时候能达到 1000 万，那美的就好了，不一样了。"

全面智能化遇阻

张小懿的判断是，得先补课，再做产品的智能化改造。2018 年 4 月，美的成立了 IoT 公司以替代研究院。IoT 公司的职责主要是与各事业部一起改善用户体验，提高产品的智能化水平。张小懿说 IoT 公司是"不营销，不卖东西，没收入，纯花钱的部门"。

"既然这件事情重要，那就得有相应的权限，他才推得动，要不怎么去推。"为了强化张小懿的推动力，方洪波在 2018 年升张小懿为美的集团副总裁，并让他进入了集团的最高权力机构执委会。

与当年的"三个一"一样，IoT 公司首先要做的也是标准化。他们花了将近一年时间整合各个 App 和产品的联网标准为一套模组，用同一个交互界面、颜色、图标大小和位置等。2019 年 3 月，在标准化的基础上，美的正式推出了美的美居 App 作为面向用户的统一平台。

只有产品智能化了，用户才愿意下载 App 来使用其功能，所以提高美的美居 App 月活的最佳途径是提高产品的智能化水平。

尽管不知道到底能不能做成，会不会有相应产出，但方洪波仍然决定在数字化上保持 10 亿元级别的投入。在他眼里，一旦做成，这是可以改变美的企业性质的大事件。

2019 年初，方洪波向张小懿分析道："你一定要推全面智能化。所有的家电是智能连接的，可以跟人、设备发生交互。假设有一天，我有 1 亿多个用户，1 亿台设备连接着，随时产生数据，随时可以分析。用户用不用智能功能，我都要首先具备智能化功能。等我提供了更多的内容、功能，用户看见了，就会用得更多。那时美的就不是一个家电企业，而是一个科技企业，一个互联网公司。"

于是张小懿努力协调、推动各事业部支持美的美居 App。由于用户基数不大，加上他所要求的也无非是各事业部分摊 1000 万月活这个"小目标"，于是在各事业部的支持下，2019 年美的美居 App 的月活达到了 400 万，产品智能化也取得了一定突破。虽然比起每一年大约 2 亿台家电产品的出货量[29]、大约 5 亿个非智能化家电产品家庭用户的累积量，截至 2019 年 11 月美的累计售卖出的 7000 万件智能家电业绩不值得一提，但已颇有进展。

但方洪波对 2019 年美的的业绩并不满意，在他看来，张小懿"做了一些工作，但全方位的智能化没有推动"。

2019 年底、2020 年初美的集团正式确立"全面数字化、全面智能化"战略后，方洪波 2020 年初在执委会再次强调了产品智能化的重要性。这一次方洪波强调："既然提出全面智能化，那所有的产品都生产智能的。无条件，必须推。"

这时就遇到了很现实的阻力。在一个家电产品上增加一个智能模组少则十几元，多则几十元。就是这十几元，让各事业部旗帜鲜明地表达了反对意见。

有的说加了模组就没利润了。有的说我的产品是机械式的，连电控都没有，怎么做智能化？有的说我的产品这么小，怎么加模组，别做智能的了。有的说你们项目组瞎搞，影响我的正常工作了，造成业务问题，IT部门负不负责？项目组负不负责？

还有事业部负责人很直接地告诉张小懿："你让我增加这10块钱的成本，到底有什么用？美的美居那几百万月活用户能给事业部带来多少销售额？你这么改是在瞎搞。"

张小懿认为不能落在变现这么近期的视角上，也很不客气地给他扣了一顶大帽子："我现在离用户这么远，几百万月活用户就是我的粉丝，你怎么能说没用呢？这是美的未来的核心能力。你只是在算你的小账，算你的奖金。"

该事业部负责人坦然应道："你说的也对，但我现在确实有财务困难……"

张小懿不是不能理解事业部的保守。美的在国内一年销售大约2亿台大小产品，若全部加上智能模组的话等于凭空增加了至少20亿元的成本，每个事业部要分摊上亿甚至几亿元的成本。这会影响所有人的绩效奖金。

所以张小懿虽然唱高调却也只好向各事业部妥协，先让美的绝大部分高端产品先实现智能化。

遗憾的是，大家仍然没有完全执行此计划。快到2020年底时方洪波很生气，心想：这么多高端产品还没智能化，到底怎么了？

此前为了推动美的数字化 2.0、工业互联网等，方洪波已经做了相关的人事调整。大约在 2018 年，美的集团开始推动管理者年轻化。一位人力资源管理者说，美的提拔的高层基本上都是 80 后，中层管理者中 35 岁以下的占比已经达到了一半。"我执行得比较坚决。有些原有的管理者转成专业型管理者，不做管理，不带团队，有一些离职了。"他说。

架构调整也没停过。2015 年开始建设的四大协同平台，在 2018 年已经更迭成了资金中心、安得物流、中央研究院、IoT 公司。在新架构下，美的人力资源部注意到公司欠缺具有用户思维的数字化人才，于是一方面在 2019 年加大引进人才的力度（但受限于制造业基因和城市区位，引进速度并不理想），一方面强化公司内部培训项目中关于数字化、新零售、用户运营的课程。

诸如此类的动作并没有明显提升美的"全面数字化、全面智能化"的水平。方洪波预期中的"靠数据驱动的数字化企业，数字化的产品、服务、商业模式"也没做到。思前想后，他觉得原因或许出在战略主轴需要更新了。三大战略主轴没有强调用户和数字化，以至于大家没有充分意识到全面智能化、全面数字化的重要性。

四大战略主轴与智能化破局

在方洪波眼里，虽然美的 2020 年的营收、净利润逆势微增，但新冠肺炎疫情这面放大镜暴露了美的的问题，他们有可能错失下一个时代。"新势力相信所有东西都可以改变……我的固有思维有那么重要吗……美的要做新势力，接纳和拥抱新思维，不能成为旧势力的陪葬品，要真正地到用户中去。"

每个行业都认为用户很重要，但绝大多数行业都不直接面向用户，而是靠着层层叠叠的渠道商来掌握用户需求的变化。随着移动互联网、人工智能、大数据、云计算等技术的落地，直接掌握用户需求并随机应变的方式成为可能，也成为很多新锐公司的撒手锏。

如果说以前的方洪波只是意识到了用户十分重要，美的需要靠智能产品直连用户，那么可以说2020年底方洪波对用户的认识已经提升到了战略主轴的层面。

为此，方洪波认为美的需要先彻底地自我否定："过去的成功法则需要全面迭代，不仅要重构，而且要剧烈重构，包括行业格局、商业模式、产业结构、业务变革、行业规则、机制体制、产品形态、新业态催生、管理逻辑等各个层面……没有任何竞争优势是永恒的，而且优势越来越短暂。美的没有东西可守……我要捍卫未来，而不是驻足过去。"[30]

2021年1月，在美的内部年度总结会上，方洪波正式宣布了美的的破局思路。已执行10年的"产品领先、效率驱动、全球运营"三个战略主轴升级为"科技领先、用户直达、数智驱动、全球突破"（见图3-10）。

新增的"用户直达"即反映了方洪波对于经营逻辑的思考，美的必须从B2B转向B2C，从以企业为中心转向以用户为中心。相比"效率驱动"，"数智驱动""科技领先"更加强调数字科技的底层驱动力。当然，也可以理解为美的的运营效率依然较高。"全球突破"则体现了浓厚的升级意味，美的国际总裁王建国说："美的已经具备了全球经营的组织能力，希望在全球市场取得全线突破。"

构建研发规模优势
加大对核心、前沿技术的布局和投入

科技领先

数智驱动
通过全面数字化、全面智能化，内部提升效率，外部紧抓用户

用户直达

全球突破
在重点区域寻求市场、渠道和商业模式等维度的突破，服务全球用户

图 3-10 美的新时代的四大战略主轴

来源：美的、公开资料

在四大战略主轴的引导下，美的集团也重新调整了业务板块。过去的四大板块——消费电器、暖通空调、机器人与自动化系统、创新业务，被重组为智能家居事业群、机电事业群、暖通与楼宇事业部、机器人与自动化事业部和数字化创新业务五大业务板块。

美的集团将旗下所有面向 C 端的业务，比如空调、冰箱、洗衣机、厨房和热水、生活电器、微波和清洁以及 IoT 事业部全部置入了智能家居事业群，并由在推动数字化落地上表现出色的业务干将殷必彤兼任智能家居事业群总裁。

仅从命名就可以看出美的已将智能产品的突破列为自己面向 C 端消费者的最显著标签。事实上，美的还将品牌口号"原来生活可以更美的"改为了"智慧生活可以更美的"，并开始升级旗下门店为"美的智慧家"。

组织架构的调整终于克服了产品智能化最艰难的障碍。美的的产品研发逻辑必须有智能化功能，否则将被验收为不合格。张小懿感慨公司还是抓住了时间窗口："这几年我还是追赶回来一些，要不然就来不及了。"

2021年美的集团的全面智能化取得了显著的提升。2020年8月时美的的大家电产品中智能产品只有20%左右。2020年11月起美的陆续上市了众多搭载华为鸿蒙系统的产品，包括空调、冰箱、洗衣机、空气净化器、电饭煲等。到2021年8月，美的的大家电产品的智能化比例骤增，其中约80%的美的空调都是智能空调。

在众多智能产品的带动下，美的美居App的注册用户数接近1亿，月活则在2021年中超过了1000万。与之相比，小米米家App的月活增长放缓，仅仅接近5000万。

尤其令张小懿高兴的是，美的美居的日活也超过了300万，其中超过100万用户使用了美的的云管家服务。该服务通过云端的算法帮助消费者更智能地使用家电，比如根据用户的睡眠曲线数据自动调整空调的运转时间和温度高低。

"说明用户不是拿美的美居当遥控器用，而是真正使用了它的智能内容。我现在感觉用户跟我交朋友了，他天天使用的时候就给我反馈了一下。"张小懿说这是美的第一次跟用户实现了直接的、规模级的互动，得到的规模级用户数据以及设备数据已经在改变价值链中数字化相对薄弱的环节——产品研发方向。

以前美的做产品研发是工程师、策划在会议室里猜测用户喜好，然后进行样本量为几百的用户调研，再入户访谈，最后确定新产品。现在不同了，研发工程师得到的不是几百个用户的调研数据，而是海量的各种类型的用户声音汇总。

而且美的的产品研发还实现了场景化驱动。"我首先从用户的家里开始研究，再研究它的场景，研究它的数据，再决定我要出什么产品，有什么功能，然后各个事业部再拿回去研发。"张小懿与青腾校友企业家们笑言自己也转型了，正在从一个 IT 人员变成产品经理。

张小懿只是一个缩影，整个美的集团都在寻找最适合自己的角色。十几年前方洪波提出三大战略主轴时，还有华为、丹纳赫等公司作为学习对象，如今前方已无标杆。

"我问咨询公司的老总，他能不能提供一个中国或者全球做数字化转型比较成功的案例让我来学习一下。他想了半天也没有想到。"方洪波知道未来只能靠自己去摸索。

青腾一问 | 杨国安对话方洪波、张小懿

杨国安：不断升级改变的过程，对美的这个团队有没有提出新的要求或者挑战？

方洪波：要求和挑战可以说无孔不入，企业的每一个方面、每一个人都在面临挑战。它是牵一发而动全身的，不是某一个人，不是 IT 部门，也不是某一个业务单元，而是美的集团每一个人、每一个部门、每一个业务单元都要去参与的。

所以归纳起来，要面对数字化这个挑战，首先是"一把手"要坚定地展现出这种推动的决心和精力。其次是整个企业所有的资源、人力、维护都要投入进去，参与转型。最后是它会牵扯到整个

组织生态,不仅仅美的内部是个孤岛,上游、下游怎么办?难度是很大的。

张小懿:首先从方总开始把这个战略定下来,大家一起往这个方向走。

我这几年最大的一个感受是大家一起推,一起做。如果说要单独靠技术部门来推动数字化,或者我说得直白点,老靠IT部门来做,实际上是产生不了效益的。业务变革没到位的话,IT系统贸然上来反而是个累赘。

任何一个重大的转型,推进人都是业务的领导,他在业务上是作为"一把手"推进,然后IT部门的数字化团队再一起上、一起来做。在内部形成氛围也好,大家有所认识也好,业务领导的推动产生了巨大的影响。

杨国安:能不能更加具体地讲讲,在转型升级中什么样的人才是过去的美的很缺乏的?对于这些人才,你怎么吸引、留住,让他们融入你的团队?

方洪波:通俗地讲,数字化转型就是转型。团队结构不转,思维不转,知识结构不转,能力不转,那就是空谈。

面对今天的数字化转型,你不仅要懂数字化技术,还要懂传统业务的结构,还要知道未来的业务结构趋势。这意味着他要对业务有非常深刻的理解,对未来的模式、方法有深刻的洞察力。

这样的复合型人才是极度紧缺的,像我、小懿这样的人就太少,所以我也要进行大量的改造。怎么改造?一个是现有的人,你要不断地去训练、改造他们的思维。同时大量聘请外部的专家,甚至要找一些第三方机构。

在人才吸引上面，顺德有它的区位劣势。我现在的思维就是哪里有人才，我就把办公室设到哪里。在深圳设立办公室，在上海也有，在更多的地方设办公室，以吸引优秀人才的加入。

杨国安：对于过去的领导团队，比如执委会上的高管，你们有没有一些新的要求？

方洪波：这个是一定的。我们所有的高管都是在工业时代成长起来的，他们的思维都是硬件思维。今天美的需要转型。为了让大部分员工能理解这句话，我在内部用一句通俗的话概括：这是由硬到软的过程——美的软化。"软"就是软件的软。

如果哪一天能够真正做到，转型就是成功的。那么就需要大量这种软件人才。所以现有团队的每个人，包括我也不断地去提高学习能力，去改造自己的思维。同时我们也引入大量高层次人才，他们都要有软件思维。

张小懿：未来最大的挑战是我要把投入真正地落实，不仅仅是哪个部门，整个集团都要加大这方面的投入。

举个简单的例子，如果说数字化、智能化就是增加软件人员的占比，那我们现在一万多个研发人员中软件人员占比只有百分之十几，比例还是比较小的。未来能不能把它加到30%~40%？如果要做好这些方面，我们就要加大投入的占比。

杨国安：数字化也好，智能化也好，它们本身是一个赋能的科技手段，最重要的是实现你的业务战略。那么，数字科技与未来美的的成功、成长有什么直接的关系？

张小懿：实际上我也是被逼着走的，有时主动，有时则被逼着一步一步转型。

比如说产品，它本身的智能化越来越普遍了，大家不仅仅要用到硬件的功能，很多交互、连接、内容、服务都要用数字化手段附加上去。我如果还保持着原来的产品形态，可能明年用户就不喜欢了，他就不买你的产品了。所以我必须得跟上，产品的智能化必须要做好。

比如营销和供应链，以前我们能够把产品生产出来放在渠道里面慢慢卖。现在这种形式已经不行了，线上动作越来越快，线下的效率也要越来越高。市场的需求每天都在变，不可能一个产品做出来卖半年，这种是没人要的。

这种不确定性就给整个体系带来了巨大的挑战，我必须要用到数字化的手段才能够应对。

方洪波：我要实事求是地说，美的真正提出全面数字化、全面智能化是在 2019 年下半年，只是今天我把它概括为数字化。

在 2013—2014 年，我们还没有一个数字化的体系。一开始我认为数字化是一个工具，就是 IT 技术。随着我慢慢地走，一步一步地积累，我就尝到了甜头。这个企业的效率很高，有引领的地方，有很多效果，然后我信心就更大了，为了更大的甜头就去进行更大的投入。

我对它的认知不断地在提高。此时此刻，我觉得数字化不再是一个技术，它牵涉到整个企业全价值链的方方面面。

第一个方面，它极大改变了美的所有员工、合作伙伴、相关人员的工作方式，我能采用符合时代趋势的工作方式。大家都可以在手机上完成很多动作。

第二个方面，它极大地提高了整个企业的工作效率。不仅仅有看得见的效果,有很多是看不见的效果——比如效率的提升带来了周转效率的提高、市场反应速度的加快、产品开发周期的缩短,也包括赢利能力的提高。

第三个方面,我觉得它改善了我做生意的方法。就是怎么把产品开发出来,生产出来,你怎么把产品卖给零售商、卖到用户的家里,这些都变得去中间化,更加便民和快速。

更重要的是第四个方面,美的整个企业的商业模式会发生哪些改变?它现在正在发生,但是未来可能会更快。

杨国安:美的会是一个什么公司?

方洪波:说得通俗一点,在将来的某一天,随着美的企业价值链的高度数字化,所有的流程、工作方法、业务模式都高度数字化,加上智能产品的推动,美的可能就是一个互联网公司。

第四章

便利蜂：
数字化系统如何"驾驶"
一家公司

便利蜂的成长说明互联网公司强大的数字科技确实意味着我们有重新定义很多行业的可能。数字技术原是工具，最终演变成了战略本身。但这并不意味着互联网公司能很快取得胜利。行业知识的壁垒，运营的壁垒，都是切实存在的。

更多关于便利蜂数字化转型升级的详情，
请扫码观看《一问》视频。

便利蜂是当今为数不多的处于智能运营状态的线下零售实体公司。在便利蜂，数字化系统（下称系统）助推着便利店的日常经营和决策。

便利蜂的经营业绩是：创下了中国第一的便利店发展速度，4年多时间开设了超过2000家门店。实现了"千店千面"，任何一个便利蜂门店内每周都更换超过150个SKU[①]，同时4周不动销的商品只有1%。

包括号称"便利店荒漠"的北京在内，便利蜂在多个城市的近千家门店实现了门店端的盈利。其他便利店品牌多以特许加盟商的加盟费和佣金作为收入来源，本质上是个合作伙伴众多的生态系统。便利蜂则是业内仅见的直营体系，它更像一个垂直整合产业链的零售网络。

该公司能有此发展境况，首先得益于创始人庄辰超卓越的判断力。不是哪个行业的日常经营都适合交给系统来智能决策，那些非关键决策居多的行业无疑更为适合。

便利店行业便是如此。其日常决策影响甚小，以金钱计可能也就千把块钱，更不牵涉人身安全。像金融、医疗、出行等行业就不同了，每个小决策都兹事体大。

这是庄辰超在创立便利蜂前最先想明白的几个问题之一。

---

① SKU（stock keeping unit），库存计量单位，可以以件、盒、托盘等为单位。SKU是物理上不可分割的最小存货单元。相同的商品在不同的仓储场景下，管理并不相同，比如奶制品在生产商和零售商的计量单位就可能有"袋"和"箱"的区别。

另外，便利蜂的数字化系统涉及了大量的数学、逻辑、编程等能力，在这方面，庄辰超的团队堪称出类拔萃。庄辰超本人的判断力、经验、人脉均非常人可比，便利蜂又从多家互联网公司挖来了大量技术人才。

但新移民公司应该注意到的地方是，数字科技如此卓越的便利蜂，在与实际业务场景的融合上也不是一帆风顺的。

庄辰超一开始设计的是赋能路线，即用系统辅助决策，逐个环节地提高决策的人效。这是各行各业进行数字化转型、智能化升级时很常见的判断。

在对业务环节的强耦合性有了深刻体悟后，庄辰超改走让系统做日常经营决策的路线。在便利店的运营上，系统和人彻底重新分工，各自承担不同职责。前者不断提升便利店整体的运营效率等，后者可以更好地给消费者提供服务和保障。

但新冠肺炎疫情的到来给了系统一次突袭，让它领略了VUCA时代的墨菲定律，也让它被迫大幅提高了自己的容错能力。经此一役，便利蜂仍然实现了北京地区门店的盈利，这时庄辰超才觉得上述决策是可行的。

拍摄完青腾《一问》纪实访谈节目后，我觉得便利蜂的成长说明互联网公司强大的数字科技确实意味着我们有重新定义很多行业的可能。数字技术原是工具，最终演变成了战略本身。

但这并不意味着互联网公司能很快取得胜利。强如庄辰超，也带队花了4年时间才完成实验。行业知识的壁垒，运营的壁垒，都是切实存在的。

战略驱动 × 业务重构

2016 年初，庄辰超离开了去哪儿这家他参与创立的市值超过 50 亿美元的纳斯达克上市公司。1976 年出生的庄辰超早已实现财务自由，但他并不打算停歇。

为什么选便利店

这是一个当年被保送进入北京大学电子工程系、学生时期便创立了 Cseek（搜索客）的顶尖技术高手。[1] 如果说 Cseek 和鲨威体育的创业经历只算是小小的尝试，那去哪儿依靠比价搜索、机票在线交易平台 TTS（Total Solution）等技术产品成功使旅游市场异军突起，则完整验证了庄辰超技术创造价值[2]的信仰。

他观察、参与世界的立足点是技术视角。在离职的公开信里，庄辰超也说自己好奇的是科技创新将去向何处。他希望持续参与全球技术创新一波又一波的浪潮，同时希望能在创新的大潮中以创造力的冒险创造出有趣的独特价值。

为此，庄辰超成立了规模为 10 亿美元的斑马资本，一家类似于巴西的 3G 资本[①]的控股型投资机构。他们希望与被投资企业更深程度地绑定，帮助其在 15 年甚至更长的时间周期内成长，而不

---

① 泰列斯、雷曼和斯库彼拉三个巴西人于 2004 年创立了 3G 资本。他们都曾是巴西顶尖投行加兰蒂亚的合伙人，且在零售、消费等领域有长期从业经验。3G 资本强调长期持有公司，旗下控制的企业包括百威英博、卡夫亨氏等顶尖公司。

仅仅是提供资金。

作为技术高手,庄辰超习惯于"把公司所有的行为想法全部数据化",认为"把一件事情快速抽象化、模型化才能够让整个公司的运作效率提升"。[3] 目睹或参与了庄辰超三段创业经历的戴福瑞觉得,跟他说话像是面对"一部高速运转的计算机"。[4]

所以,筛选投资机会自然也会有个模型。斑马资本总结出了一个以行业集中度高低、行业创新机遇高低为两轴的筛选框架(见图4-1),以避开那些创新机遇少、行业集中度高的领域,以及

图4-1 庄辰超对于细分领域的机会分析

来源:庄辰超在混沌学园的演讲

那些创新机遇多、行业集中度高的领域。前者适合传统投资，后者容易被头部公司收购。[5]

庄辰超认为，只有创新机遇高、行业集中度低的领域，才能"在未来10年、20年里，非常大规模地参与科技给中国产业升级所带来的巨大机会"，其路径则是"数字化改变世界"。

最终，便利店行业在这个模型里脱颖而出。在东亚、东南亚、美国，便利店都是零售行业的主流业态之一，其中日本平均每2329人拥有一家便利店（见图4-2），韩国的这一数字更是达到1491。[6]

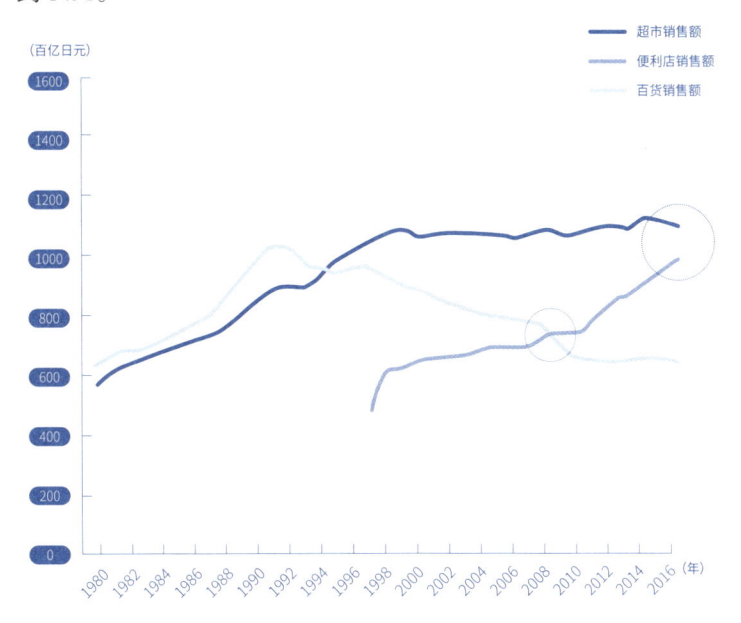

图 4-2　便利店已成为日本第二大零售业态

数据来源：Wind，日本经济产业省，国泰君安证券研究与之相比，中国便利店的渗透率相当低，2016年中国大约14000人才拥有一家便利店[①]。行业集中度也相当低（见图4-3），最大的便利店网络之一美宜佳也只有9300家门店[7]，且以加盟为主。

图 4-3　2011—2016年中国便利店行业集中度变化趋势

来源：产业信息网、中国银河证券研究院整理

注：CR是英文concentration rate的缩写，意指集中度。CR3即行业前三名合计所占据的市场份额，CR5即行业前五名合计所占据的市场份额。

除了巨大的增长空间外，便利店行业让庄辰超满意的是"不存在商业模式风险"。

他将便利店的特点总结为即时性和高频率，即消费者完成一次消费行为的时间不超过15分钟，平均客单价为15元。碎片化、即时性的需求本身就是一道壁垒，让技术进步更多体现为对便利店赋能，而不是将其颠覆。

[①] 根据中国连锁经营协会数据，2016年中国便利店数量为9.8万，同期中国人口数约为13.8亿。

在便利店业态诞生后的 70 多年时间里，它经历了超市、购物中心的崛起，经历了互联网、移动互联网带来的电商大潮，却始终在自顾自地成长（见图 4-4）。[8] 这意味着 2016 年方兴未艾的物联网、4G、人工智能等新一代数字化基础设施，很有可能再次带给便利店行业新的发展动力。

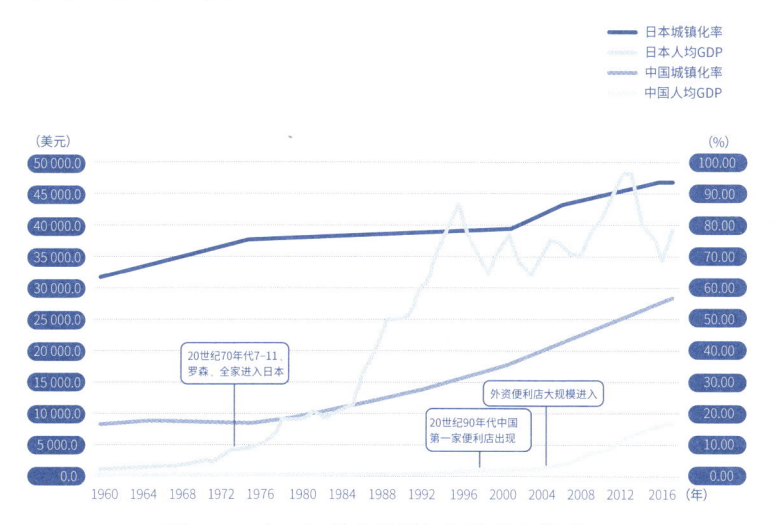

图 4-4　中日便利店发展与经济发展的联系

来源：世界银行，德勤研究

如何理解技术

很多人都看到了这一点，并纷纷以号称无障碍购物体验的 Amazon Go（亚马逊无人便利店）为师，认为无人零售的时代已来。猩便利、缤果盒子、果小美等新锐互联网公司以无人货架和无人便利店概念切入了行业，它们的无人收银模式曾红极一时。2017年无人零售领域总共吸引到了40亿元的投资，有超过200家无人便利店和2.5万个无人货架被投入使用，成为新零售大风口之下的一个小风口。[9]

京东[10]、阿里巴巴等巨头公司则强调对现有从业者赋能。它们公布了各自针对社区里传统"夫妻店"的改造计划，但更多是看上了后者作为线下流量入口以及商品分销网络的价值[11]，试图将其纳入自己的零售生态圈。

有一些线下平台出身的创业者虽然意识到了数字技术在判断商品更换、自动排序、供应链打通上的重要性，但在系统研发、数据挖掘方面仍倾向于外包给供应商解决。事实上，他们的发展重点还是放在了商品结构的调整上，比如部分便利店明显倾向于在鲜食①上下功夫。[12]

传统从业者则对新一代基础设施的到来理解有限。他们把"系统"理解为以收银为主兼具数据分析功能的POS系统[13]，当然也是靠外包来满足技术需求。由于担心投入产出比不佳，没有哪个便利店品牌选择自研软件系统（中国便利店发展趋势见图4-5）。

---

① 便利蜂将鲜食定义为保鲜期极短的即食性食品，它包括面包、炒菜热餐、炸烤食品、甜品、饭团、寿司、三明治、包子等。显然，它又可以细分为保质期更短的炒菜热餐等，以及保质期相对长一点的面包、三明治——它们又常被称作短保商品。便利店的其他流通商品更接近于百货，比如酒水饮料、奶制品、休闲零食、糖果巧克力、日用品、冷冻食品等。但也有人只将面包、甜点等称为鲜食，将其他的炒菜、饭团、三明治、关东煮等称为快餐。为了方便叙述，我采纳便利蜂对于鲜食的定义。

购物便捷性	购场景化运营
增加了连锁规模 高线底线城市都要强化渗透率 仍以加盟为主要目标和模式	扩展消费场景、带动复购
品类升级	购物便捷性
重点发展自有品牌和鲜食	数字化赋能、多体现为线上销售、移动支付、APP/小程序会员

图 4-5　中国便利店发展趋势总结

来源：公开资料

7-11 是一家信息化时代的公司，其技术水平堪称那个时代的行业王者。涉及生产、物流、销售环节的软件应有尽有，数据在总部各部门之间、7-11 与合作伙伴之间也已打通，这些技术使 7-11 在预测畅销品、精准订货、全链路的自动化等环节实现了较高水平的精细化管理。信息系统支撑最到位的日本本土以 1/3 门店数贡献了 58% 的营业利润。[14]

但日系便利店对新一代数字化基础设施没有明显的感触。7-11 集团执行董事、中国区董事长兼总经理内田慎治在 2018 年的访谈中提到人工智能时仍将其描述为将来时，7-11 的发展重点仍是差异化商品的开发。直到 2019 年，7-11 中国仍没有自己的会员系统[15]，对线上平台的理解是线下实体店的竞品和补充[16]。

服务水平一致性

大家都能从日系便利店的发展经验中得出"便利店的本质是连锁餐饮店"的结论①,斑马资本也认可便利店的毛利、销售收入、SKU 中,鲜食和自有品牌②应占到相当比例的发展路线。[17] 所有人都相信 7-11 创始人铃木敏文总结的经营四原则——亲切待客、保质保鲜、品种齐全、清洁卫生,但与他们重塑便利店行业、打算改良现有模式,或者意图彻底颠覆时不同,庄辰超思考问题的维度却更加靠近底层,在单一环节上又不那么激进。

为什么中国的便利店规模小,集中度也低?或者说为什么中国的便利店品牌无法在众多消费者面前做到那四个原则?即使在北京、上海等一线城市,同品牌的便利店在不同区域里提供的服务品质也不尽相同。

---

① 以 7-11 为例,公开数据显示,鲜食贡献的销售额占比达到了 42.9%,贡献的毛利占比则为 46.6%。而中国近半数便利店的销售额中,鲜食占比不足 10%。说得简单点,日系便利店是餐饮公司,主要卖食品;中国的便利店整体上是小卖部,主要卖加工食品(袋装零食等)和日常杂货。几乎所有人都认可日系便利店的商品结构为发展方向。有没有鲜食(快餐),便利店的人力成本差一倍,销售额也会有很大区别。庄辰超认为没有快餐的便利店很难存活。

② 公开数据显示,80% 的中国便利店企业自有品牌销售额的占比不足 10%,日系便利店品牌的自有品牌贡献的销售额占比则是 40%~50%。7-11 单个门店售卖的 SKU 约 2900 个,自有品牌占比为 68%,且细分为 Seven Premium、Seven Gold、Seven Select、Seven Lifestyle 等子品牌,涵盖了食品、咖啡、化妆品等。

表面上看，这是因为中国便利店的基础设施标准化程度低。在中国很难找到标准化的物业，所以每一家店铺的施工材料、结构几乎都是定制化的。中国各地消费者的消费层次、消费习惯、饮食特点等大相径庭，又放大了标准化问题。

标准化程度低意味着管理场景多样，梳理出来的 SOP 过于复杂。一家便利店一般只有五六名员工，他们需要记住很多操作细节，并且有很多精力用于思考和计算订货①、排班②、生产计划等决策应该怎么做，怎么才是对的。

如果便利店店长的决策效率很高，店员可以执行到位，也可以保持高水平的服务品质。但一般也就 100 多平方米大小的便利店养不起高学历的店长。在庄辰超眼里，"难免百密一疏，事实上很多时候是百密十疏。一旦有了疏漏，就会让服务品质受到很大的影响，进而影响消费者的整体感受"。

事实上，便利店行业服务品质的一致性无法实现是一个管理问题。因为找不到那么多合格的店长，所以便利店品牌没办法做更容易把控服务品质的直营体系，也就没办法提供均等的高品质服务。

过去对此问题的解决方案是走特许经营的路线，让有经营意识和服务水平的加盟商自我激励。当便利店只卖日用品、香烟、杂志、零食等商品时，供应链并不复杂，加盟模式尚可一用。一旦便利店开始售卖面包、炸烤食品、三明治、包子等鲜食，供应链骤然

---

① 订货是指向供配中心发送订单，然后后者将所缺商品发货至门店的过程。
② 排班是指店长根据门店营业额、工时线 / 运营成本等常见情况算出门店所需班次，再跟店员的全职 / 兼职、白班 / 夜班等情况进行匹配。

复杂,加盟模式就会在食品安全、食材废弃标准上起到负面作用。

"在食品行业,这个主动经营以获得最大利润的意识,有可能变成违反食品卫生、破坏品牌的行为。"庄辰超认为,"类似问题只要出现一个,就可以把你的品牌整个毁掉。"

不要加盟要直营

于是在人均素质、质量意识、经营能力相对较低的情况下,加盟成了一把"双刃剑"。它可以提高开店速度,但往往又会给公司品牌带来负面影响。对便利店而言,不做鲜食,日销额上不去,只能处于大约五六千元/天的水平。做鲜食,加盟商和服务品质又难以管理。

日系便利店的经验证明,信息化时代的数字技术在中国无法解决更复杂场景下的开店速度和运营管理问题。既然不想降低品质,那就只能放慢加盟的发展速度。坚持严格筛选标准[18]的7-11花了十几年时间才在北京开设了不到200家加盟门店[19],还佐证了以北京为代表的北方城市在"三个半"①因素的影响下确实是"便利店荒漠"。

虽然加盟方式有问题,但大多数人都相信这是现行条件下的最优解。内田慎治认为如果总部直接做直营店,"80家店就是极限了,

---

① 半年生意,冬天太冷,人们不愿意出门;半天生意,北方人没有夜生活;半条路生意,道路太宽,分割了客流量。"三个半"的说法由来已久。多年前美宜佳高层评价北京的便利店生态时直接引用了"三个半"的说法。

再多的话就会出现管理不善的情况"。[20] 所以现有便利店品牌和新品牌，都选择了加盟路线，除了庄辰超团队。他们想放弃加盟，改做直营。

在庄辰超眼中，新一代数字化基础设施的日渐完善给创立直营体系的便利店提供了可能。物联网、非物联网、人工智能的成熟意味着新的智慧决策系统成为可能，它将提高店长决策环节中的思考效率，从而提高门店的经营效率。

届时，便利店就可以向各地消费者提供高水平的、均等的服务。各门店 SOP、SKU 甚至可以动态地实现"千店千面"，即门店一旦发生变化，全链条即可随之协同。

这个对便利店行业来说与众不同的顶层设计虽有几分科幻色彩，但实现路径还算现实。便利店行业的大多数决策都可以被当作非关键决策，这被庄辰超当作人和系统结合试验的有利条件："排班做错了有多大问题？也就亏个 5‰。"

再者，日系便利店做过类似的事情。比如其信息系统帮助店长、店员利用历史数据做售前预判，培养加盟者的嗅觉敏锐度等。[21] 只不过它用的是 20 世纪的信息系统，POS 系统色彩明显。

但在斑马资本看来，便利店运营系统应该是涵盖了选址、进销存、货架陈列、POS 收银等功能的 ERP。他们的计划是，先分阶段实现门店运营各环节以及工厂、物流的数字技术改造，再实现与人力的协同配合。

上述"5‰"的价值，便是给智能决策系统介入经营决策留下了试错空间。"当 AI 长大了，人和系统的配合就可以发挥最大优势。"庄辰超相信在北京无法经营便利店的原因不在于"三个半"，而是经营效率不够高,"当它不够数字化的时候,它的成本太高,它的收益不够。所以它才会不得不收缩它的服务季节,收缩它的服务时间。它认为它不能覆盖到马路对面去。"

组织升级 × 科技赋能

斑马资本团队再深思熟虑也没开过便利店,他们需要找到与之配合的、思路一致的线下团队。

跨界团队启航

一些"老法师"这时也在寻找出路。他们曾在传统便利店工作过10年,甚至更长时间,一方面信服了便利店的商业模式有前景,另一方面又觉得便利店行业至少在中国有很大的进步空间。

7-11的数字科技不错,但整体处于信息化阶段。比如,7-11信息系统的更新节奏是7年左右进行一次整体迭代[22],其数据大多是报表类的结果数据,处理数据时仍有不少手工环节。

"在中国这个市场上,日系便利店不是真正的'数字化'公司。"这些"老法师"认为,便利店在中国的发展必须有根本性的变化,不仅有人的服务,还应该有一套跟互联网结合的系统来驱动便利店运营。

看到这般描述后,大家不难发现传统便利店出身的团队与斑马资本团队实现了同频共振,且互补性强。这就可以理解2016年10月左右,为什么这些"老法师"与庄辰超聊完后迅速成了便利蜂的创始团队成员。

"这是一个非常大的机会,一个千载难逢的机会。"这些"老法师"认为庄辰超团队既有优秀的技术能力和行业判断,又有足够的耐心和自信去克服系统驱动运营时的困难,以及 10 亿美元的必需资本。

上述判断很快得到了验证。2017 年 2 月,便利蜂获得斑马资本 3 亿美元投资的消息刷屏创投圈。为了在销量不大的时候就确保对供应链有话语权,2017 年内便利蜂陆续投资了北京地区的鲜食工厂呀咪呀咪,以及上海地区的鲜食工厂上海陆仕。

庄辰超的明星光环和大手笔投资引发了圈内圈外对便利店行业的重新审视。在中关村地区同时开设的 5 家便利蜂门店以及年内开出的 55 家门店里,媒体记者频频出没。

大家很快发现了便利蜂的不同之处。便利蜂的商品结构很像日系便利店,鲜食、自有商品品牌——2017 年 11 月便利蜂推出了自有商品品牌"蜂质选"——占比很高。便利蜂银科大厦店的二楼甚至将 1/2 的面积都设置为堂食区,方便消费者就餐。

如果说重点突出便利店的餐饮属性是众所周知的行业趋势,那么购物体验环节则显示出了便利蜂领先的技术能力——虽然那时还稍显简陋。[23] 除了由店员线下结算外,便利蜂的门店还通过便利蜂同名 App 及微信小程序提供了到店选购自助扫码支付、线上选购限时自提、线上选购送货上门三种购物方式。[24] App 和小程序问世时,便利蜂团队成军不过几个月时间。

不过与线下门店同步开发上线 App 和小程序,并不是很多人想象中的互联网公司从线下到线上的引流套路。在便利蜂的规划中，门店并不是为了给 App 导流，App 反而是为了服务门店。App 是配角，只是切入点之一。

"数字"的来源

以门店为核心的经营思路，也指引着日后便利蜂进入无人货架/智能货柜领域。按庄辰超的说法，智能货柜是门店的延伸，也是在为消费者提供 15 分钟和 15 元内的服务。

由于便利店的辐射区域天然有限，所以便利蜂认为只有附近高频用户对消费品的真正需求才对指导门店选品和供应链生产有价值。顺便一提，7-11 也是这个观点。[25]

"没想要所有用户都用我的 App，"庄辰超说便利蜂针对不同用户会提供不同的优惠和服务，他们更想先服务好高频用户，关注这些人可能需要哪些商品，"除非有的门店可能发现过路客就是多于常驻客。"[26]

为了知道消费者喜欢吃什么，便利蜂门店以线上线下反馈、调研问卷等多种形式收集意见，并处理成标准化的数据输至鲜食工厂。工厂里则使用各种传感器努力量化食材的硬度、烹饪时间、流程耗时、火候、温度等，提高热餐的标准化程度以匹配消费者需求。日后大热一时的自有商品黄焖鸡，便是根据这个流程迭代而来的。

便利蜂在运营中发现，员工手动输入的数据时常出现差漏，更要紧的是往往输入得不及时。长此以往，必然降低这些便民的消费者数据的使用价值。于是，便利蜂决定让设备和设备之间完成机器交互，以保障准确性和及时性。

支撑这些创新动作的是便利蜂对于研发投入的毫不吝啬。2017年，便利蜂的IT研发人员规模扩充至200人。[27]那是中国便利店行业里最大的一支技术团队。

庄辰超的朋友、上海来店信息技术创始人邱浩认为，仅从这点就可以判断，便利蜂是用系统驱动业务，一般的便利店则是由业务拉动IT系统建设。

不过在外界眼中，便利蜂并没有展示出多么神奇的特点。收银环节的无人化谁都可以做，无非是利用了国内顶尖的移动支付基础设施而已。二维码等技术的应用和销售数据分析不是独此一家。在to C界面的应用层上下功夫做些App，也是中国互联网公司所长。

但外界不知道或未能体会到的是，便利蜂的研发重点其实并不是App、小程序，而是ERP系统。ERP负责解决它直营便利店时会遇到的管理效率问题。

"老法师"与技术人员的协同

便利蜂旗下负责研发ERP软件的虫极科技（北京）有限公司（下称虫极）的成立时间是2016年11月15日，比成立于2016年12月21日的北京地区运营主体——北京梦想蜂连锁商业有限公司要早一个多月，比成立于2017年5月22日的负责研发App并且产品先问世的运鼎科技（北京）有限公司甚至早了半年。

早早开始研发还有一个原因，以去哪儿人员为班底的便利蜂技术团队并不熟悉便利店的业务场景，而便利店的营业面积虽小却不简单。便利店融合了零售和餐饮，履约和交付，又涉及生产和物流，研发人员需要深入理解每个业务流程和环节才能给门店员工赋能。

虫极的研发人员需要花几个月时间向公司里来自传统行业的"老法师"同事深入了解行业 know-how。

"老法师"需要告诉技术人员在运营、选址、开发、物流等环节中的所有影响因子，并分析其相互作用的逻辑。比如选址时，客流量是否为一个恒定值，影响客流量的因素有哪些，可能到店的人群占比又是多少？怎么定义商铺的租金到底合不合理，都有哪些因素去影响合理程度？

技术人员要做的是将其量化并建模，最终编程为数字化系统的一部分。随后则是不断给系统输入大量数据，让算法训练出模型，不断迭代。

庄辰超曾一度担心懂业务的"老法师"和懂科技的技术人员在交流时会遇到重重困难，但随着便利蜂门店的开设和 ERP 研发的推进，他发现阻力没那么大。因为"行业里资深人士、有丰富经验的人其实都具备非常强的提炼和抽象能力。他特别能够理解科技"。

大概在 2017 年中，虫极研发的 ERP 系统在门店上线，基于便利店业态的大数据平台也在总部投入使用。虫极之后的研发重点则是基于 ERP 和大数据平台，继续开发和优化订货、选品、排班、陈列、物流等子系统。

尽管相信便利蜂研发团队的实力，但这么快就上线还是让"老法师"们感到震惊，"这是非常惊人的。因为传统行业自己搞的话，至少需要两年时间"。

便利蜂在2017年拿下了北京核心地段的近100家店面——已经

是压缩后的年度开店计划,但在很长时间里只有 21 家投入运营。[28]直到 2017 年底也不过只有 60 家店铺进入了营业。便利蜂那时并未大张旗鼓宣传的目标是,3 年内开店数达到 1000 家。

这是庄辰超的 MVP(minimum viable product,最小化可实行产品)实验。[29]在他看来,初期的门店只是用来跑数据、积淀服务的。后续沉淀、分析完,将被拿来指导新店铺的选址、库存、选品、陈列等经营策略。

让门店运营更简单

在便利蜂的 ERP 系统投入使用后,门店在经营中出现了一些降本增效的现象。

便利蜂每个门店有 2500 多种商品,其中日配品超过 300 种。根据时间、地域、气候等因素的不同,每天都要调整这些商品的订货策略,比如雨天临街店铺销量会下滑,但大厦内的店铺销量则会上升。

复杂度高导致店长将大部分精力放到了经营决策上。2017 年 1 月入职便利蜂从事门店工作、此前在老家有过短暂的传统便利店工作经验的朱晓波以订货举例说:"我原来的店长每天上午的时间几乎都用来坐在那里订货。头一天晚上他拿个小单在盘点,一个一个地在那里数。第二天上午就把数字拿出来分析,看剩余库存去订货,也是一个一个地订。"

朱晓波估计,订货、排班这两项工作每天就能占据店长大约 50% 的精力,更别说还要现场决定的鲜食生产计划——比如做多少个包子、荤素配比如何等等。

显然,这些蕴含着大量计算的、重复性极高的日常经营决策可以让系统来提效,而店长们可以"解放双手",更好地去为客人提供服务。2017年底,便利蜂的订货、排班操作系统陆续上线后直接负责了一部分商品的订货,剩下的再交给店长。

"没有便利店工作经验的店长要去学习订货,还是要花费一定时间的。但是像我们公司这么快速发展,又能给你多少时间去学习呢?"朱晓波觉得公司此举可以让新手更快达到公司的平均水平。

一开始,系统做出的订货、排班计划不如经验丰富的店长。但"老法师"们认为,系统背后的软件和硬件的迭代速度会很快,"最终它也有可能比不上最好的那个人,但是它持续输出的均值一定高于大多数人,出错的概率一定低于大多数人"。

效果很快显现了出来。根据便利蜂的介绍,智能订货数据2018年3月已经优于60%以上合格店长的人工测算数据,效率的提升每日为单店直接增加了500元以上的效益。

此举降低了店长们学习的时间成本。原先招店长要求有3年以上管理经验,但现在只需1年管理经验便可成为合格店长。原先店长每天需花4小时用于排班、订货、绩效考核等工作,现在1小时即可完成。[30]

便利蜂认为,系统的推广应用可为传统便利店企业节省10%以上的成本,提高服务效率20%以上,综合可提升企业效益50%以上。

庄辰超的初步观感是:"每个店的数据给你的指向都不一样。所以我觉得,千店千面这个方向大概是对的。"顺便一提,在商务办公区开店成了便利蜂主要的选址策略,而且在"一级商业地产+三级店铺"的模式下,店铺租金没有大家想象的那么高。[31]

但是,标准化程度提高、培训店员速度更快、效率提高等现象并没有让他们觉得可以大幅提高开店速度。

最优化的强耦合场景

人和系统结合的便利蜂卡在了其他地方。他们没想到便利店的业务流程对耦合性的要求如此之高。

以库存问题为例做一说明。在零售行业,库存少了,消费者体验不佳,销售额也减少;库存多了,货损率高、资金周转慢,员工也未必能及时将商品从储物室取出来放到货架上。

便利蜂的解决思路是直接取消库存——至今便利蜂的绝大部分门店都没有储物室,只有吊柜用以补货。也就是说,门店货架上陈列的商品大约就是全部库存。

这时库存就变成了一个算术题。便利蜂只需精准测量好货架位置、货架上层板的高度、商品的长宽高,便可以算出最高效利用货架陈列空间的方案,甚至在订货时就设计好商品在货架上的位置。

但门店运营了一段时间才发现,这个精准、高效的方案其实过于静态了。

商品畅销、滞销的数据出来后,门店自然要做针对性的调整,多上畅销品、少订滞销品。之所以称其为"静态",就是因为便利蜂的店员在更换商品的过程中发现,畅销品和滞销品的长宽高并不一样,滞销品的位置可能放不下畅销品。

如果据此将 7 层层板缩减为 6 层的话，那其实是牺牲掉了 10% 左右的陈列位置。门店可能因为一个畅销品而下架 1/7 左右的商品，其中有些并非滞销品。如此，消费者的选择范围就缩小了。

调整商品又是一个包含大量物理动作的环节，会影响店员工时的排班，还需调配算力设计员工改陈列的最优路径。便利蜂每家店铺的结构、货架、陈列图都有所区别。

为了给高频客户提供更有针对性的商品，便利蜂单店大约 2500 个 SKU 中，每周要更换大约 150 个 SKU，而重点发力的鲜食的保质期一般不足 72 小时。[32]

所以每家店、每周的情况可能都不一样。换商品会影响门店的销量，那下掉 1/7 的商品是否划算？该怎么调整？

便利蜂团队左思右想，答案是不确定。庄辰超说有时候值得，很多时候不值得，每一个选择都牵一发而动全身，都需要经过大量的测算才能得出结论。

"传统线上业务，很多事情可以解耦合地分开处理。订货量归订货量处理，人力归人力处理，销售归销售处理，对吧？有的先做完，先优化 5% 的成本。有的后做完，再优化 5% 的成本。谁先做完没有太大关系。"庄辰超感慨线下实体业务的耦合性不仅紧密，而且得快，各环节得同时做出反应，"线下业务是环环相扣的，处理时一定要注意时空一致性的问题。你要确保在时间节点上它必须咬合得住。当一些突发情况合在一起的时候，所有的环节都是一起调整的。"

传统便利店没有这个问题。它没有一周更换 150 个 SKU 的需求，所以其陈列、排班、订货等环节的耦合性不高，库存多点少点，货架层板是 7 层还是 6 层，没那么大区别。哪怕是 7-11，也只是要求每年更新门店约 70% 的商品，日本店铺可以做到每周推出五六十个新品。[33]

但便利蜂希望所有门店都能做到高水平、稳定的服务品质，这必然要求给消费者提供个性化的商品和服务，即千店千面。所以不光是门店运营流程中各环节之间的耦合要精准和快速，对物流、工厂也是同样要求（见图 4-6）。比如，传统鲜食工厂的产线排班很复杂，一道菜炒出来后产线如果不能立刻进入下一个环节就会出现食品卫生和食材废弃的问题。

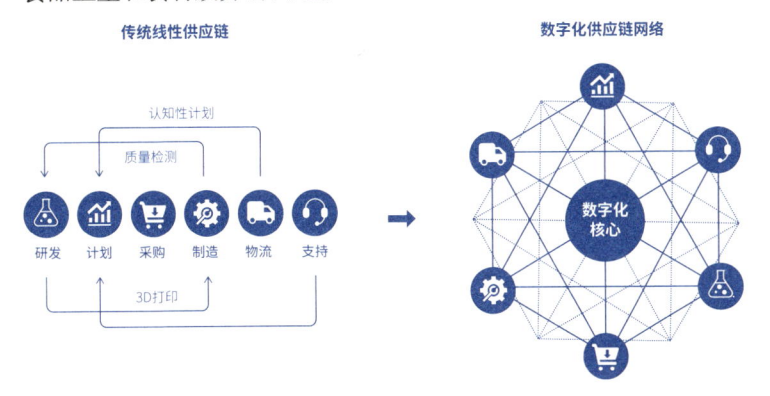

图 4-6　数字化网状供应链演变

来源：公开资料

各环节间的耦合能否解决时空一致性，不仅仅关乎便利蜂的初心和定位，还很现实地关乎它能否在这个薄利的行业生存、发展下去。

如前所述，单一环节的精确与否可能只影响了 5‰ 的毛利，但精确的环节足够多，10 个 5‰ 累积起来就是 5%。5% 对于日营业额有两三万元（7-11 水平[34]）、毛利有 30% 已属不错的便利店行业而言，可谓相当大的数字。"如果有 10% 的差距，这是两个完全不同的店铺。"庄辰超说道。

人与系统的重新分工与定位

庄辰超发现逐个环节实施数字技术改造的思路与强耦合业务场景结合后，便利蜂在经营决策上出现了顾此失彼的现象。

系统驱动决策的特点是，在重复性的决策场景下决策速度极快，可以得出单一环节的最优方案，但它并不考虑上下环节的平衡性。

人决策的特点则是平衡性非常好、变动速度慢。在较长的决策时间里，人会兼顾多个环节的现状，尤其是在非重复性的决策场景下，比如遭遇重大突发事件时。

所以，彼时的系统出了一个解决方案后，其上、下游环节无法执行，因为它们还处于人为决策状态。为了让人和系统协同，便利蜂的选择是放弃一些收益非常高的单环节决策，让系统降速去适应人的决策节奏。

但庄辰超很快意识到这其实是一个低效的选择："系统并不能够发挥出它的优势。当它适应人的决策节奏时，它又没有人这么强的平衡感，变成了以己之短攻彼之长。当双方配合决策时，人又没办法做出高速变动的决策。"

当初设想的"当 AI 长大了，人和系统的配合可以发挥最大优势"似乎是个空想，数字技术在提高便利店店长、店员的决策效率方面，效果有限。AI越强大，与人的配合就越差。最能适应AI单维最大优化和高速变化特点的，是另一套AI系统。

那么，人和系统在便利店的运营上应该怎么分工？各自应该是什么角色？如何配合？

一个想法出现在了庄辰超等人的心中：是不是所有环节都应该让系统驱动，或自动对接、做决策，人尽量少参与呢？便利店业务流程中的强耦合性，看上去是在要求要么不换系统，要么一起换系统，没有一个个环节依次更替的空间。

换言之，这不是他们一开始设想的两者协同，而是由系统来主宰日常经营。但从庄辰超开始，大家对于让系统来决策没什么底："一旦全部交给它做决策，中间很难及时插手，就像自动驾驶的汽车有点失控的感觉。不单是一线员工要信任它，我是不是信任这个还没有写完的决策系统？"

如果让系统来做决策，那意味着便利蜂对于员工能力、考核的要求就不一样了。执行力很强、随机应变能力很强、有行业经验的人不再被需要，因为不那么需要他们的能力去做订货、排班、制订生产计划等经营活动了，他们也无须为销售和利润负责。

换言之，所有需要店长和店员决策的部分，尽可能地用系统去自动化决定，系统负责销售额和利润。但要达到这样的水平，还要靠店长和店员"培育"系统。他们要允许系统的判断和自己的经验判断不一致，可以提交反馈但别越权直接操作软件。他们要看着系统做出可能的错误决策，以采集成功和失败的决策及观点，最终目的是更新和迭代。

店长和店员则将精力用于服务消费者、理货/收货、清洁设备等，即门店形象和消费者观感等维度。在庄辰超看来，这是更重要的、更高难度的工作，也是系统无法完成的工作。对门店员工的考核，也加上了店铺服务品质的高低与否。比如，有没有按照标准流程使用"您好！欢迎光临""谢谢××""欢迎再来"等六大服务用语。

庄辰超相信只要服务品质高，长时间内店铺"一定是赚钱的，因为消费者是会有感知的，这样他的分账率很高"。

而后，庄辰超将便利蜂门店员工的核心工作内容总结为两个，一是服务好消费者，二是探究系统指令的合规率。"执行层面一件最有意思的事情就是，往往在便利店行业没有什么经验的人，比较容易在我的系统里面做得好。他自己不知道怎么做的时候，比较容易信任系统。"

朱晓波即是一例。行业经验匮乏的她足够信任系统发出的指令，服务水平也足够高，于是在便利蜂的评价体系里不断拿到高分，2年时间已从生手晋升为城市总经理，培训出了几十位店长。

便利蜂也需要有行业经验的人，最好达到"老法师"那个水平。"老法师"见多识广，可以补足稚嫩人士决策场景所见不多的短板，也可以与系统同台竞技。当"老法师"提出不一样的建议时，便利蜂会在结果出来后与专家的建议进行比对和复盘。成功或失败的理由是什么？那些特征是否具有通用性？找出答案，系统会随之调整参数和特征的权重。

那么，员工的能力模型如果要发生如此大的变化，他们能及时调整过来吗？组织，能否适应这么大的转变？这样做，对业务发展真的是有利的吗?

数字化系统"驾驶"便利店的经营显然超出了"老法师"们的预期。一些人内心深处掠过一丝担心,"会跑不通,事情会垮掉,这是最深的担心"。同时,他们也担心员工的思想观念转不过来,进而导致业务流程转不过来。

变革领导力

有困难,也有希望。既感到顾虑,又有所振奋。一时间庄辰超不敢下决定:"我如果没有记错的话,2018 年大半年我都在纠结。"

人机协同受阻,纠结 2018

在创始团队的纠结情绪下,便利蜂的开店速度只能保持谨慎——当然是与自己的预期相比。

便利蜂刚开业时曾预计在 2017 年内开设 160 家门店[35],但当年只开设了 60 家门店。2018 年 2 月,便利蜂的门店数才突破 100 家[36]。4 个月后,其门店数才真正突破了 200 家[37]。

随着门店数的缓慢增加,庄辰超在一线运营中发现的不适感越来越多,他说:"如果听人的,我们的数字化决策系统就完全得不到正确的信息反馈,就没法迭代。这样继续下去,每天都有大量的冲突,每天都处在内耗当中。大家都在说数据赋能人类决策,但我认为对于一个复杂的店铺,数据就算赋能,一个店长也无法做全部正确的决策。"

2018年夏，庄辰超意识到人和系统协同这条路确实越走越窄："他们都不能发挥自己最大的优势。它既没让管理效能最大化，不灵敏，同时又没有人的随机应变和平衡感。人和系统混合就是一个怪物，没有出路。"

另一个人和系统结合的角度是，如果让人完全主导决策，能支撑住多大的便利店网络高效运转？

在庄辰超的设计里，便利蜂将来的门店数将覆盖更多城市和区域。中国不可能有那么多优秀的店长聚集在任何一家公司里，所以未来经营如此多门店会发生怎样的混乱？根据开业一年多来的运营经验，庄辰超明确了一点，人来管"肯定管不了。人员变化、市场变化、各种新情况……人需要学习和记忆，假如我有更多的店，哪天流程变了，所有东西都要重新培训一遍，我就得培训数以万计的员工。这件事就是不可能实现的"。

系统能不能管好这么大的便利店网络，庄辰超不知道。但他相信如果能到达第一个里程碑——比如北京地区的便利店运转成功，那就有可能一步步地达到最后一个里程碑。

问题在于，用系统来做业务决策有可能无法到达第一个里程碑。它的平衡感欠缺的问题，会不会导致压根就不匹配便利店这个商业模式？开便利店有个基本假设，就是其经营环境不会发生剧烈变化，至少不是成体系的剧变。但如果日常经营中出现了异常状况，大家都没见过，该怎么办？

于是庄辰超与团队穷举了他们所能想到的偶发状况，并计算其发生概率和影响范围，届时系统不能应对，人工也能处理。

"很多事情的发生概率是百分之一到三百分之一，就是说如果我有1000家店,那一年下来也就是一天内有3家店出现异常状况。"庄辰超觉得总部人员用手工方式足以应对,"哪怕我不处理,损失也有限。"他那时设想的场景之一,是某个大公司突然搬家离开了商务区,于是会影响主要在商务区选址的便利蜂的某些门店。

为了避免出现突发状况时公司死于现金流,便利蜂把财务系统抠得非常细。庄辰超声称花任何一分钱都要建模来计算一下。在便利蜂,连公关部门这样公认难以量化的部门,制定预算时都需要建模。

算来算去,庄辰超认为让系统来做决策的收益可以覆盖异常状况出现后带来的损失。于是2018年夏天他不再纠结,做出了最终决定:放弃人与系统协同的预期,在日常经营中听系统的各类指令。

这是一个决定性瞬间。此前的便利蜂虽然颇有特点,但并未脱离7-11的身影,看上去它就是个新时代的7-11而已。但人和系统的角色重新分工后,便利蜂成了全球范围内便利店行业的崭新物种。

数字技术本是庄辰超提高便利店行业经营效率的工具,但由于技术本身的穿透力和业务场景的强耦合性需求,数字化最终演变成了战略本身。

拥抱变化

然后,此前在预期中该出现的反应几乎都出现了,但一些反应的剧烈程度还是超过了预期——尤其是组织层面。

店长和店员得对系统有充足的信任。他们要相信系统给出的指令、语音提醒、建议流程一定是最优的。庄辰超以调整货架举例，如果不按照系统给出的指令做，那肯定来不及调整完毕，工作量就会加大。有问题也要先遵从指令要求，同时将问题反馈给总部来分析处理。

没有行业经验的人的反应更多是拥抱变化。朱晓波说当初订货系统上线即自主预订了一部分商品，其实已经预示着全自动订货的方向，所以她对公司的上述举措并不感到太震惊。

但很多店长、店员颇有抵触和反感。系统在还没有训练出足够好的模型或者缺失某些运营逻辑时做决策，结果确实不尽如人意。不少门店在经营中出现了缺货的现象。

其他业务也出现了波动。比如便利蜂在2017年底入场的无人货架业务。公司在一两个月内投放了超过5万个货架，但因货损严重很快在2018年3月大量裁撤点位，代之以类似简易版自动售货机的智能货柜。[38]

门店经营策略、工作内容的改变、业务的调整让相当一部分员工离开了便利蜂。不光是门店员工，便利蜂总部、斑马资本的不少员工也对让系统接管日常经营投了反对票。庄辰超指着斑马资本的办公区域说："斑马最早那批同学走了一半。"

明晰完角色分工后，便利蜂在下半年加快了开店速度。开业一年半内，便利蜂只开了200家门店，但在随后的8个月内开了近400家。截止到2019年1月底，便利蜂在4个城市的门店总数接近了600家[39]，公司还在2018年底完成了融资。

扩张对总部员工的数学和逻辑能力提出了更高的要求。承接了经营决策功能的后台系统，需从辅助决策的 ERP 蜕变为智能程度更高的便利店系统。它由数据层、平台层、算法层、应用层依次构成，覆盖了业务流程中的各个模块，相互之间会有交叉和耦合。它的各个子系统下达给各个门店的指令都应该有些微区别，毕竟 A 店铺和 B 店铺需要做多少个包子、有多少货架空间有所区别。

总部人员需要写出一个个数学公式和规则，根据各店铺的参数进行计算，自动产生出可执行的脚本。如此一来，基层员工才可以无须操心经营判断，只需要按照 SOP、电脑上显示的指令向顾客提供服务。

值得一提的是，便利蜂开放了很多子系统的部分权限，让公司内的"老法师"继续人工尝试经营，与系统持续切磋。同一个系统里，便利蜂也在不同的门店进行试验，务求最优解。

"便利店业务每一天都需要大量的基于数学逻辑评估的小决策。数学逻辑好，绩效不一定超越预期，数学逻辑不好，绩效很难达到预期。"在庄辰超看来，"每个总部员工的数学逻辑能力对于便利店业务尤其重要。"

为了让员工们感受公司的数学逻辑氛围，便利蜂在 2018 年底要求总部部分基层员工参加考试。知识点涵盖了集合、函数、立体几何、概率、求导等，具体试题则多围绕着便利蜂的业务场景展开。

比如，便利蜂"蜂小柜"里的货品每天都要补。假设货柜中只卖饮料，分 A、B、C 三种饮料。A 比 B 贵 2 元，B 的价格是 C 的 2 倍，A 的数量是 B 的 2 倍，并且 B 的数量与 C 相等。已知 A 的单价为 9 元，A 的数量是 50 瓶，错单率为 0% 并全部售出。此"蜂小柜"

的销售收入为多少元？[40]

庄辰超做此决定，既有现实合理性，也与其技术创造价值的预期、凡事重数据和模型的思维方式一脉相承。

但当时的行业背景很不利。2018年间，邻家便利店、131便利店、全时便利店都大量关店，这些公司几近破产。互联网巨头的便利店改造计划也推进乏力，创业者鼓吹的无人便利店、无人货架概念更是直接破产。它们提倡的技术落地只在支付环节发力，而未能优化整个链条。连日本媒体都注意到了行业的受挫。[41]

面对公司内外的波澜，庄辰超完全不为所动。"想清楚之前，当然需要大家尽量保留，因为万一我想错了呢。一旦想明白了，那就没有什么不可以做。想明白了之后，什么都可以改，就是这个理念不能改。我认为这条路就是唯一可行的道路，我赌的是走这条道路能达到目标。那剩下的就是，能在这条道路上走的留下，不合适的就不留下。"

业务重构

随着智能订货、大数据选品、自助收银、动态定价等渐次被总部近千位[42]技术人员解决和完善，它们的表现如同预期那般愈加出色。

系统决定经营的成果

事实上，便利蜂开放了一部分权限给"老法师"，让他们与系统在选址、订货、选品等环节进行对决。"人已经很难胜出。当然会有高手在具体规律的发现、运用上胜出,但从大面上来讲,一般的经营人员很难战胜系统。"庄辰超说道。

在销售额、废弃量等关键订货指标上,系统优势明显。便利蜂曾请 7-11 顶尖店长凭经验减少店铺 10% 的 SKU,结果隔日销量下跌 5%。而系统在类似的考核中,隔日销量只下降了 0.7%。[43]

在另一场人与系统的选品竞赛中,智能订货的选品成功率达到了 70%。销售窗口期内,商品销量达到该商品分类的前 75%,而人工选品的成功率不到 40%。[44]

结果体现为不仅便利蜂的 SKU 里持续出现元气森林、钟薛高等一般超市买不到的网红商品,它还成功运转起了鲜食生意。[45] 仅鲜食中的盒饭,就在 2018 年贡献了便利蜂单店 1/3 的日销额。[46]

自有商品品牌也开花结果。2019 年 10 月,便利蜂已经有了涉及 19 个大类、100~200 个 SKU 的蜂质选品牌,其中牛奶类自有品牌的销售占比更是超过了 1/3。[47] 规模效应增加、减少中间环节的蜂质选商品既让利给了消费者,也保持了相当优秀的毛利水平。

便利蜂的智能货柜业务也实现了用户选品的千柜千面。用户在开锁和结算页面里的备选商品池可以挑选想要的商品,然后通过自动汰换功能,货柜会自动淘汰动销排名靠后的商品,附近门店在非高峰时段则派出店员为其进行补货。如此一来门店、人工、货柜的使用效率都得到了提高。

销量更好了,门店内的废弃数据也得到了改善。为了防止商品价值过期清零,便利蜂借鉴航空公司的机票收益管理机制,设计出了根据历史数据算出何时该打几折的动态定价模型。届时,商品前方的电子标签会变成红色，店内也会自动推送降价广播。据悉，截止到2019年5月该方案已为便利蜂的收益带来了30%的提升。[48]

这一切都不需要店长、店员参与和知晓。他们不知道要做几个包子、荤素的多少、几点开始加工、何时废弃。系统会通过平板电脑推送给他们各种数字和指示，他们只要相信和执行就可以。

对于便利蜂而言，这意味着它可以更快地把员工培训成自己想要的模样。

以店长可以把所有功能、图表看明白，经营上不出现大纰漏为标准，7-11培养一个优秀店长大概需要两年时间。

而庄辰超在2019年8月宣称便利蜂把无行业经验的生手培训成合格店长"只需要6个月"。到2020年，这个时间更是缩短到了1个月左右。员工的上岗速度更快，平均训练时间仅需5天即可进店工作。他们所受到的培训也更多是食品卫生、管理技巧、沟通技巧等。

为了保证服务的一致性和高水平，便利蜂将亲切待客、清洁卫生、效期检查和食品复热等服务，分拆成了400多个检查点和300多个SOP。当然也是用系统来确保落地。

便利蜂会通过AI驱动的机器视觉自动复检门店运营中的30多个常规检查项。如有不规范操作，平板电脑会发出预警。店内设备的清洁任务，员工不仅需要按照提示一步步清洁，还需要拍照上传。

便利蜂称该功能上线一个多月，门店检查项的异常警报数量就降低了25%~60%不等，"尤其是地面、桌面的卫生情况得到很大改善。对于大规模门店管理来说,这是一个很有效、很经济的工具"。

刚想迈开腿,疫情来了

这边 5‰、那边 5‰ 的优化带来的结果也一如预期,2019 年夏天便利蜂北京区域的几百家门店在系统的经营下实现了周度赢利。"我知道基本行了。在我没有把钱'烧'完之前,通过系统把店铺给运行起来了,第一步至少活过来了。"第一道曙光让庄辰超极感骄傲,"计算机可以运行一家便利店,并且在跟最强竞争对手的竞争中活下来甚至胜出。其实那个时候我在北京很明显能干过 7-11 了。"

一些传统行业出来的"老法师"日后回看便利蜂这一路,认为自己是痛并快乐着的:"遇到困难肯定紧张和焦虑。紧张和焦虑占到所有情绪的 80% 以上。但做自己想做的事情,底层是快乐的。另外,这几年间从来没有出现过沮丧和失望的情绪。"

2019 年 9 月 25 日,便利蜂宣布已在华北、华东的 8 个城市里开出了 1000 家门店。与此前 3 年开店 1000 家的目标相比,提前了近半年时间。

看到曙光的便利蜂决定加快开店步伐:未来 3 年内再开 9000 家门店,即门店数要突破 10000 家。[49]

为此便利蜂做了很多进攻性的部署。系统仍有很多问题,但技术团队的研发重点还是放在了扩张型的系统打造上,希望能让门店开得更快,日销额涨得更高。

他们本以为2020年是个扩张年，没想到便利蜂的门店数扩张到1200家门店时，疫情来了。这是墨菲定律在VUCA时代的一次展示。在防疫措施的影响下，国人在生活上经历了月余时间的封城、社区隔离，复工后又在几个月的时间里或者居家办公，或者AB班复工、错峰上下班。

客流的巨幅波动让系统无法应对，它没有被输入过面对这类异常情况的代码。它被设计、开发为应对常规情况，少量异常情况则如前述是交给人来应对。所以便利蜂只能按照单店营收下跌的常规情况来做订货、排班等决策。结果，便利蜂所有门店的销售额下跌40%左右时，员工排班、供应链、库存量等还因此前的"按部就班"而出现了一片混乱。

便利蜂的库存周转天数直接翻倍，而且不同门店的销售额并不是同步缩减的，有的快，有的慢。库存商品也不是一盘棋，有的可退货，有的不可退货，有的效期长，有的效期短。

有的资源多出来了，但在新环境下也不知道该怎么用。有的资源明显不足，完全没有准备。手忙脚乱之际，便利蜂竟然同时出现了存货量不足与库房不够的情况，原因则是当初为了确保低价而下的更远期的订单到交货期了。

庄辰超不禁感慨自己以前认为便利店"没有一个决策做错了会死人"的想法也不完全正确。便利店确实没有哪个决策出错会给公司带来致命影响，但其耦合性导致的连锁反应，在系统决策的不平衡性、高速度特点加持下，会给公司带来很大的负面作用。

形势虽然严峻，但在政府补贴、合作伙伴免租的鼎力相助下，销售额下滑并未给便利蜂带来长时间的影响。"实际金钱损失低于我的预期。很重要的一点是因为政府的补贴，我的计算也起到了很大作用，就是怎么样把政策空间、合作空间用到极致。这是非常重要的一点。"庄辰超说道。

当然，系统暂时不能再承担经营决策的任务了，那时庄辰超将1200家门店的经营决策权收归总部。

疫情下的大考

一时间，程序员们只好用 Excel 表格手动计算门店的经营决策数据。防疫政策的频繁变动和各地方街道的不同细则，让 1200 家门店的决策数据量大到难以想象。

在疫情期间，很多便利蜂员工一天只能睡两三个小时。因为程序员们算完当天的决策数据便已过了零点，而他们得在凌晨两点起床计算订货数据以便按时发出订单。在人手不足的情况下，便利蜂只能让数学、逻辑能力不错的财务人员进场补位。

"手忙脚乱，一下就压力非常大。2020 年所有的异常同时全量爆发，把我们总部的工程师几乎给打垮了，很多人员甚至连续干通宵。当时有很多同事真的让我挺感动的。"但让庄辰超感到无奈的是，程序员还不能只做人肉计算机。他们需要针对疫情开发新系统和改进旧系统，否则人工顶上的局面再过 4 周可能就会迎来系统性崩溃。

改进方向是增加可以应对异常突发变化的系统架构。升级后的系统仍然做出门店经营中订货、排班、生产计划等业务决策，但程序员们正在将子系统中的突发状况予以颗粒度更细的分类，再将总结出的应对策略进行编程。

在这个视角下,系统还没触达的日常决策中蕴含着极其繁杂的细节。直到2021年上半年,便利蜂的细分场景编程也没有穷尽。庄辰超说:"真的把显微镜打开以后去看,问题还是很多的。原来我们都认为这是小概率事件。比如我当时就没想过节约电费对于经营决策也是很重大的一件事。"

如果以决策总量来看,调整后的系统做出了大约50%的门店日常经营决策。其他细微管理场景的应对则需要人的参与。

它的流程大概如此:自动寻找原因,如果找不到原因,会发出指令请相关团队进行确认。人介入、分析、输入事实后,系统得到结论,自动推进到下一步。人参与的方案的效果,仍然由系统来验收。

但无论如何,庄辰超从未想过切换回人和系统结合、系统辅助人来做决策的模式。人的决策系统可以达到七八十分,在疫情这样的突发状况下各个店长可以做出相对平衡的安排。但长期来看,系统可以实现单环节的最优,而只要给它时间和数据,甚至可以实现整体决策的最优方案。"前提是你写了代码。没写代码,那它就解决不了。"庄辰超仍旧十分相信系统的价值。

事实也确实如此。随着结构的调整,便利蜂目前的系统已经可以应对疫情级别的突发状况,完全不至于让公司陷入生死存亡的境地。

2020年下半年,研发人员已达1500~2000人的便利蜂人手、精力有所余裕后,又将旗下鲜食工厂、物流配送的智能化水平提升了一个层级。

工厂做到了柔性生产。系统则根据全网不同门店的情况去分拆门店的订单，于是工厂每天要生产几百个批次的产品，但每个批次的批量都不大，且开始生产后也允许加单或减单，尽可能让订单时间与生产时间接近。这一切当然是为了让订单和食材生产尽可能地贴合，以减少食材的浪费。

物流环节的营运设备、流程管控升级，它也跟得上工厂和门店的速度，并根据区域内不同门店的销量，随时测算货车、线路、门店之间的平衡状况。目前，便利蜂的工厂一天出货3~4次，给每个门店一天补货2次。

在庄辰超看来，系统的优化进一步提高了便利蜂的食品安全水平。过去安装 GPS、蓝牙温度计、全自动温度追踪仪等设备来监控食材温度，店员按照指令制作和废弃餐食，可能对便利蜂已属常规动作。2020 年便利蜂的突破之处是，将包含生产日期、时间、有效日期、系列号、全球贸易代码以及批号的 AI 安心码应用到了各个环节，它声称自己已做到了 100% 拦截过期食材。[50]

加速扩张，相信技术的力量

2020 年下半年，迭代后的系统支撑着便利蜂进入了一个新的运营境界。

它实现了千店千面①。在每家门店共约 2500 个 SKU、每周更新

---

① 消费者如果是社区或写字楼的高频用户的话未必能感受到便利蜂的千店千面，庄辰超说原因是"你不会关心店里的所有商品，只关心有限的商品"。

150 个 SKU 的前提下，门店之间的商品差异度达到了 40% 左右，同一款商品在不同的便利店内处于不同的位置。

一旦便利蜂发现某商品销售曲线往下走了，便会计算库存量还有多少，何时停止订货，现有存货分配给哪辆物流配送车。商品会转移至动销不错的门店，原门店消化完库存后则直接换新品。所以任何一个时间点的任何一家便利蜂门店，其 4 周内不动销的商品只占门店 SKU 的 1%。

千店千面给便利蜂带来了全行业最低的门店库存量和最高的动销比，也让便利蜂在疫情的巨大冲击下快速恢复。

经营成本有了显著下降。作为便利店的成本大项之一，便利蜂的人力成本明显低于同行。根据媒体的观察，高销店里的员工数与 7-11 相比无明显优势，但在普通门店里可以做到只需 1~2 位员工。[51]

运营细节也有大量改善，在此仅举一例。便利蜂将各项成本进行优化后，发现电费一下子就凸显出来了。于是公司在门店安装了自研的能源控制系统，在保证消费者体感的前提下将电费成本降低了 40%。

作为门店的延伸，智能货柜业务也进入了良性状态。在防盗问题被智能技术初步解决和门店可就近补货的支撑下，"但凡门店密度比较高的城市，智能货柜业务都是赢利的"。

重构后的系统在架构上可以容纳剧烈的波动，全链条的效率又得到了提升，这支撑着便利蜂在 2020 年也开了六七百家门店。截至 2020 年年底，便利蜂在全国 20 个城市开设了超过 1800 家门店。

而且便利蜂北京地区的超过 600 家门店在 2020 年夏天再次实现

了周度赢利。到 2021 年初，便利蜂又实现了南京、天津、廊坊等城市的门店端赢利，也就是说 2018 年前进入的城市门店端都赢利了。

顺便一提，商品端的千店千面让每家门店的赢利路径都不太一样。有的门店靠不打折，有的门店靠销售额高，有的门店降下的成本更多，因此，系统给每家门店选择的订货、排班、生产计划等经营策略多多少少也有些区别。

日系便利店在中国的发展速度远远落后于便利蜂，这点在两年前就可以看出来。现在它们连赢利时间也输给了便利蜂。罗森在入华 25 年后的 2020 年才宣布首次实现了其在中国所有门店的全年赢利，7-11 和全家均入华 20 年左右，至今也只实现了部分区域的赢利。

"如果说 2019 年夏天北京地区门店周度赢利是第一道曙光的话，2020 年夏天这次赢利让我基本上确定了，用系统经营的便利店可以跟最优秀的人经营的便利店面对面竞争。因为它已经经历了一次剧烈的波动，有一个周期了。在部分地区和场景已经跑通了，然后在另一部分地区和场景还有一些微调工作要做。"在庄辰超眼里，他们用 4 年多时间验证了系统经营便利店的价值，"为什么我可以下沉到很多城市和地区，就是因为我在很多环节上节约出了 5‰，最后就节约出了一个巨大的空间，允许我向更广泛的消费者提供高品质的服务。"

回看 2020 年初的便利蜂，庄辰超感到了一丝幸运。毕竟当时便利蜂门店数还不算多，总部数学好的员工拼到极限还能顶住。要是在已经有 1 万家店的时候遇到疫情，庄辰超认为那就"真疯了，总部人员绝对不够。我真的不知道损失会有多少"。

2020 年上半年系统初步完成迭代，技术人员在员工中占比已达六成的便利蜂[52]，决定开启"高速扩张模式"[53]。在庄辰超看来，系统的大方向"比较在轨道上"，"一方面我会同步改进我的系统，让它具备更强的适应能力。另一方面我会找合适的场景进行更大规模的扩张"。

扩张目标看上去很宏伟。2020 年底，便利蜂又在当年的供应商大会上宣称便利蜂的门店数在 2021 年将突破 4000 家，到 2023 年将突破 1 万家。

但这个数字或许还是保守的。因为便利蜂在天津总投资 4 亿元[54]的鲜食生产基地建成后，便利蜂在华北、华东、华南的工厂总产能可支撑 1.5 万家门店。

青腾一问 | 杨国安对话庄辰超

杨国安：你们这套用数据驱动的便利店操作系统，怎么解决行业发展的痛点？

庄辰超：便利店为什么不能发展到千家万户？为什么这么多店铺不能维持一致的品质？关键是在执行、落地的过程当中，每一个便利店的店主、店员需要记住大量的操作细节，需要大量的时间去思考每一个决策应该怎么做、怎么做才是对的。这个过程当中一旦有了疏漏，就会让服务品质受到很大的影响，进而影响消费者的整体感受。

所以我所做的工作就是把所有需要店长和店员决策的部分，尽可能地用系统自动做出决策，这样我的服务品质就可以稳定下来。

因为店长和店员可以把大量的精力释放出来服务消费者，同时他还能做出比过去难度更高的一些操作。

而且我们的系统全链路地连着物流、工厂，门店发生任何变化，都会直接传导到工厂、物流。系统给出的指令是动态产生的，供应链可以做到协同变化。

杨国安：能不能展开讲讲系统怎么在众多维度上提升店面的管理？讲讲具体的应用。

庄辰超：比如说选址。我们通过已经开出的 1600 家门店，拟合出一些关键的元素，我会要求选址团队对这些元素进行定向数据收集。每选一个新址都是完全不让人单独来决策的，而是让系统一起判断。不论成功还是失败，数据都会反馈到我们的系统里面。

我们还有很多专家在外围平行地观察系统的选择，他们会提出不一样的建议。这些我不一定会采纳，但是会记录下来。如果我们的系统做得不对，说明专家是对的。专家会有什么理由？它是不是在很多个门店通用？这是一个测试，当系统明显犯错的时候，它会被惩罚，然后会进行自动修正，调整一定的参数和特征值的权重。

杨国安：你谈了很多次数字化系统，该怎么理解它？一个类似 SaaS 式的概念？

庄辰超：可以认为它是一个数学工具，它在门店有很多可以操作的参数。这些参数集合起来的一个体系，其实每天都在计算如何最大化单个门店的净利率。根据经验来看，一个门店应该采用哪条路径获得最大化的净利率，都是不一样的。有的门店就应该提高销售额，有的门店应该尽量少打折，宁可少订一些货，有的门店应该降成本。

沿着这个思路往下走,门店策略当然就非常不同了。订货的选择、促销的选择,包括热餐的制作量、废弃的百分比,包括员工的安排,都不一样。

比如有些门店的客群里老人和小孩比较多,我就需要开放人工收银,安排更多的人员。如果这家门店的客群中白领比较多,就尽量自动化以减少人员。

这些操作的选项是谁来选择?是系统来选择。

杨国安:到目前为止你们也做了四年多,在效率、客户体验、创新等方面,有没有什么可以具体量化的成果,来证明你们的模式比传统便利店更好?

庄辰超:首先是能够保持稳定的、高质量的服务品质,如果做不到这一条,再大的店铺网络最终也会分崩离析。这是一个先决条件。今天的中国很少有便利店能够保持稳定的服务品质。

举个例子,行业里绝大部分人在保证食品有效期方面都做得一般。不光是便利店,很多大商超都做不到。你能看到一些直营店店长更换日期标签的问题,在加盟商那里这更是非常常见的。在这方面我认为我们已经做到了行业最佳。便利蜂所有制作类商品的有效期都由系统精准控制,告诉消费者过期,也告诉店员一定要废弃。很多短保商品超过有效期后消费者根本买不了,一扫码就会自动提醒。还有商品的丰富性,便利蜂任何一个门店都只有1%的商品是4周不动销的。

要实现这个效率,我觉得我们这种方式可能是唯一的可能。我做到了,就决定了我可以快速扩张。我从2017年开始做这件事,完全是新手,到2021年初,4年时间总共开了超过2000家门店。

这个速度也是我们这个模式更好的体现。

总结一下，没有高质量的系统做保障，我们不可能在这么短的时间内开出这么多门店，而且保持一致的服务品质。

杨国安：你们公司感觉有两类很不一样的人群，总部的人都很聪明、很有经验，门店的人就只需要服务好客户、信任系统的指令来做事。你在公司里面打造一个文化价值观难吗？或者说，你想建立什么样的文化价值观？

庄辰超：综合来讲，在服务消费者、让消费者满意、客户优先这些方面，对不同团队都是一样的要求。各部门也有侧重点，总部团队更侧重缜密量化，执行团队则更多侧重于坚决执行，事情要做到极致。

但我也希望一线团队能够更加缜密量化一些。为什么？当他提反馈意见的时候，他提的意见越量化、越缜密，总部学习的速度越快。

反过来讲，我也要求总部人员定期都到一线去观察，和店员一起工作，很多员工入职的时候都要到门店操作一段时间，这样的话他们才能有一线的感受。

今天便利蜂的服务过程中还有很多信息，尤其是异常情况的信息没有被收集和观测。谁去观测这些异常，谁去发现这些异常，这就需要总部和一线的员工一起来协同工作。信息越完善，系统的迭代速度就越快，给消费者提供的服务也会越好。

总的说来，我们的企业文化里其实有很多和大家一样，但对缜密量化的要求是比别人更高的。我在这方面的要求是追求极致。怎么理解？他既要把门店的每一种异常情况都考虑到，又不需要把具体的案例一个个列出来,而是用一个数学公式把这个情况给处理掉。

杨国安: 这四年多时间里,在团队、文化、业务等方面,你有没有遇到一些比较难的挑战?

庄辰超: 最大的挑战其实就是经营思维的变化。最初我想的是分阶段一块一块地去实现系统对人的赋能,从这个角度来说我其实还是需要很多有执行经验的人。

但这样下来大家都不能发挥最大的优势,系统不是可以一片一片去更换的,而必须是整个引擎一起更换的。所以我最终做了一个强大的决定,就是把整个引擎全都换掉。门店、物流、工厂全部都改成了自动化操作,全部都实现系统之间的交互,这样才能够最终把这个模型搞通。

这就是一个比较重大的决策和根本性的变化,背后带来的组织和企业文化也要有一个基本的变化。这涉及了大量的人员变更,有些人离开了,新的人加入了。我花了比较长的时间做决定,也经历了比较大的阵痛,这个决定是比较难做的。

要我复盘变化过程的话,首先是决定下得太慢了,我中间已经意识到了,但是没有胆量。因为要把整个系统换掉意味着什么?意味着我的经营决策是没有人可以干预的。店长、店员也不对经营决策负责,总部其实本身也不对经营决策负责,真正每天决定盈亏的就是这套系统。生和死就是系统说了算。

如果说让我再来一次,我希望我能更早做出决定,那样就能更果断,当时主要是不敢。

杨国安: 便利蜂的这套逻辑和系统,如果运用到其他赛道,会不会也有机会？

庄辰超：没仔细想过。我自己的活还没干完，每天都在应对新的细微场景里的问题。

杨国安：那你考虑把这套系统赋能给别的便利店吗？这样就从做 to C 变成做 to B 了。

庄辰超：我觉得他们需要把整个经营决策的生死线交给系统，这好像很难。最终的问题是信任，其他的企业要对这套系统有高度的信任。其实在今天的便利蜂，每一个具体门店的销售额和利润谁来关心？是系统。不全是店长，也不全是总部的人。

杨国安：你在便利蜂里花最多时间的环节是什么？换句话说，你最主要的角色是什么？

庄辰超：最主要的角色就是，大家不想解决的问题我来解决。每天企业运行当中都会遇到很多问题，按部就班的问题肯定有人在解决。有一些突发的异常，可能如果我设计得好，也会有人来解决。但是有些问题表现为这也有问题，那也有问题，事实上是需要机制性的变化，这种问题就交给我来解决。

当然，我希望我解决的问题都是重要不紧急的。如果我在解决紧急问题，那就说明我的工作做得很糟糕。如果我解决的问题都是重要的问题，但是不那么紧急，不是立即要解决的，那就说明整个系统建设得还不错。

第五章

新瑞鹏：
如何同步推进信息化、
数字化、智能化

在新瑞鹏，数字化与信息化同步，而智能化又与数字化同步。个人无法左右的历史进程很重要，"变革领导力"也非常重要。如果能有效甄别公司所处的产业链位置和状态，公司的破局点并不是只有那条事后才被证明正确的道路。

更多关于新瑞鹏数字化转型升级的详情，
请扫码观看《一问》视频。

在青腾《一问》研究的诸多数字化案例中，新瑞鹏宠物医疗集团（下称新瑞鹏）的特殊之处在于其数字化转型并非常见的线性递进，而是较为明显的平行发展状态。在新瑞鹏，数字化与信息化同步，而智能化又与数字化同步。

造成这个现象的原因有两点。第一，早期的宠物医疗行业在某种程度上是被资本催熟的（见图 5-1）。2015 年开始，资本的大量涌入使得该行业的连锁化进程骤然提速，进而导致当时的瑞鹏集团（新瑞鹏的前身之一）在使用外购软件的同时开始自研 ERP、App。新瑞鹏集团成立后，其数字化进程已开始向智能化跃进，但仍有旧时代的短板需要弥补——2021 年新瑞鹏还在金蝶软件的帮助下建设数字化人力资源系统。

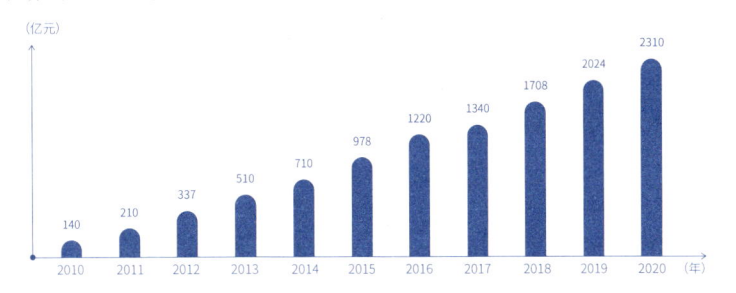

年份	金额（亿元）
2010	140
2011	210
2012	337
2013	510
2014	710
2015	978
2016	1220
2017	1340
2018	1708
2019	2024
2020	2310

图 5-1　中国宠物消费市场在 2014 年前后迎来了爆发

来源：狗民网、鲸准研究院、草莓派书记调查与计算系统、《2018 年宠物市场报告》、IT 桔子整理

第二，新瑞鹏"掌舵人"彭永鹤的眼界、能力、认知水平均大大领先于行业水平。他看好数字化技术在新瑞鹏的落地前景，并在组织内阻力丛生时敢于着力去推动。

如果从大医疗领域的数字化转型来观察新瑞鹏，会发现它在数字化转型切入点上的选择也颇有趣。很多传统医疗公司的切入点偏内，它们经过一阵摸索后决定在公司内部运营上着重发力。新瑞鹏的切入点则一直偏外。彭永鹤旗帜鲜明地想在 C 端用户体验上优先做些文章，最终也确实通过从 App 到小程序的迭代大幅改善了用户体验。

新瑞鹏的案例说明，个人无法左右的历史进程很重要，"变革领导力"也非常重要。如果能有效甄别公司所处的产业链位置和状态，公司的破局点并不是只有那条事后才被证明正确的道路。

业务重构 × 科技赋能

2014 年底的一天，深圳瑞鹏宠物医院（下称深圳瑞鹏）总经理张延忠给远在北美的董事长彭永鹤打电话："老板您赶紧回来。行业变了，天要变了，资本要冲进来了！"

"野蛮人"串门，求老板回国

那一阵张延忠接到了很多咨询公司打来的电话，它们愿意支付 600 美元 / 小时的酬劳与他聊聊。来得多了，张延忠才知道它们不是骗子，只是在完成其投资机构客户、跨国公司客户的调研委托。

外来视线的大量关注，在宠物医疗行业里几乎是第一次出现。此前这个行业太小了。规模小，多家券商估计该行业 2014 年产值为 150 亿元左右。医院也小，大部分宠物医院都只有 30~50 平方米大小，员工数也很少超过两位数。形式也太分散，绝大多数宠物医院都是夫妻店形态的个体工商户，瑞鹏宠物医院、艾贝尔宠物医院、美联众合动物医院等业内佼佼者发展了 10 多年，也不过是三四十家分院的规模。

个体工商户在经营上很随意。老板当天赚够了钱可能会留下助理看店，自己则回家打麻将。行业发育初期该有的乱象它都有，比如不时有非专业人士冒充兽医，乱收费……外人其实不大看得起这个行业①。

但随着中国人均 GDP 的增加，一些投资机构和跨国公司相信中国宠物经济的爆发时刻已经不远了。90 后人群普遍把宠物当朋友或家人——他们舍得花钱。[1] 看样子，中国版的 VCA 或 Banfield② 一定会出现。

看好这个行业的资本公司中有一家叫高瓴资本，但它并不是那

---

① 张延忠刚大学毕业一两年时参加过一次同学会，席间有人知道他做宠物医疗时评论道："你能不能做点正经事？"张延忠颇为不爽，从此不再参加同学聚会。此后的十几年间，宠物医疗仍旧是一个在外界看来不入流的行业。新瑞鹏宠物集团副总裁李丽说，2012 年前后，因为行业不被认可，兽医地位不高，"对自己这个职业有点不好意思说，羞于出口"。直到 2016 年瑞鹏集团挂牌新三板时，审核员见完彭永鹤还打趣地说："宠物行业还有这么帅的老板。"这让张延忠感慨外人对行业的认知之匮乏："审核员都这样想。你都入不了'流'。"

② Banfield 与 VCA 是美国最大的两家连锁宠物医院。2016 年底，Banfield 拥有超过 900 家宠物医院，并且全开设在宠物食品用品连锁超市 Petsmart 内部。VCA 的连锁规模较小，大概有 750 家宠物医院，但是更专业。目前这两家医院都属于玛氏集团。

些咨询公司的客户。它的段位更高。早在 2012 年，高瓴资本创始人张磊便督促公司执行董事王榕等人调研全球范围内的宠物行业。

2014 年时，高瓴资本的投资人已经可以带着"厚厚一沓研究材料"[2]与芭比堂动物医院创始人董轶洽谈投资，还在不久后投资了某宠物医院 SaaS 公司。王榕说他们想借助 SaaS 这样的先进生产力去赋能这个行业。

2015 年高瓴资本进一步确定，宠物行业中增速较快的宠物医疗环节有机会进行全行业整合。在比对完英国、德国、美国等发达国家的行业现状和现有的本土经验后，高瓴资本认为大型宠物医疗集团可以通过数字化的中台系统，驱动旗下的众多品牌，从而实现全国范围内的规模效应和本地化的品牌主张。

福建农林大学兽医专业出身的张延忠那时对数字化、中台、SaaS 没什么概念，对高瓴资本也一无所知。"行业过去是自己人（兽医）在玩，"张延忠告诉彭永鹤窥探这个行业的投资机构已经远远超出了自己的认知范围，"过去别人做加法我做乘法，现在不是做乘法，可能是在做几何题。所以没有那么安稳的日子过了。"

宠物医疗行业过去好些年里确实挺安稳。[①]彭永鹤通过 1998 年创立瑞鹏宠物医院，加上其他行业的商业布局，几年后便实现了相当程度的财务自由。但行业的原始落后和缓慢变化，也让他觉得无味，2005 年他决定将公司交给时年不过 27 岁的合伙人张延忠管理，自己则去"干更大的事"。

---

① 不光瑞鹏集团的老板可以如此闲适、自在，那个年代的宠物医院老板多少都有条件这么做。比如美联众合总经理张微在与新瑞鹏合作前，每周上三天班，而且工作时间是 10：30—16：30。

他先在国内投资了一些项目，2010年又跑到北美一边寻找商业机会，一边做访问学者。张延忠打来电话时，彭永鹤正在哈佛大学医学院黏膜免疫实验室做访问学者，于是他很干脆地拒绝了张延忠的提议。

但张延忠坚持要求彭永鹤回国主持大局。他相信彭永鹤的异业经验、国际视野可为公司所用，而且"我老板的气场、气质、形象和能力是我没有的。公司真的要去跟外部对接时，我没有优势，至少在第一印象上"。

磨了小半年，直到张延忠表示"野蛮人（资本）就在门口随时要串门""老板您再不回来这公司没了，您别怪我""老板您再不回来我肯定管不了了"，彭永鹤才在2015年4月完成了哈佛大学访问学者的学习后回到深圳。

App 会改变世界

宠物医疗行业需要进行数字化改造以支持规模级连锁企业出现，回国后的彭永鹤对此亦有感知，但他的思路与高瓴资本并不相同。

如果说高瓴资本的想法是通过SaaS软件给大型宠物医疗集团内部降本增效、赋能业务的话，彭永鹤的想法更多是从满足消费者体验的视角出发，琢磨应该做出什么产品。在某种程度上，高瓴资本像是一个to B行业的产品经理，而彭永鹤更像是一个to C行业的产品经理。

事实上，彭永鹤回国时已经有了做App的构想。旅居北美期间，经常使用优步打车的他相信优步模式可以在宠物医疗领域复制。

"优步是在找车和找司机，咱们是找医生和找医院。"他打算开发两个 App，一个针对消费者，一个针对医生，"客户在手机地图上找到这个医生，点一下，医生的全部信息就能看到了。再点一下，医生端的手机就会发出声音提示，提醒医生有客户需要他的服务。"

大体可以这么理解彭永鹤的目的：通过 App 来改善用户获取医疗服务的方式，或者说改变宠物医院的获客结构，从而使医疗环节的交易行为在线化。若成规模，再以此承载更多服务。

在某种程度上，彭永鹤希望瑞鹏能通过一个互联网产品"性感"起来，"它是看未来的，是想建设一个新的使用习惯"。深圳瑞鹏的天使投资人刘志峰对此印象深刻："他的思维一直比较大跨步地领先于这个行业。他特别喜欢尝试新事物。"

宠物社区狗民网的 CEO 贾彤曾去深圳拜访过深圳瑞鹏："其实店不多，只有 40 多家。那个时候就知道他们在做线上化的事情，彭总是希望能够把移动互联网这块发展起来。"那时他们还不知道，日后贾彤将在彭永鹤对新瑞鹏的数字化转型蓝图中发挥重要作用。

这些想法在互联网公司算正常，何况 2015 年国内正在兴起的大众创业、万众创新、VR/AR、O2O、"互联网+"等热潮让无数人激情澎湃。很多看上去改变世界的大事件正在发生，其产品载体却不过是一个 App。

但对程序员都没几个的瑞鹏而言，App 已经太超前了。董事会反对做 App。彭永鹤回忆道："没人同意。一个兽医公司怎么可能做互联网产品？"连张延忠也成了阻力："我当时看了也不是特别明白。"消息传出后同行更觉得不可思议:"你们这群人不务正业,你开医院当兽医就好了。那是你该干的吗?你有能力做好吗?"在这个行业里,员工的学历达到本科已算是高学历。

目睹了优步等国内外移动互联网公司对人们生活的大幅改造后,彭永鹤坚信宠物医疗 App 的想象空间会非常大,它会成为一个大平台,医疗也只是其中的一个底层服务。"我那时候觉得 App 是无所不能的,会改变这个世界。"

董事会反对和彭永鹤坚持的结果,是以彭永鹤为主、张延忠为辅在 2015 年 8 月自行出资设立公司,并且找了 10 多个程序员来开发阿闻医生 App。

像这种"坚信",既是彭永鹤的认知超出行业水平的证明,也是其"一旦相信便很笃定"的性格体现。对 App 看不懂、"是阻力"的张延忠之所以选择和老板站在一起,则是因为"公司规模不够时,我的支持对他挺重要的"。

阿闻医生 App 于几个月后上线,瑞鹏旗下的宠物医生则入驻 App 保证供给。定位开始偏向于在线问诊的"阿闻医生"一度引发了养宠人士的关注,在彭永鹤印象中属于"当时就很爆的那种感觉"。

截至 2016 年底,阿闻医生 App 获得了 13 万真实用户[3],月活也一度高达几十万,拥有 400 多名宠物医生。消费者可以在北上广深等城市,通过 App 前往 110 余家宠物医院寻求服务。这个尚可的成绩使得团队一度打算依靠它去独立融资。

不过 2016 年真正完成的融资事件,是深圳瑞鹏完成股改,成立瑞鹏宠物医疗集团股份有限公司(下称瑞鹏集团),并在 8 月挂牌新三板,成为中国宠物医疗第一股。这是深圳瑞鹏在陆续获得刘志峰、生立军的天使投资和达晨创投的 A 轮投资后的又一次跃迁。此举在这个自尊水平不高的行业令人为之一振。

时任瑞鹏集团总裁助理兼人力资源经理李丽回忆道："虽然不是在 A 股上市，但即使是新三板也不是每个企业都能上的。就是说我们的经营经得住合法合规的考核和查验，也可以登录到新三板那个资本平台，这意味着我们这个行业没有那么'不上档次'。"

自研 ERP 与 HIS

彭永鹤也很关心公司内部运营效率的提升。资本的进入意味着瑞鹏集团的数字化能力要能支撑住新的发展速度，否则在这个逐渐升温的行业里不进则退。

另外，公司在 2015 年总结出的"1+P+C"模式对分院之间的运营数字化水平也提出了较高的需求。"1+P+C"，即是在城市内按"中心医院 + 专科医院 + 社区医院"的层次进行布局，它本质上是三类医院之间以医院、医生、病例分级作为基础的分级转诊体系（见图 5-2）。

但那时的瑞鹏集团且不说数字化，信息化水平都比较原始。它从 2003 年就开始用收银软件来提升记账的准确性，可谓领风气之先。但它与公司日后所购的、加强单一门店运营的零售业软件[1]一

---

[1] 普通医疗领域的 HIS（hospital information system，医院信息系统）过于复杂，而且完全不考虑宠物医疗场景的多样性，所以不适用于宠物医院。瑞鹏集团还看过医美企业的业务系统，发现其太偏向于营销侧，着重于怎么获客、分成、复购等环节，也不适合宠物医院使用。

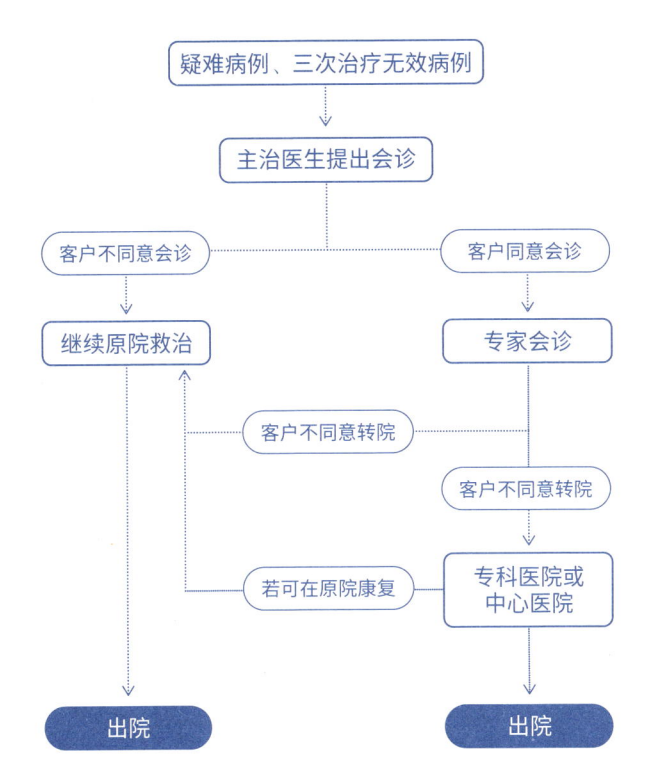

图 5-2 "1+P+C"模式下的会诊转诊流程

来源：瑞鹏新三板招股书

  直没有实现直联。它们之间对账需耗时一夜，且需在 Excel 上手工中转。

  这些软件记录下的客户资料标准不一，维度简单。客户名可能只有姓氏，宠物名则只是备注。它对进销存的管理能力更是简单粗放。

随着分院从十几家逐渐变成几十家，这些缺点让人愈发难以容忍。它完全无法支撑瑞鹏集团发展到几百家连锁医院的规模。更别说打通阿闻医生App与瑞鹏集团内部业务系统之间的数据这种"高端"需求。

看上去瑞鹏集团的数字化和信息化得同步进行。瑞鹏集团找到一家供应商，希望它为自己开发一套业务软件，满足既有零售（宠物食品用品销售、宠物美容）场景又有医疗场景（宠物医疗与保健）的复杂需求。

没想到付完首期款后，供应商便开始售卖开发出的软件，于是彭永鹤决定自建团队开发专属于瑞鹏集团的业务软件。虽然程序员的人工成本较为昂贵，但他相信数字化技术将是医疗技术之外的"另一个引擎"。

软件开发出身，历经富士康、飞利浦、理邦仪器的刘炯光在2016年初加入了瑞鹏集团并负责数字化。刘炯光通过需求调研意识到，瑞鹏集团分院的标准化及信息化水平相对其他行业确实较为滞后。

对于会员数据孤岛带来的客户体验不佳、公司管理层对业绩的要求与门店达成业绩的方式有矛盾、财务数据的手工汇总等问题，彭永鹤、刘炯光根据其重要紧急程度确定了处理的优先级。

虽然瑞鹏集团是一家连锁宠物医院，宠物美容、宠物食品用品销售业务的营收占比合计不过34%左右，但无论是公司过去的信息化历史还是当前的发展痛点，都表明先解决消费者在零售场景的问题更有价值。

第五章 新瑞鹏：如何同步推进信息化、数字化、智能化　175

那时一个瑞鹏集团的会员在 A 门店办了会员，到 B 门店时却无法享受会员权益，因为分店之间没有打通。如果这个尴尬的局面蔓延开来，会导致公司连锁化扩张的价值大打折扣——消费者感受不到便利。

与之相比，过去外购的医疗场景软件虽然与系统的耦合有脱节之处，电子病历功能也不大好使，但用数字化技术去改善医疗场景、赋能医生的需求并不急迫。彭永鹤认为公司在医疗环节的发力重点应该是提高医疗技术本身。为此，彭永鹤、张延忠花了一年多时间，在 2016 年底收购了北京美联众合资产管理有限公司（下称美联众合）20% 的股权，一举攀上了这个行业内的技术高地。

有鉴于此，瑞鹏集团的业务软件系统开发计划分成了两期。第一期是开发出 ERP 系统来改善公司零售、内部财务、进销存等场景的低效局面，其本质是把宠物医院当作零售业门店来进行数字化管理，让财务、业务、客户等实现线上的统一运营。

第二期的重点是强化医疗场景下的软件功能。除电子病历的优化之外，还要大幅改良门诊、化验检查、住院、医用耗材、病历书写规范化、收费及医疗数据统计等模块。其本质是让它像个真正针对宠物医院里医疗场景的 HIS 系统，从而提高医疗服务的质量、效率和规范化。

刘炯光带着 4 人开发了 8 个月，于 2017 年 1 月 1 日交付了瑞鹏集团第一个基于 SaaS 架构的数字化基建产品：ERP 系统。它一开始便部署在云端。随着 ERP 的上线，美容师、医生也开始收集、填写多个维度的客户数据和宠物数据，为客户的运营提供了数据基础。

虽然仍有数据孤岛，但业务系统内部的数据已经通畅，门店之间的会员服务已经联网。积攒下的病例数据、消费数据让它可以提供一些较为实时、全面的数据报表，由此瑞鹏集团可以给消费者提供持续性的服务。

随着 ERP 的完善和上线，业务需求被不断激发，原有的团队资源已经不能满足二期的开发进度。刘炯光在 2017 年 8 月将团队扩张到 8 人，着手进行二期 HIS 系统的开发，并于 2018 年 3 月上线。

"什么时候驱虫，什么时候该打疫苗，我都有记录，回访很方便。这样，客户对我的满意度会更高，他的复购率也会更高。"刘炯光说信息的打通让客户运营变得更加方便。

之后，待 400 余家分院都切换到新 ERP/HIS 后，彭永鹤切实感受到了它对集团在合规经营、统筹规划、协作、效率提升方面带来的帮助。

战略驱动

如果说此前投入资源时刘炯光还会感到一些担心的话，在此之后刘炯光则感到老板对数字化的投入是不设限的："他觉得我们不是那种花钱的部门。"

内生增长时，行业过热

彭永鹤告诉 IT 负责人刘炯光，业务在线化后需要继续对门店运营进行赋能："基建做好了之后再去做数字化、智能化。"刘志峰相信是彭永鹤对于数字化的亲身感触让他找到了方向："如果外包了，彭总对信息化的理解可能就没那么深。只有他自己去弄，跟团队互相磨合，做出来的东西才会更适合。"

在强化内生增长能力的基础上，瑞鹏集团通过新开分院、参股或并购的方式迅速扩大了自己的连锁规模。2014年底，瑞鹏集团仅有50家分院。到2017年底，"瑞鹏系"的分院数已经超过了300家。[4]

刘志峰认为扎实的经营让瑞鹏集团在行业收购市场中掌握了主动权："团队非常清楚怎么去一步步开店。所以瑞鹏收店时很坚持价格和质量，很多标的因为价格太高就不收了。也不怕原有团队不好好干，原团队可以走，瑞鹏马上就派人过去接管。"

扩张中还有个小插曲：彭永鹤、张延忠事后才知道，美联众合当时的追求者中高瓴资本也赫然在列。错失美联众合被高瓴资本的张磊称作战略性决策失误，也刺激高瓴资本进一步加快在全国范围内的布局。高瓴资本通过参控股、全资等形式，深度介入了云宠（芭比堂）、宠颐生、安安宠物、艾贝尔、爱诺等连锁宠物医院，覆盖了全国相当数量的一、二线城市。虽然旗下绝大部分医院中还存有以原经营团队为主的小股东，但自2016年开始，"高瓴系"宠物医院的规模确实成了行业第一名，2017年其分院数更是超过了600家，比行业第二名多出一倍。

为了践行自己数字化中台赋能子品牌的产业整合策略，高瓴资本要求投资的宠物医院使用自己投资的 SaaS 公司的 HIS 系统。但随着旗下医院越来越多，高瓴资本发现其系统存在基本底层技术架构方面的问题，它无法满足深度、多品牌的连锁管理需求。

2017年，高瓴资本将旗下的宠物医院资产整合成了瓴域集团，并决心自主开发SaaS软件。外界可以从当时的官方介绍和大量程序员岗位的招聘中看出瓴域集团对数字化能力的追求，"借助创新大数据团队的支持，打造一流的宠物服务全产业链实业管理平台"[5]。

就这样，在瓴域集团、瑞鹏集团等公司致力于用自己的思路进行行业整合的推动下，宠物医院一时间供小于求，宠物医疗行业出现了通货膨胀式的泡沫。前几年购买宠物医院，有时还能以净资产来计算价格，现在可能要按几倍市盈率来定价。

多少年来，兽医专业都不大被人瞧得起，10多年前绝大多数人都是高考后被调剂到这个专业的。如今行业飞速发展，专业培训市场也突飞猛进，高端人才已经开始涨价。李丽回忆道："行业里高薪挖人的具体真实案例其实并不多，并没有形成大规模的人才迁徙。但我们依然有点担心，这样的情形不加以控制会形成行业人才的泡沫，这不是一个健康的状态。"

在供给无法快速增加的前提下，防止行业过热的一个良策是减少买家，这样资产价格就不会被推高得那么快，竞争中也可以减少意义不大的消耗。

在此前的接触中，王榕对瑞鹏集团也有所感知："较早地引入职业经理人，进行了最成熟的连锁化的探索，形成了稳定、稳健的组织体系。"一个侧证是，美联众合加入瑞鹏集团的阵营后，按照后者积攒下的18万字的连锁经营手册开展运营。

于是2018年3月初的一天，高瓴资本合伙人魏斌给彭永鹤发了条微信消息，约他谈合作。彭永鹤则怀着"瑞鹏集团绝不能成为瓴域集团旗下又一个棋子"的预期，与张磊、魏斌等人在香港见了一面。

强强联手造航母

高瓴资本提出双方合并，可彭永鹤对高瓴资本的印象是："说话有点强势。"他撂下一句"我绝对不跟你们合作"后便飞到瑞士苏黎世滑雪去了。

但在苏黎世苍茫的雪景中，彭永鹤怀疑自己是不是轻率地做了个错误的决定。彭永鹤1969年出生于青海，作为第一代兽医专业出身的连锁龙头品牌创始人，行业却没有让他感受到太多尊重。他中途离开过，与行业保持着若有若无的距离。再次投身其中时，彭永鹤并不打算只抵挡"野蛮人"的进攻，而是给瑞鹏集团找到新的使命和愿景，他想的企业发展蓝图更宏伟，他是带着提升行业发展水平的自我期许回来的。

根据李丽的回忆，彭永鹤在2015年4月明确表示自己想解决"行业地位不够高、从业人员地位不够高、外界对行业认知不够客观"的痛点，为此瑞鹏集团必须成为更大、更有效率、更有未来的公司。瑞鹏集团的连锁化扩张、挂牌新三板、数字化改造等举措都指向于此。在刘志峰的印象里，彭永鹤很早就在强调自己"想做行业生态"。

高瓴资本对这个行业的设想虽然不是从兽医角度追求的情怀，但方向上与彭永鹤一致。高瓴资本也希望宠物医疗行业能更有活力,能实现系统性升级。[6]甚至,高瓴资本的梦想比彭永鹤的还大。张磊给彭永鹤的说法是:我俩整合,让中国宠物企业在世界舞台上有话语权,跟玛氏集团[①]"划洋而治"。

从现实角度来看,双方也确实有不少可取长补短之处。

比如技术领域。瓴域集团偏向于 HIS 系统的研发,虽然系统并未上线但展现出了其可扩展性,另外在开店模块上表现出色。由于地处高校众多的北京,瓴域集团的技术人员中有不少桥梁型人才。

瑞鹏集团则偏向于零售方向的软件开发,它对业务场景、C 端消费者的理解和选择更透彻,在数字化建设中走的是稳扎稳打的路线。2018 年瑞鹏集团的 HIS 系统上线,与 ERP 共同构成了瑞鹏集团推动"1+P+C"模式的数字化基础。这一年为了解决阿闻医生 App 与 ERP 打通后带来的会员服务核销问题,瑞鹏集团还开发了颇有中台色彩的数字化分析中心以实现标准化数据的流转。

比如双方的资产质量。瓴域集团有些松散,收购扩张时它在子品牌、城市、地方分院中保留了大约 1000 个小股东——大多是原来那些医院的经营层、医生。瑞鹏集团则很扎实,它旗下的医院基本上是全资,其高股权覆盖和高激励模式、给足员工面子和发展空间的"家文化"经受住了全国性扩张的考验,"1+P+C"的模式和 18 万字的连锁方法论也被证明有效。但瑞鹏集团的扩张速度还是

---

① 玛氏集团(Mars),成立于 1911 年的糖果、宠物食品、其他食品制造商。Mars Petcare 是玛氏旗下的宠物产业板块,在全球拥有约 50 个品牌,覆盖了从宠物营养到宠物医疗服务等环节,2017 年的营收超过 170 亿美元。

不够快，到 2018 年底它只有 400 家分院，而瓴域集团的分院数已经超过了 800 家。

简单来说，一个很有钱、速度快但有些松散，一个没那么多钱、比较快但较为扎实。未来瑞鹏集团可以继续融资扩张，瓴域集团也有从量变到质变的可能。那不如高瓴资本出钱，瑞鹏集团来运营公司。

彭永鹤为了提高宠物医疗行业的社会评价而制定的引援策略——与一流企业、一流人才站在一起，是他几年来融资时挑选股东的原则之一。那与高瓴资本合作显然非常符合这一原则。

思前想后，彭永鹤做出了决定。他回国后告诉魏斌自己应该是错了："重新谈。"就经营主导权问题拉锯近一年后，2018 年 8 月 15 日，瑞鹏集团完成新三板摘牌，以便于资产整合。8 月 20 日，瑞鹏集团与高瓴资本宣布达成战略合作，开始整合双方旗下宠医资产。

2019 年 1 月 23 日，双方正式签署了合并协议。瑞鹏集团和瓴域集团合并为新瑞鹏宠物医疗集团，由原瑞鹏集团团队主导公司的实际运营。瓴域集团的团队大多加入了新瑞鹏，高瓴资本则投资新瑞鹏集团并成为大股东。

聚集了行业约 60% 的宠物专家和教授，分院数超过 1000 家，两项指标均遥遥领先于行业第二名的宠物医疗"航母"就此诞生。[7] 在彭永鹤看来，合并的意义是宠物医疗行业逐步走向了"集约化、规模化、品牌化的良性发展之路"（新瑞鹏发展历程见图 5-3）。

深圳瑞鹏的天使投资人刘志峰的评价很直接："说白了，新瑞鹏怎么干，这个行业将来就长什么样。"

2015年
彭永鹤回归，
获达晨财智投资；
总结出1+P+C模式

2021年
新瑞鹏在100多个城市开设了超过1000家医院

1998年
彭永鹤创立瑞鹏宠物医院

2018年
从新三板摘牌；
瑞鹏集团与高瓴资本洽谈合并

2016年
挂牌新三板；
与美联众合合并

2020年
腾讯领投新瑞鹏，
投后估值约300亿元

2005年
彭永鹤退居二线

2019年
瑞鹏集团和瓴域集团正式合并为新瑞鹏宠物医疗集团，并组建了润合供应链集团和铎悦教育科技集团

2012年
公司进入广州，
开始异地扩张

2013年
整合资产，
从个体工商户变成有限公司，
完成了天使轮融资

1993年
美联众合成立

2017年
高瓴资本将旗下的宠物医院资产整合成了瓴域集团

2012年
高瓴资本开始关注宠物医疗行业

2018年
瓴域集团与瑞鹏集团洽谈合并

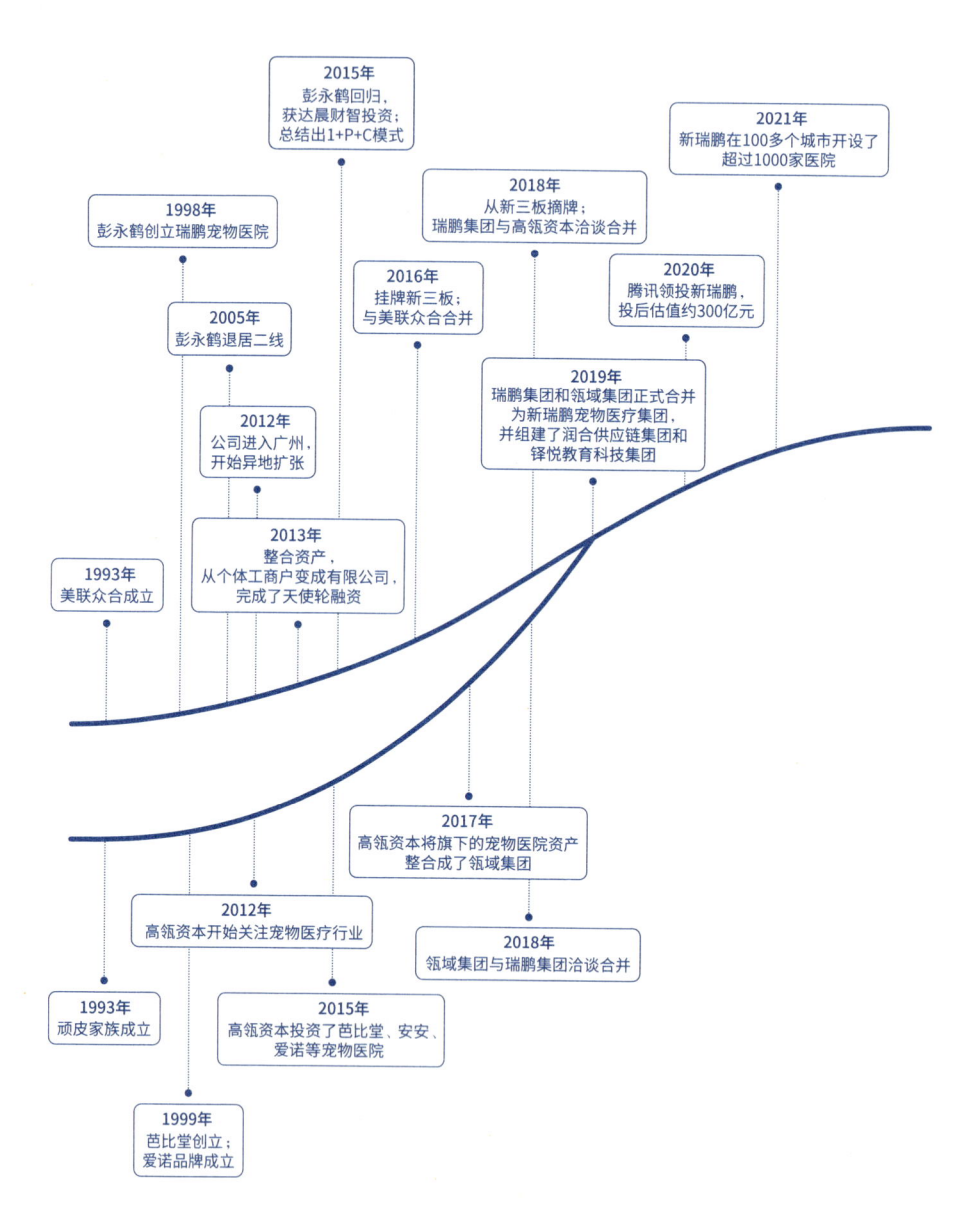

1993年
顽皮家族成立

2015年
高瓴资本投资了芭比堂、安安、爱诺等宠物医院

1999年
芭比堂创立；
爱诺品牌成立

图 5-3　新瑞鹏发展历程

来源：公开资料、访谈

第五章 新瑞鹏：如何同步推进信息化、数字化、智能化　　183

合并后的新格局

鉴于宠物医疗领域的核心资源是医生与客户，为了避免当初的股权投资或收购协议到期后，那些被收购宠物医院的团队离开新瑞鹏自立门户，这艘新航母迫切需要将两块资产捏合到一起。首先是前述瓴域集团收来的那些宠物医院的小股东——林林总总加起来，大约有1000个——该怎么处理。新瑞鹏的做法是通过股权+现金的方式，将这1000个小股东或者转变为拥有集团股份的职业经理人，或者收购他的股份让他离开。这不是个容易的过程，张延忠说，他们此前准备的1000多条风险预案"百分之八九十都发生了"。

整合业务基本单元时，新瑞鹏的"航母"地位让其发展布局向行业生态做了顺其自然的延伸。2019年5月新瑞鹏旗下的铎悦教育科技集团（下称铎悦教育）成立，相继整合并孵化了维特新锐国际兽医学苑、美联五洲高级兽医学苑、在线学习平台知跃App、铎悦商业高研院等各个培训模块。

铎悦教育的思路是线上通过知跃App、线下通过教学基地的方式向公司内外的兽医从业者提供具有新瑞鹏思路的课程。如此一来既可以巩固自己的兽医供给，又兼顾了自己作为行业人才聚集地需为行业赋能的职责。

润合供应链集团也有类似的思路。由于采购规模的骤然扩大，新瑞鹏必须以集采集配的方式为旗下的宠物医院提供供应链服务。待其全链路数据（从上游品牌厂商到消费者）、仓储配送、运营等平台能力成熟后，又可顺其自然地向全行业的客户（宠物医院、经销商、品牌厂商）提供供应链服务。

新业务格局对新瑞鹏的数字化能力提出了新要求。比如润合供应链集团，厂商有多少商品、配送到哪个仓库、要生产多少商品……每个环节都需要处理极大的数据量，如果数字化能力不强，这个业务的商业模式甚至很难成立。

总体而言，新瑞鹏的反应还是先 to C 再 to B。从 C 端消费者的体感出发，新瑞鹏认为合并之初的当务之急是打通原瑞鹏集团、瓴域集团的积分政策和会员体系，并且让它们与阿闻医生 App 做到互联互通。

随后则是不断推进业务部门的数据整合，将越来越多维度的数据标准化后汇总到数字化分析中心。业务部门希望能提升报表功能的即时性，并且将其从 PC 端拓展至移动端，以便让经营者可以随时随地看到实时数据，便于做出决策。

两支技术团队也自然形成了较为简单的分工。瓴域集团的技术团队重新开发医疗领域的新 HIS 系统，它被命名为"子龙"，致力于发挥其大数据交换、处理能力方面的优势。"子龙"作为公司医疗门店的基础设施系统，将支持公司所有的业务板块和经营动作。比如 ERP 将不再作为单独的系统与"子龙"耦合，而是作为"子龙"的功能模块统一开发，以便医生在开药、分院在经营商品时做到无缝连接。

在"子龙"系统上线前，原瑞鹏的技术团队一方面维护原有业务系统的日常使用、阿闻小程序（阿闻宠物）的开发，一方面支持新瑞鹏旗下新设立的供应链集团、教育集团的数字化转型需求，发挥其在应用侧和业务侧的经验优势。彭永鹤认为这两支团队重叠的部分不多:"刚好互补,那就是 1 加 1 大于 2。"

科技赋能 × 变革领导力 × 战略驱动

但与一些行业已经发展到人工智能都纷纷进入具体场景的阶段相比,新瑞鹏的数字化显得有些按部就班。

升级阿闻小程序

彭永鹤希望数字化这个引擎不能被业务推着走,而要主动拖着业务部门走。IT 总监刘炯光回忆彭永鹤的期待:"要通过自动化、标准化的机器,削减人的经验、学历、技能、情绪对服务水平的影响。他觉得我就应该成为这样的引擎。"

互联网产品也该有变化。依靠着瑞鹏集团医生的口头推荐和社区发帖,"阿闻医生"过去几年间继续向客户提供图文、电话形式的咨询服务,还在 2017 年增加了线上销售宠物食品用品的电商功能。

但由于运营思路的摇摆等原因,阿闻医生 App 从 2018 年开始已经陷入半死不活的状态。它的月活从高峰期的几十万跌至十几万。"日活几百天如一日地平静,上不去,怎么做都上不去。"彭永鹤说道。

回应彭永鹤期待的是 2019 年 5 月加入新瑞鹏负责市场部的原狗民网 CEO 贾彤。贾彤是我一直强调的桥梁型人才。她有典型互联网从业者的履历。她相继在同济大学、清华大学学计算机,毕业后去了日资 IT 企业 NTT、NEC 写代码和实施企业信息化系统,还拥有两年市场部的工作经历。

同时，贾彤又较为了解宠物行业。她在 2010 年对宠物社区狗民网进行了天使投资，2012 年应邀出任了狗民网 CEO。她在狗民网期间推动这个 PC 时代的网络社区向移动端转型，推出了铃铛宠物 App、狗民商城、宠托邦 O2O 等新业务。

正是基于其技术经验、行业经验和新瑞鹏的现状，抱着参与打造"一家航空母舰型公司"初衷的贾彤在融入新瑞鹏的过程中，更新了彭永鹤对新瑞鹏线上业务的构想。她决定放弃阿闻医生 App，将其功能、数据融合进准备开发的小程序——阿闻宠物。

"App 整体较重。让大家下载一个 App 太难，需要的营销成本更高。"贾彤认为小程序更适合当下这个时代，"信息、卡片、二维码、视频号等，微信生态里到处都可以触发小程序，它更容易推广。"

小程序的功能也将变得更全面。贾彤想把线下场景尽量映射到小程序里，通过小程序给宠物提供全生命周期的数字化服务。

从线下核心的医疗保健、美容、商品售卖三大业务里拆解出能标准化、数字化的业务，全部放到线上，比如体检、洁牙、驱虫等。同时发挥线上场景容易触达消费者的优势，以争取延展出更多的服务，比如直播、日后的阿闻到家及商品展示瀑布流等。

更新 to C 的服务只是其中一环。贾彤认为，彭永鹤是希望在稳住新瑞鹏数字化基本盘的同时向智能化进军。比如，"子龙"系统每个环节都要向智能化方向迭代，每块业务都要有智能化色彩。各事项应同步推进，但能提升用户体验的产品和与之配套的数据中台应该优先开花结果。

与彭永鹤同频共振程度较高的贾彤于 2019 年 10 月初接管了新瑞鹏不足 100 人的技术团队，开始全面负责公司的数字化。张延忠对贾彤管理半径的扩大并不惊讶："贾总对彭总的战略意图理解得很透彻，这不是所有高管都具备的能力，有些人就懂形不懂神。"

为了帮助她熟悉此前较为陌生的宠物医院，彭永鹤又在 2019 年 11 月把上海区域的运营交给了贾彤。这是很妙的一招。有坏处，研发、市场、运营都需要贾彤深度参与，她或许会分身乏术，毕竟这三个部门一个偏技术、一个偏用户、一个偏业务；但好处更大，在贾彤的管理半径内即可形成从客户需求挖掘到研发，再到验证落地的完整闭环。

疫情加快数字化进度

阿闻小程序很快便开发出了内测版本。贾彤打算让医生通过小程序来销售公司新推出的保障卡产品。

保障卡是个预付费性质的会员产品，既打包了驱虫、疫苗、体检、私人医生等服务，又含有以六七折的优惠价购买洗浴、药品、商品的权益福利。在新瑞鹏的计划里，保障卡既可以增加用户黏性、促进线上线下联动，又可以提倡预防、不生病的宠物大健康理念，还能增加医疗服务、商品、美容之间交叉销售的机会。为了激励医生参与销售，新瑞鹏设置了专门的分销激励机制。

但医生们对销售保障卡并不感冒。除了对线上工具的技术性排斥之外，更多是专业人士常见的精神洁癖式的自持身份——我愿意服务客户，但与客户沟通得太密集不好；公司可以做营销，但不应该让专注于医疗技术的医生来。

医生不在销售环节出力的话，小程序很难完成冷启动，更别说把线下销售业绩向线上迁移了。宠物医疗跟普通医疗领域一样，医生对于消费者有着极强的影响力，很多消费者也存在于医生的私域流量池里，比如朋友圈和微信群。

小程序内测的两个月时间里进展很一般。贾彤打算继续再花两个月时间迭代功能设计，这时新冠肺炎疫情突然暴发了。如同多年前的"非典"疫情促使国人更愿意接受互联网和电商一样，新冠肺炎疫情也将教育国人更多地去拥抱数字经济。

为了避免疫情扩散，很多地方政府要求各线下行业停产停业，这让需要线下"面对面接触"开展零售业务的企业家们纷纷担忧自己的现金流能撑多久。西贝餐饮董事长贾国龙一番"公司现金流只够发3个月工资"的表态，把疫情对线下行业的致命影响展现得淋漓尽致。

新瑞鹏的现金储备远远好于西贝餐饮，但在彭永鹤看来也很危险："如果一分钱收入都没有，没准儿我们只能活半年。"于是从大年初二开始，新瑞鹏的高管便展开了如何线上求生的讨论。

尽快开拓线上收入来源是显而易见的方向。得益于2019年的数字化整合和前期开发，阿闻小程序迅速结束了内测，2020年2月1日正式上线。其方向从重点推动私人医生的线上咨询功能，迅速转变为销售可锁定未来收入的保障卡。

在全民转线上的大环境下，阿闻小程序迎来了转机。阿闻小程序第一天的销售额只有2万元，第三天便增长至超过50万元，随后连续三天的销售额都超过了70万元。

彭永鹤没料到这样的指数级增长真的会出现。这还是在基层员工的数字化意识有限、医生群体对于阿闻小程序卖保障卡仍有抗拒的前提下取得的成绩。如此看来，新瑞鹏依靠阿闻小程序能在线上解决生存问题，彭永鹤期待已久的数字化未来也确实可以触摸到。

不过，彭永鹤对于连续三天业绩没突破并不满意，他亲自挂帅，打算用组织力量强推阿闻小程序。用他的话来讲，信息与互联网技术部的所有项目都是总裁工程，只有放到这个高度去引导和辅助，上下沟通、横向沟通、资源集结才不会出问题。

CEO 亲自挂帅

员工能力不足，新瑞鹏便辅以高密度的宣导和培训。从 2020 年 1 月 23 日到 4 月 8 日，仅新瑞鹏高层沟通会便召开了 88 场，既有相关决策，又有数字化的教导和业务部署。彭永鹤声称自己一度每天要宣讲四五场。

新瑞鹏的市场部、人力资源部、技术部门也配合制作了各种形态的教程，发给每一位员工和医生学习。比如怎么上传资质证明，内部服务与小程序怎么连通，怎么向消费者提供咨询服务，怎么在医疗咨询之外顺便推销消毒水、保健卡、宠物粮等。

员工不愿意，新瑞鹏就在超过 1.5 万名员工的绩效中都阶段性地加入了销售业绩这一考核项。强推立刻引发了超过 5000 人的医生群体的情绪反弹，一位外籍兽医甚至告诉彭永鹤："全员营销的做法让中国兽医蒙羞。"

彭永鹤能感到医生们的职业自尊心受到了一些影响，并且很理解这一点,"医生是一个专家身份,让他跟客户发生太密集的交流,他的主观意愿偏弱。在咨询后,他要生成一些商品的售卖,他非常抗拒。"

但相比疫情给公司存亡带来的潜在不确定性,彭永鹤选择坚持己见:"我跟企业一定是共生共荣的,不能说因为职业自尊心受伤了就形成这么大的负面反馈……只是通过线上售卖一点东西……"

贾彤对彭永鹤的坚定姿态留下了深刻印象。在阻力最大的2—4月,贾彤觉得"彭总就是以横刀立马"的姿态强制要求大家学习和开单。那时候,新瑞鹏要求每一个医生至少要开一单。张延忠将此解读为彭永鹤"敏感但不过敏"的定力。张延忠说:"过敏,就是说这个变化非要有应答吗?彭总关注变化,但该变的变,该守的守。"

彭永鹤强调其沟通姿态很坚定,但方式并不高压:"就是平着。用足够的耐心和交流的时间,这是一个态度。一层一层磨,直到把这个业务磨到这些医生的血液里面去。有可能这就是壁垒。"

很多新瑞鹏的高级医疗专家都接到过彭永鹤的电话,后者反复述说参与营销的好处和必要性。新瑞鹏的副总裁们也成立了工作小组,每个人都与一些特别不理解公司行为的医生进行专门沟通。

不仅仅是医生需要磨,彭永鹤在统一管理层的思想上也下了很多功夫。每天清晨6点左右他便开始在管理群内发消息问好,每个工作日都开早会请管理人员阐明目前的进展、执行思路、遇到的问题、工作经验。每个副总经理级别以上的管理层每1个小时就要在群内播报一次业绩,如果几天内的业绩出现了停滞状态,彭永鹤会立刻召开会议分析问题,并思考对策。

新瑞鹏有一半管理层吃不消这样的管理动作,压力和疲惫感让他们觉得公司是不是跑得太快了，自己有些跟不上。贾彤也曾估计自己只能支撑两个月。彭永鹤一边告诉大家这时必须跟上节奏坚持三个月，一边进行人员轮岗和调整。

看上去，彭永鹤是在强行打通新瑞鹏数字化转型的任督二脉。在很多人的记忆里，那几个月的新瑞鹏如同在打一场志在必得的线上化战争。对一个个医生进行动员、追踪、跟进，地毯式的动作不断重复，线下分院也入驻了美团、京东到家等平台，撑过两个月再撑第三个月……

这种被贾彤称为"死逼"的策略确实见效。尽管有抱怨，医生们还是接受了自己得参与销售的事实。样本量接近 2500 人的新瑞鹏内部调查数据显示，超过 97% 的员工最终愿意参与公司的营销动作。毕竟，疫情期间闭店完全不工作，收入会受到影响，而这个动作可以给他们补贴一下因疫情而带来的收入损失。

阿闻小程序的业绩也"直接就上去了"，贾彤说新瑞鹏每日业绩攀升到了 150 余万元、200 余万元、300 余万元……2020 年 4 月，新瑞鹏仍有一半的医院处于停业状态，但其线上月收入已经超过了 6000 万元。

疫情防控形势的好转和线下经济的复苏也没阻挡阿闻小程序的业绩增长。到 2020 年 12 月，新瑞鹏线上销售额近 1 亿元，已经逼近其线下医院的收入规模。疫情期间，阿闻小程序累计收入将近 7 亿元。根据彭永鹤的说法，阿闻小程序的日活现在处于十万到几十万的区间，2020 年的最高日活超过了 270 万。

对新瑞鹏而言，现金流提升、业务安全度增加的价值或许还在其次，强推数字化转型带来的组织能力成长的意义更为重大。

线上已经内化为新瑞鹏业务运营的有机组成部分。线上业绩不是全员 KPI（关键绩效指标）后，新瑞鹏的一线员工也会自觉进行线上与线下的联动。贾彤认为团队对新鲜事物的接受度和工作习惯的改变已经"被练出来了"。

另一个组织能力成长的维度是，2019 年成效不错的大整合支撑了 2020 年的数字化大练兵，数字化大练兵反过来又进一步提升了业务单元的整合深度。如果说此前的业务整合只进展到了法律框架、组织架构等层次，那么经此一役，新瑞鹏认为其在人心融合、组织融合、业务融合方面又上了一个台阶（见图 5-4）。

图 5-4　新瑞鹏数字化、智能化规划

来源：新瑞鹏

医疗智能化

线上业务数字化进程突飞猛进时，线下医院也出现了彭永鹤想要的技术引擎推动业务部门的迹象。

2019年10月,彭永鹤、贾彤一边寻找新瑞鹏算法团队的负责人,一边参考人工智能在普通医疗领域的发展路径,设计人工智能在宠物医疗该如何落地的方案。

大体而言包括两个方向,一个仍旧是提升消费者体验。比如宠物主人的智慧化服务,新瑞鹏开发的鼻纹识别(狗)、脸部识别(猫)技术,它可以更加方便地记录宠物的全生命周期数据,继而为他们精准地推荐适合宠物当前阶段的商品和服务;又比如智能导诊机器人,消费者向智能音箱提问即可获得简单的指引。

另一个是给医生赋能。比如远程医疗,在疑难病症和技术教育方面让分院医生与专家诊室快速连接,比如数字化医疗,更深层次的、能连接智能阅片的临床决策支持系统(clinical decision support system,CDSS)。

CDSS很大程度上承载着彭永鹤让机器降低公司依赖医生经验的期待。其大体原理是:医生输入或机器阅读检查结果,依据决策树原理对关键词进行判断,在影像数据、化验数据、诊疗数据、电子病历等组成的数据库中进行匹配,再自动得出建议诊断和依据。

由于CDSS凝结了大数据和优秀兽医的经验,它之于医生,就像导航系统之于司机。它会在诊前、诊中、诊后的所有环节给医生发出提醒和建议,比如需要用什么药?需要拍什么影像?一定要做血常规吗?化验单、X光片的解读是什么?随访时间是什么?这个疾病……

刘志峰觉得CDSS的AI读片功能可以显著提高专家的作用,

专家过去在质控上投入的精力可以部分解放到其他环节上,进而提高公司"1+P+C"的分级转诊效率。初级兽医可以直接遵从 CDSS 的诊疗建议。资深兽医可以制定个性化的诊疗方案,但 CDSS 对他们依然有价值。

医生可以参考 CDSS 给出的规则性提示以确保整体医疗质量,就好像熟悉路况的老司机也会听导航系统给出的超速提示一样。毕竟人类大脑会受到情绪、经验等因素的影响,一旦发生漏判、错判便可能造成医疗事故,有 CDSS 相助无疑多上了一道保险。

不过上述场景能否落地,取决于技术团队能否用好新瑞鹏积攒下的大量数据。参加一次普通医疗领域行业论坛时,贾彤找到了拥有 8 年以上深度学习算法经验的刘超飞。那时刘超飞在开发智能影像辅助诊断产品的医拍科技担任技术合伙人,他希望把 AI 在普通医疗领域的应用经验带入完全由市场决定的宠物医疗领域,并深化智能应用的落地。

2020 年初刘超飞加入新瑞鹏后,组建了 10 人左右的算法团队,开始从 NLP(自然语言处理)、图像识别、知识图谱、运筹优化 4 个方向用不同的算法去处理新瑞鹏的海量数据,并且在 2020 年 7 月成功交付了智慧医院 1.0 版本。

彼时的 CDSS 已经覆盖了大约 40 种宠物常见疾病,在试点中新瑞鹏旗下兽医的 CDSS 使用率也快速增加到了 47% 左右。彭永鹤对此颇为满意。"刘超飞加入之后,在整个医疗的智能场景部分,现在的速度应该就是每个月都在大跨步地前进。"他觉得 CDSS 的意义不单是针对公司诊疗环节,"它对以后的医学研究和产品开发也会提供非常大的帮助。"

当然，行业里出现了质疑声：新瑞鹏的医生不过就是靠机器看病嘛。这种声音的潜台词是机器至少在部分替代兽医。刘超飞认为"替代"一词换成"解放"更合适。

宠物医疗与普通医疗领域一样，很多医生的大量精力消耗在解读化验报告、阅片上。这些工作有一定技术含量，但重复性也很高。系统代劳后，医生们可以去做更有创新性的工作，比如研究新的解读方法。

"就好像我是算法工程师一样，智能化最先解放我。不用再去手工敲代码，而是让电脑自己去学习和训练，我花时间去设计更好的模型。"刘超飞说道。

正是基于此，新瑞鹏旗下兽医的最大抱怨是其疾病库中的病种太少。由于每一种宠物常见疾病入库，都要去寻找最优看病方法并把相关环节数字化，所以每一种疾病的添加都意味着不小的工作量。刘超飞称到2021年10月系统内已经添加了超过170余种宠物常见疾病。

运营智能化

当医生的病例、开单、费用收取等医务指标的数据维度、数量越来越多时，管理层精细化运营医院的可能性也得以增强。

过去的旧系统虽然可用且积累了不少数据，但其逻辑更像是服务医院运营体系中的既有动作，它有解决不了的问题——比如信息层层传递后的势能衰减，无法引领员工成长。于是新瑞鹏在2020年下半年开始构建、升级医院管理系统即"子龙"系统中面向内部运营的部分，并在贾彤管理的上海区域进行试点。

贾彤认为医院的医务管理、店务管理、团队管理、人力资源、财务管理、内控、市场、人员培训等模块都应该整合在一个专门面向内部员工的小程序上，并输出可视化、线上化、数据化的内容，以改变公司运营中的某些既定动作，如此才像是医院运营的中央大脑。

一家医院如果到月中只完成了预期目标的一半，那么系统便会帮它拆解任务，计算此后每一天大家应该完成多少工作量，并通过运营小程序实时更新和传达。反之，全员的执行结果也会通过运营小程序实时传达至管理层，以便后者追踪进度、调整计划。员工的考核激励也通过小程序展示，比如疫情期间兽医分销的保障卡就会显示在小程序的个人绩效情况里。

它会让员工的目标感更加清晰。"比如我是个前台，我打开小程序，我知道今天要完成这五件事情，且它们和当天业务、月度目标关联。"贾彤说在新瑞鹏每个人的职责都是以数字化的形式呈现出来的，系统界面会在晨会上展示昨天的营业情况、今日预约病例、住院病历交接、仪器设备维护等事项。

一脉相承的是员工的培训和成长也融入了系统。新瑞鹏将不同级别的兽医能力模型做了精准的体系化描述。初、中、高级兽医应该具备什么能力？掌握哪些知识点？怎么做细小的治疗？……每一个描述背后都对应着一套知识框架和知识点，自然也有相应的课程。

运营系统会根据医生在诊疗过程中与标准值的偏差和具体案例的复查，来推断他不足的知识点，并在个人的小程序页面上进行课

第五章　新瑞鹏：如何同步推进信息化、数字化、智能化

程学习的提醒，员工也可以找到心仪的专家带教自己。该学的都学完，实操课程也都合格后，便可参加新瑞鹏的晋级考试，成为更高级别的兽医师。

如此一来，医生数据库也水到渠成地建设完毕，它可以强化新瑞鹏"1+P+C"模式的分级转诊效率，并通过医生标签和病例，判断该医生能否完成诊治，如果不能，系统会发出提醒，甚至在某些情况下锁死系统，然后分配新的医生来处理该病例。

精细化运营中，数据积攒得越来越多后自然减少了一些相关岗位，但更重要的是新瑞鹏可据此实现某种程度的经营预测。典型场景是，医院院长的月度目标被输入运营小程序后，系统会根据过去的数据计算出一个标准值作为参考。日后医生的每次诊疗行为，公司都能按天或周获取成本数据，从而让医院院长对于成本、收入目标具有某种警惕性。

得益于疫情期间的数字化大练兵，贾彤说在公司内推广运营小程序时已经感受不到什么阻力。对她而言仅仅是在晨会时给大家做个线上的培训，告诉大家这次要上线什么功能、与大家略做讨论即可，随后便进入收集关键数据来监控落地情况的环节。

新瑞鹏的数字化有如此进展，贾彤获得了颇多认可，但贾彤认为这应归功于彭永鹤"知人善用"："如果没把我放在技术团队的管理上，我不会对智慧化这部分有更深的理解。没把我放在运营线上，我也做不出数字化的运营系统。市场端、技术端、运营端，三端我都深度参与后才能把公司的体系串联起来，才有了一个更好的发挥。这个是彭总的功劳。"

刘志峰认为彭永鹤对数字化一以贯之的尝试对其底层思维的打

开具有重要作用:"他当时如果没有尝试 App,不可能有现在线上线下这种数字化的思维。"

张延忠表达得更直接,他说当初请老板回国是他做过的最正确的决定,因为彭永鹤做了太多高屋建瓴的长期建设:"这些远远超出我的范畴……(彭总)不断把天花板掀开。"(见图 5-5)

行业云

整体数字化程度的不断提高对新瑞鹏的生态式发展策略起到了明显的支撑作用。

基于过去积攒下的庞大销售、商品、用户画像及消费行为、库存等数据,润合供应链集团正在搭建的智慧供应链可以预测出一家医院合理的商品结构应该是什么,每一个 SKU 每周的库存量和采购量应该是多少,从而实现低库存、高周转率。

对于传统经销商、中小个体医院而言,它们可以直接在润合供应链集团的数字化平台上实现集采集配,减少自己的经销环节和采购成本。在润合数字化平台上积累的经营数据足够多后,还可以得到新瑞鹏的资金(金融服务)、渠道(阿闻小程序)等数字化服务。

对于医疗用品、宠物用品的上游厂家而言,润合供应链集团是一个稳定性极高的渠道。它们可以根据润合数字化平台的数据,更好地调整产能和产品设计。

如今润合供应链集团的发展已经不再依赖新瑞鹏这个大客户。彭永鹤说:"2020 年底新瑞鹏贡献的收入在润合供应链集团的占比差不多只有 30%。"新瑞鹏官方数据显示,使用润合供应链服务的

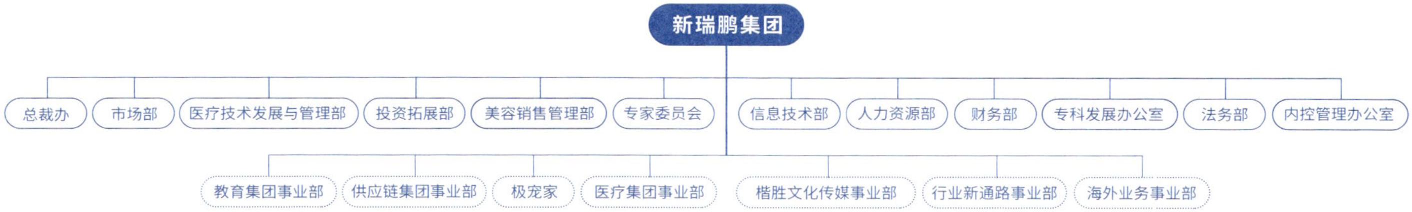

新瑞鹏集团
- 总裁办
- 市场部
- 医疗技术发展与管理部
- 投资拓展部
  - 教育集团事业部
  - 供应链集团事业部
- 美容销售管理部
- 专家委员会
  - 极宠家
  - 医疗集团事业部
- 信息技术部
- 人力资源部
  - 楷胜文化传媒事业部
  - 行业新渠道事业部
- 财务部
- 专科发展办公室
  - 海外业务事业部
- 法务部
- 内控管理办公室

图 5-5 新瑞鹏组织架构及业务布局简图

来源：新瑞鹏

宠物门店已经超过了 3.8 万家。

运营小程序里员工个人成长培训体系的核心课程也通过知跃 App 及 "铎悦兽医公开课"向行业开放。贾彤声称新瑞鹏是在给全行业培养兽医：所有的医生只要想去学习，就可以在线上线下看到铎悦集团的所有课程。

疫情以来，知跃 App 及 "铎悦兽医公开课"为全国上百座城市的 3.1 万余名兽医提供了猫科、影像、内科、血液学、神经学、中兽医等累计 54 堂在线直播课程，覆盖了几十种宠物常见疾病，其中有一部分课程还采用了 AR/VR 技术。这些免费课程相当于为 3.1 万余名兽医累计减负数百万元的学习费用，也让铎悦集团 2020 年的线上教育渗透率由原本的不足 3% 一跃增长到了 40%。

铎悦集团和润合供应链集团的阶段性进展，让彭永鹤觉得新瑞鹏以自身实力为依托，可以构建出宠物行业的云基础平台。

"在教育方面，铎悦的课程已经赋能全行业，行业也接受。因为课程质量对行业整体的医疗技术提升非常有帮助。"彭永鹤觉得新瑞鹏如果能成为行业云，也算是践行了自己当初回国重新做企业的初心，"它未来有可能也会变成一种商业的形态，也可能会变现，但是我觉得除了赋能之外，这也是企业的一种理想。"

青腾一问 | 杨国安对话彭永鹤

杨国安：你的公司面临着什么机遇和挑战？

彭永鹤：这个行业高度分散，要让这些个体化的组织发生特别大的变化不容易，所以一定要形成集约的、规模化的龙头企业，它可以用更多的资源跟上时代的发展，与数字化、互联网贴得更紧密、更近一些。

杨国安：这个行业有哪些痛点是数字化可以解决的？

彭永鹤：可以分四点。第一，兽医的医疗技术。如果行业过于分散，整体进步速度就会特别慢，特别是学习速度，而宠物医疗对于兽医的继续教育要求还是蛮高的。现在借助于移动互联的学习工具，医生可以在家甚至在上班的间隙学习。第二，供应链。如果没有集采集配的供应链系统，整个商品的流通还是相对落后的，行业效率比较低。第三，客户需求。这部分的空间还是蛮明显的，行业对客户需求的挖掘非常浅，甚至都不能满足。第四，智慧医疗。先进的技术可以解放出非常好的生产力，我开发的 CDSS 未来最少能提高 1/3 的生产效率，它可以辅助医生做一些诊断的决策。

我从 2016 年开始讲，数字化就是一个引擎，除了医疗技术以外的又一个引擎。

杨国安：数字化是科技，它本身不是一个战略，而是来帮助你实现战略的。所以数字化转型在你公司的战略里扮演了什么角色？能不能讲一些具体的理解。

彭永鹤：最近数字化在企业内部的运用越来越具有广度和深度。数字化可以进一步提高医疗水平，也可以提高经营效率。比如智能运营，上海伙伴的工作全部是数字化生成的，而且做到了每个人看到的都不一样。

杨国安：在整个数字化推进的过程中，你扮演了什么角色？你是一个架构师、推进者，还是一个赋能者，抑或是一个资源提供者？

彭永鹤：我觉得偏后三种，第一个是推动者，第二个是资源嫁接者，第三个是赋能者。资源这些好理解，赋能这个部分我可以单独分享一下。我个人是非常喜欢这种新的东西，在战略部分我还是希望自己去做一些强的推动。对于比较传统的运维内容，我的兴趣偏弱。

杨国安：回头看数字化转型的过程，遇到的比较大的挑战是什么？

彭永鹤：就是这个行业很传统，传统的思维，传统的模型，传统的人群。要接受这些新的、比较有爆点的技术知识内容时，还是相对排斥的。我相信不管是普通医疗还是宠物医疗领域都有这些难题。

杨国安：那你有做过一些艰难的决策吗？

彭永鹤：好像没有，就挺好的，一切都是那么顺利。唯一的痛点就是刚才讲的执行端落地的时候会有些难受。

杨国安：能不能讲下新瑞鹏整体生态的构想？

彭永鹤：医疗是我们集团的基石级业务，但医疗是个慢活，一定要有耐心等待兽医人才的成长。

供应链这个部分是因为整合，毕竟集采集配可以满足自己的需要，也可以杜绝一些不良现象的发生。进入后，发现市场其实也是一个蓝海。28个月供应链集团做了18亿元左右的营收。

教育是整个行业的痛点，不能满足医生的需求。我从2017年开始觉得在继续教育部分一定要重锤。我先从开设高端培训开始，请欧美国家的老师来中国授课，再开设中端课程、基础课程，而后下沉到将近100多所高校的联合培养。

互联网业务是数字化的根本，刚开始的时候相对模糊，到现在已经非常清晰了。在行业里形成了绝对的竞争优势，相对于互联网一波一波的整体发展过程，我觉得我也绝对跟得上。

第六章

新希望：
科技要升级，组织先再造

新希望在企业发展受阻、以互联网为代表的数字经济迅猛崛起时,没有立刻向数字经济转型。作为大胆尝试数字化、互联网、合伙人等新机制的试验场,新希望原本的核心产业公司,也以试点的形式推动信息化和数字化,再深入组织再造和数字化转型。

更多关于新希望数字化转型升级的详情,
请扫码观看《一问》视频。

这个案例反映了"数字化转型，本质还是转型"的洞察。

新希望集团在企业发展受阻、以互联网为代表的数字经济迅猛崛起时，没有立刻向数字经济转型。新希望集团董事长刘永好的动作是，带领这个 10 万人级别、有着 30 多年历史的庞大组织以"快半步"的原则多番试探，随后意识到了转型的正确方向是向互联网公司学习组织体系。

为求稳妥，刘永好一方面在新希望集团之外创立了创新的机构，一方面成立了草根知本等立足于消费品升级的产业投资控股平台，作为大胆尝试数字化、互联网、合伙人等新机制的试验场。新希望集团原本的核心产业公司，也以试点的形式推动信息化和数字化。

直到 2018 年眼看着试验结果良好，刘永好才把组织再造和数字化转型推向新希望集团的深水区（见图 6-1）。

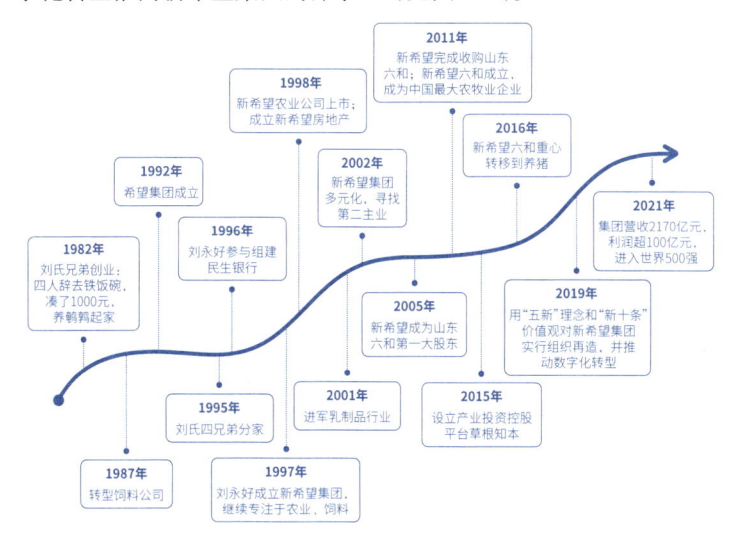

图 6-1 新希望集团发展历程

来源：公开资料、新希望集团

战略驱动 × 组织升级

在青腾《一问》纪实访谈节目的拍摄现场,刘永好分享的结论是:"传统企业和互联网企业的组织基因是完全不一样的,把两个不同基因的物体并在一起会产生变异和抗体。必须把这些不一致的基因分离了、去掉了,可能才行。因此,传统企业转型时,就必须进行组织再造。"

过不去的千亿

2011年是令新希望集团董事长刘永好颇为高兴的一年。

集团内的农牧业务集中到了上市公司新希望六和,后者一举成为中国最大的农牧上市公司。持续亏损的乳业和业务方向不同的房地产等非主业资产则被剥离出上市公司。

资产重组后的新希望集团业务布局覆盖农牧与食品、化工与资源、地产与基础设施、金融与投资四大领域,营业额超过了820亿元。[1] 按照一直以来的成长速度,刘永好认为集团"经过一年两年的努力,过千亿是顺理成章的事"。

于是新希望集团在原有的布局上加大了投资力度,还多次动员士气,结果……

2012年,新希望集团的营业额为806亿元,同比有所下滑。没突破1000亿元。从增长转为下滑让集团管理层颇有些困惑。"我们突然意识到是不是出问题了,但还不是那么确信。"[2] 时任集团副董事长王航回忆道。

经过集团内外部广泛的研讨分析,他们意识到市场变了,社会变了。至少在饲料、禽产业、食品等新希望集团布局的赛道里,市场已经从供小于求或者供需大体平衡转为了供过于求。新希望集团过去那种投资建厂追求生产规模、销售规模的粗放式增长,已经落后于时代。

刘永好说:"这时候不是规模越大,人越多,就越能赚钱了。"[3] 王航他们也打算用一些新战略和经营手段来解决问题。

粗放式的增长模式被放弃。刘永好说新希望集团"不要纯粹地、简单地为规模而规模。规模是必要的,但必须是有价值的规模、有效益的规模"。集团削减了几十个效益不好、食品安全做得不到位的工厂,主动降低了饲料、食品、屠宰及肉制品加工等领域的产能,2013—2015年间优化2万多人。[4]

养殖行业正在从农民散养向规模化养殖转型,农民需要技术、资金等支持。于是新希望六和在2013年推出了福达计划,希望通过云养殖、云金融、云动保、云服务、云教育等数字化服务向养殖户赋能,以互联网技术来优化存量业务。

为了让产业与金融有机结合,刘永好还加速了新希望集团的"产融一体化"。2010年,由王航作为创始合伙人、专注于农业和食品行业的厚生投资,在刘永好的支持下从新希望集团投资部中脱胎而出。刘永好想用厚生投资帮助新希望集团探索相关领域,"去冲、闯,发现一些好的机会。真的好,集团再投资。再好,看看我们能不能控股"。

国际化是刘永好给新希望集团找的其中一个增长空间。围绕着高端蛋白产业链,新希望集团、厚生投资等展开了多项投资和并购。

不管新的增量在哪里，总归是年轻人更适合闯荡新世界。刘永好加速推动了集团管理者的年轻化。那些原管理者们或者转做顾问，或者退休，或者传授经验给年轻管理者。

2010年7月，时任新希望乳业（下称新乳业）副总裁兼云南片区总经理的席刚接任了总裁职位。2013年，刘永好的女儿刘畅接班出任新希望六和的董事长，新希望集团管培生出身的集团办公室主任张明贵2014年接任房地产总裁。

但产融一体化、国际化、创新与科技化、年轻化（下称四化）作为经营工具，并没有产生立竿见影的效果。

2013年，新希望集团的营业额为778亿元，同比继续下滑。2014年新希望集团的营业额为782亿元，同比基本持平。到了2015年，新希望集团的营业额大幅下滑，仅为682亿元。2016年新希望集团的营业额出现反弹，增长至900亿元，但仍没突破1000亿元（见图6-2）。

2015年底，刘永好曾评价"四化"道："这条路最终的结果还有待检验。"[5] 王航则将2012—2017年称为"比较艰苦的摸索时间。新希望在这段时间里重新把销售收入和利润拉回，但更重要的是在找导致根本性变化的条件和因素是什么"。

另辟蹊径

新希望集团冲击1000亿元营业额的道路如此艰难，市值一直在三四百亿元之间徘徊。小米营业收入却在3年多时间里从0暴增到了743亿元，估值从10亿美元暴增至450亿美元。[6]

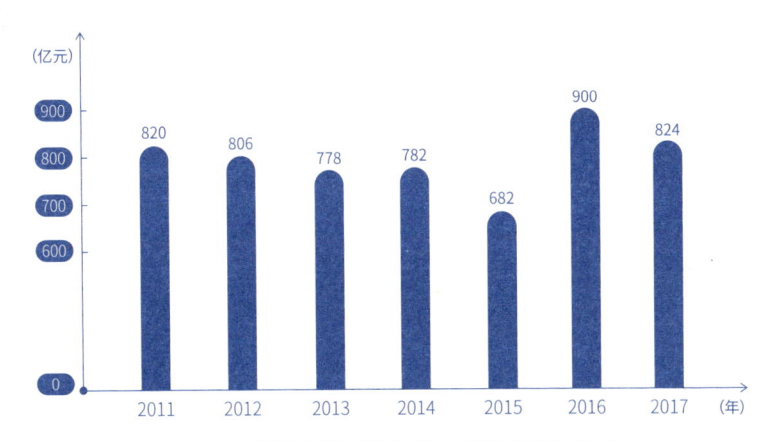

图 6-2　新希望集团营业额一度难过千亿门槛

来源：全国工商联、新希望集团
注：由于统计口径问题，该数据与部分公开数据有冲突。

刺激人的是，小米仍在亏损，而新希望集团已经连续多年保持了盈利的增长。更刺激人的是，同时期阿里巴巴集团、腾讯公司市值自 2012 年后的快速起飞，美团崛起，不少创业公司几年内便成为独角兽等现象屡见不鲜。

本以为跟自己井水不犯河水的互联网公司骤然向传统行业进军，它们的爆炸性成功似乎预示了互联网公司将无往不胜。至少很多传统制造业公司在那时有些慌神了，担心自己将遭到颠覆。

相比之下，互联网行业让新希望集团略显传统，同时也是一种冲击。"都说传统企业还在低头拉车的时候，互联网企业已经跑出了自己的姿态。"刘永好有段时间一直在思考传统企业如何拥抱互联网，他说："以前我们要做 5 年、10 年达到的规模，现在它们可能3年就能够做到这样的规模。"

刘永好说我们需要自我审视、自我改变:"别人长得太快了,外部变化太迅猛了。我们干了三十年再连续三年冲刺没能过千亿,但是别人三年差不多就干成千亿了,你想这个冲击多大。"

"我们就在认真研究,为什么看上去简单的事,按照我们的方式去做就不行呢?"刘永好找到的根本性原因是,互联网公司的整体组织体系更适应当下的用户需求,股权激励、找风投融资、数字科技能力、to C 的用户意识等要素莫不如此。换言之,互联网公司的爆发式增长是市场的选择。"这些人相对比较年轻,他们比较有活力,依托互联网、依托创新和变革,他们做得有声有色。社会、经济、科技的发展使得数字化成为最有效率的一个体系。"

与之相比,"四化"作为药方并不是没用,但针对性不强。刘永好觉得新希望集团应该着重借鉴的是互联网公司的组织体系。

但努力把成立30余年的新希望集团变得敏捷和科技化,阻力未免太大。效率也不会高,新希望集团的七八万名员工中大专及以下学历者为多。强推科技化为主的组织变革或许会引发系统性风险。

"我们不能落后太多,不能掉得太多,这是我们应该做的,所以我们奋起直追,有没有可能做到呢?我觉得是有可能的,传统产业不能简单扩大规模,但是变革可不可以做呢……干脆我们就推出一些新东西呢?"刘永好琢磨着。

如果在集团体系外另辟蹊径建立新平台,那试验新想法的阻力就会小得多。即便新平台失败了,也不至于影响集团的根基。曾参与筹备民生银行的刘永好很自然地想到了从帮助农民和相关产业获得发展基金的角度来发展。

大概从 2014 年开始，新希望集团尝试了多种组织形式。它们既有业务拓展的目的，又有服务农牧业、新希望地产、新乳业等产业公司的意味，还有深入接触数字经济、互联网公司的功能。

比如针对农牧业，设立了为农村小微企业及优质农户提供信贷的新希望慧农（天津）科技有限公司；比如新希望集团参与发起了海外农业发展基金、四川川商返乡兴业股权投资基金等多个基金；比如设立作为执行机构的新希望资产管理有限公司等；比如作为有限合伙人身份（Limited Partner）投资了红杉资本、顺为资本等风险投资商，设立医疗专项基金等；比如新希望集团还直接投资了链家[7]、罗辑思维、斗米、新榜加速器等一批互联网公司。

2016 年底，新希望集团还与小米、红旗超市等联手创办了新网银行。刘永好希望这家互联网银行用大数据和金融科技来为农业、小微企业和农村青年提供金融服务："我们几乎没有从传统银行里面要高管，招聘的高管几乎全部都是从互联网领域或从硅谷来的互联网人。"[8]

但金融机构无论是作为被投企业的股东，还是作为私募股权基金的出资人，对被投企业的影响始终是间接的。新希望集团需要更直接的着力点来探索组织变革。

2015 年 2 月，在新希望集团的一次例行工作会上，刘永好提出用互联网思维、合伙制模式打造以投资初创期 to C 项目为主的新的组织，它应与新希望集团代表的传统组织模式完全不一样，"希望它成为数字化体系里面的原住民"。

互信中的选择

刘永好想找一位兼具活力与创新能力、认同企业文化、品行操守都很好的高管来操盘这个创新集团。他看中了席刚,后者在新乳业证明了自己的能力与活力。

新乳业是新希望集团在 20 年前的多元化浪潮[①]中并购多家地方乳品企(下称乳企)而成的,但一直整合困难,先后换了三任总裁也没什么起色。2011 年新乳业的营业额不过 14 亿元,而且除了席刚管辖的云南片区在增长和赢利外,其他片区仍处于亏损中。

接任新乳业总裁后,席刚给自己的定位是新乳业首席产品经理。2011 年他走访市场时找到灵感,力主新乳业改造供应链和订单管理,推出"24 小时巴氏鲜牛乳"的产品耕耘低温奶[②]市场。这就避开了蒙牛、伊利两大常温奶巨头的正面火力,实现了差异化定位。

新乳业的 to C 界面也跟上了时代。2013 年开始新乳业便开始

[①] 2001 年中国加入 WTO 后,多个行业对民营企业开放,一时间多家民企百舸争流似的进入了过去不能染指的行业。新希望集团此时进入了能源、化工、乳业等领域。2001 年底开始,新希望以合资建厂、控股收购等形式在一年半内投资了 11 家地方乳企,2004 年这些资产合并成立了新希望乳业控股有限公司,新希望集团将之称为"乳业联合体"。

[②] 那个年代的低温奶一般卖 7~15 天,工作以天为单位安排。24 小时低温奶则将供应链的节奏提高到了以小时为单位。

建设自己的新媒体矩阵，从总部到子公司都纷纷注册微博、微信的公众号和服务号。"我们应该是传统企业里最早粉丝过千万的，"席刚以此为基础打造了一年一度的粉丝节，"在互联网时代，一个企业要想成功，不仅要讨好你的员工，更要讨好你的用户。"[9]

席刚的战略、战术大多颇为见效。2013年新乳业所有的子公司实现了扭亏为盈。当同行于2014年大举进入低温奶市场时，新乳业的"24小时巴氏鲜牛乳"已经向全国复制。2015年新乳业每天都能卖出400吨低温奶。[10]

总而言之，席刚完全契合to C定位、数字能力、开放心态等集团的组织变革方向。他本人也频频在新希望集团的会议上分享自己对用户、数字化、新媒体等的看法。

但2014年底他得知刘永好希望自己去做创新集团后，内心有些彷徨。

"我刚把乳业转正，乳业正在爬坡，已经在规划上市了。这个时候去做创新集团，乳业是否能继续做大、做强？"对于职业经理人来说，做出一家上市公司意味着自己更有价值。同时席刚认为，靠自己积累的企业管理能力，哪怕再接手一个亏损企业也不怕，但是做创新集团，是从0到1的改变。"选择比努力更重要，如果一开始没有找对方向，很可能会功亏一篑。"

席刚很是犹豫。但他一边感叹自己"净干烧脑的事，没有享福的命"，一边去游学以储备能量接受新的使命。

刘永好一直很信任1994年[11]大学刚毕业就去希望集团上班的席刚。他告诉席刚："你有市场观念、创新思维和管理能力，是集团的老员工，认同集团的文化，所以你是合适人选。不是让你一个人干,你可从集团内找一批优秀的年轻人,可以从招聘市场上招有创新思维的人,也可以用新的机制,用这些要素来干。乳业还是你干,新平台也给你干。"

创新集团其实代表着未来,它承载着新的使命。那时"大众创业、万众创新"提出还不到一年,物联网、O2O、AR/VR、互联网金融等风口正如火如荼,似乎它们正在快速地改变世界。

另外,新乳业的增长已经进入正轨,席刚觉得或许自己也可以站在新平台的视角思考新乳业的第二曲线。

"行吧,我来干。"2015年4月23日,虽然席刚对于创新集团还没什么头绪,但他还是接受了这个任务。

体外创新,草根探索

刘永好给了创新集团3亿元人民币作为第一期出资款。不难看出,这确实是一场试验。

对于创新集团,刘永好算是完全放手。他两个月听一次席刚的汇报,并且在重要的投资项目上做决策。用席刚的话来说,刘永好给了他充分的信任和机制,"因信而力"。

王航给创新集团取名为草根资本,寓意有二。第一,草根资本与新希望集团相对独立。[12] 除了刘永好、王航、席刚三位董事会成员出自新希望集团外,其他团队成员全部外招,办公区也是独立的,但不能忘记自己出身于农牧业企业,要接地气。第二,前路不好走,"要有草根这样的精神,野火烧不尽,春风吹又生"。

后来席刚又将"资本"二字改成了"知本",意在强调公司虽然要有草根精神，但应投资于"知识化、专业化、科技化的一些人才"。当然"知本"二字也是希望公司"能够知根知本，能传承新希望艰苦创业的宝贵精神"。

王航和席刚对公司的期待十分到位。草根知本确实走了一段颇为艰难的道路。

一开始找不到具体方向时，公司最容易采取的动作就是跟风。草根知本也不例外，它把自己看作一家投资互联网公司的孵化器。

它试图去投资站在风口上的项目，比如互联网电商、O2O、移动互联、健康医疗等。当然，它也将新乳业、健康食品、冷链[①]物流等与新希望集团的主业相关的行业当作重要方向。

如此运行了大概一年多时间后，草根知本发现这条路走不通。因为以新希望的基因和席刚团队擅长的领域来说，没有足够的能力去判断互联网项目的价值。等他们看清楚时，项目太贵根本投不起。

"早期对项目的筛选、理解其实也有蛮多的问题，"席刚认为跟风做事不会有什么好的结果，"这个不是我们自己最擅长、最适合的方向。"

鉴于草根知本团队的职业经验颇为丰富，席刚觉得可以发挥这点优势，从判断项目转为判断创始人，从投资项目转为投资"人"。

他们先后投资了有外企背景、正缺乏资源的团队，在大型国企里有过多年工作经验的高管，在校期间成绩不错、满怀理想抱负的

---

① 某些食品原料、经过加工的食品或半成品、特殊的生物制品和药品，在产品加工、贮藏、运输、分销和零售、使用过程中，其各个环节始终要求特定低温环境以减少损耗，防止污染和变质，运输此类物品的供应链即为冷链。

年轻创业者。

但又失败了，基本上。

"找很牛的人进来后，搞不成就走了，反正他既没股权也没投钱，留下的都是一片狼藉。"席刚感慨创业对人的要求之高，"创业是需要既当爹又当妈，要真正具有非常综合的能力。"

到 2016 年底时，草根知本投资了不到 10 家公司，普遍状况糟糕。它们既不像传统企业那样很快具备赢利能力，又不像互联网公司那样有大量的用户数据可以期待未来。

席刚觉得它们"真的不行"。而这些公司将刘永好当初给的 3 亿元至少亏损 1 亿元。草根知本作为大股东需要承担几乎全部的损失。

这时的新希望集团在年轻化的推动下已颇有起色。新希望地产在张明贵就任总裁后走上了高品质、精准拿地的路线，营业额①从 2013 年的大约 20 亿元[13]增加到了 2017 年的 207 亿元[14]。新希望六和在刘畅的带领下，正从饲料、禽产业向养猪、肉食品转型。公司在 2016 年收购了生猪产销企业本香农业、嘉和一品中央厨房，还宣布将投资 88 亿元在 3~5 年内形成 2000 万头生猪的产能。

厚生投资在王航的带领下，管理的资金规模已达约 50 亿元。[15]有限合伙人除了新希望集团外还囊括了华西希望、泛海、京东、物美、海底捞、家族基金、大型母基金、日本大型商社等知名机构，

---

① 地产行业的销售指标非常多。全口径销售额包括了合营、联营公司的所有项目，不考虑是否操盘及项目股权占比。全口径销售额的数字一般远远大于营业收入。新希望地产 2020 年的营业收入为 304.96 亿元，净利润为 28.42 亿元。

并且投资了宁夏伊品、新希望乳业、海底捞、美团、奥科美、新疆惠利等案例企业。

勇气与决心

考虑到投资公司员工的高薪酬水平,新希望集团有人觉得老板在草根知本的投入很大,但草根知本却没让人看到明确的发展方向和目标。

刘永好也听到了新希望集团内对草根知本的评论,2017年1月7日前来参加草根知本的年终总结会议。

刘永好问:"你们现在到底赔了多少钱?"

席刚说:"大概一年赔个两三千万。"

席刚其实期待接下来他与老板之间的对话会是如下内容:刘永好说,亏损了,那你就别干了,你还是搞你的乳业。于是席刚回——好好好。

他已经做好了放弃草根知本的准备。新乳业是他的舒适区。那里有他熟悉的团队,他们与席刚一起让新乳业脱胎换骨,对席刚的认同度、磨合度极高。席刚给一个眼神、一个要求,团队即可领会并迅速干得有模有样。

一个庞大的传统企业想尝试组织革新,既是一个老板试炼高管的过程,也是高管试炼老板的过程。席刚想错了自己的老板。

感受到团队有撤退之意的刘永好非常淡定:"为什么一个创业公司亏个两三千万,你们就觉得好像走不下去了?你看一下真正的创业公司,这些互联网公司,包括所有的企业,前期都是在亏损。

你们还是太保守。其实你们应该更开放一点儿，观念转变更快一点儿。"

刘永好认为草根知本当前的重点不在于亏损，而在于两点："第一，你们的方向是不是对的；第二，你们是否真正具备向死而生的精神，遇到挫折不是轻言放弃，而是要坚持到底。"

刘永好的话十分振奋人心。

刘永好说："只要你们的方向是对的，只要你们是认真在干，不要在乎眼前的亏损。只要坚定地干下去，我就坚定地支持你们。我支持大家创业。我信任大家，大家也要信任我。第一，只要方向选对了；第二，你们具备这样的精神。只管放手去干就好。如果你们敢亏，不是亏两三千万，而是亏一二十亿，这个平台说不定就干成了，说不定就变得非常有价值。"

感受到刘永好的"狠劲"后，备受鼓舞的席刚打消了"跑路"的念头，"就坚定不移地做下去了"。

控股 + 投后管理

席刚带头在草根知本自我检讨和复盘："新消费的方向对不对？我到底擅长什么，喜欢什么？我过去积累了什么样的能力？"草根知本团队还研究了一圈巴西 3G 资本、美国丹纳赫、美安盛投资[①]、KKR 等对标对象。

---

① 美安盛是一家总部位于美国纽约州的私募基金，在中国名气极低，在美国以深度的投后管理、不错的回报率著称业内。美安盛目前在投基金规模为 70 亿美元，一般单笔投资规模为 3 亿~7 亿美元。

这个自我发现的过程让草根知本团队渐渐找到了方向。一个团队应该发挥长板，而不是补足短板。"你喜欢的事儿，就怎么做都不觉得累。你擅长的事儿，效率最高，成本耗费最低，可以更加高效地去做成事。"席刚说道。

他们喜欢的事一目了然。草根知本团队都是消费品行业出身，他们喜欢消费品，他们也能看到中国消费升级的大趋势。重新梳理、研究了十多个行业后，他们又确定了乳制品、冷链物流、调味品及餐饮、营养与保健品、休闲零食、宠物食品这六大行业为投资主赛道。

他们擅长什么呢？是经营管理。通过管理将经营亏损、毛病颇多的公司扭亏为盈，如同 3G 资本、丹纳赫那样。投资后的深度运营管理会是草根知本做投资与其他投资企业不同的特点。

这恰恰是过去两年间，他们作为被投资企业的小股东无从施力的地方。所以草根知本将策略从获取少量股权的风险投资，转为了控股型的产业投资。他们不是风险投资或者孵化器，而是一家产业投资控股平台。

在具体项目选择上，草根知本也渐渐摸索出了自己的风格。它们的资金并不雄厚，所以不投成熟期公司；也不投早期公司，因为风险太高，商业模式都未成型时控股了也没有意义。草根知本主投营收在 2 亿~10 亿元的公司。

"这叫架子猪。能吃、快长，毛皮也没那么光亮，有毛病但不致命。"在席刚眼里，这些公司缺管理、资源、技术，对草根知本及其背后的新希望集团或有刚性需求，容易实现控股。"你去给他赋能，将战略想清楚，管理体系捋顺，配套资源，这些公司就成长得很好。"

如果像3G资本、丹纳赫那样完全买下标的企业，显然会影响创始人的积极性。综合考虑了过去两年的经验后，草根知本也渐渐走出了一条新的路线。

草根知本通常会收购一家公司大约51%~85%的股份，或至少成为单一大股东，新创立的公司通常留15%的股份给管理层。他们作为合伙人必须以注册资金按比例掏出真金白银投资公司，这样的公司被称为合伙人公司，这样的管理层则被称为合伙人。

之所以强调成为合伙人必须要出资，是因为控股一个公司后，人在一起、心在一起并不足够，"还要'利'在一起"。席刚自己便借了一部分钱来投资新乳业和草根知本。

但管理层也不用担心因此背上过大的经济负担和创业失败的风险。不同层级的合伙人对应的是不同级别公司的注册资金。

管理层如果仍然缺乏资金，可以向公司借一部分款入股，但在应持股份里最少需出一半的现金。公司如果最后失败了，那一半股份就算公司的沉没成本；如果公司的发展超过了预期，想兑现剩下的股份只需要按当初的价格完成出资并按银行贷款利率补足利息即可。

后一个模式等于是让草根知本为风险兜底，给被控股公司的管理层留下弹性空间，所以这在草根知本投资的公司里比较常见。

与股权结构对应的权责边界，也朝着平衡草根知本与被投资企业核心团队的方向一步步迭代。到2020年左右，草根知本将自己与核心团队做了如下分工。

草根知本在被投资企业实施强管控的领域有三个。第一，人，也就是一把手和核心管理层的任免权限。若能够完成业绩要求，企业管理层可以自己把握发展方向。业绩未达标的话，管理层需要遵循草根知本的战略部署、管控及人事调整。第二，财务。草根知本会向被投资企业派驻财务总监，确保所投资金用于企业发展。第三，法务。由于所投资企业多与食品安全、环保等相关，杜绝擦边球行为，确保企业健康发展且不伤及集团品牌。

但草根知本并不希望全面替换被投资企业的核心管理层。毕竟控股被投资企业的目的之一，即是与优秀的创始团队合作、共同成长。如果团队足够好，草根知本只派财务总监。

基本管理的领域亦有三类：战略、绩效、组织。未来3~5年的规划是什么，核心团队是否有短板，如何考核核心团队，草根知本会与被投资企业一起讨论。

其余的经营决策由管理团队自己负责，但可在新希望集团、草根知本集团的优势领域寻求赋能，比如新希望集团的集团品牌力、文化力、社会资源力、政府资源力、科技力、国际资源力、资金支持等，刘永好本人的支持以及草根知本积攒的数字科技能力等。

席刚认为这样的产业投资属于养儿子模式："产业投资考虑的不是短期收益，而是如何通过与自己的产业结合，去帮助被投资企业不断成长。当行业的集中度提高时，产生协同效应的企业具有更好的发展前景。只要它的发展符合我们的战略规划，我们不会一定要求在多长的时间内变现。如果真的要设置一个时间，我希望至少把它设定为20年。"[16]

刘永好找到刘畅，共同讨论，刘畅也认为这是个好尝试，于是他签字同意了草根知本对于新赛道、新机制的设想。他还将草根知本的合伙人试验总结为"四共":共识、共建、共担、共享。

业务重构

方向、思路渐渐明确后,草根知本很快在新希望集团、新乳业丰富的业务场景上发现了投资机会。

创新业务试点,鲜生活的数字科技

随着新乳业、新希望六和的发展,越来越多的冷冻食品、低温奶需要冷链运输。于是草根知本将新希望集团旗下的冷链物流业务在 2016 年 11 月整合成了鲜生活冷链物流公司(下称鲜生活),并任命 2002 年大学毕业后就在新希望集团工作的孙晓宇担任这家公司的总裁,当时公司年收入仅 2 亿元。

为新希望集团业务做支撑的目标很快就实现了,那么鲜生活接下来该怎么走?冷链物流极度分散,前 100 强公司合计占据的市场份额也不足 10%;缺乏标准,无论是流程环节还是运送的物品都是五花八门的……

"跟快递行业比落后 10 年。"孙晓宇认为冷链物流还处于非常初级的阶段,"买两辆车,甲方告诉他把货送到哪。滴滴做打车软件时,出租车行业还有起步价和一公里多少钱的规矩。冷链物流行业连什么是'一单'的定义都没有,连商品库都没有。一箱冻货指的是饺子还是鸡肉,没人管。别提数字化工具了,互联网、大数据等这些工具原来在这个行业都使不上劲。自然也没什么现成的、好的业务系统供应商。"

这便是新赛道机会。2017年下半年，草根知本明确了以鲜生活为抓手，整合行业存量公司，并为其赋能的冷链赛道战略。它们的目标是"成为生鲜食材行业的基础设施"。

接下来，鲜生活的动作大体而言可分为两路。

一路以合伙人模式在全国各地陆续收购了20多家相对成型的冷链物流公司。"非标环节这么多，行业的数字化这么弱，一定要用合伙人的方式激励大家向前推进。激励、支持团队的创造能力。"孙晓宇认为鲜生活与这些物流公司的创始人是两情相悦，"集团有清晰的战略，一整套组织考核规范制度和正在建设的数字化系统，行业里又遇到这么好的整合期。大家对于成为赛道的合伙人也是非常乐意的。"

如前述的行业非标状况之低，可以想象鲜生活要想改造行业有多难，所以在总部层面的高管对于投资鲜生活、成为合伙人反倒颇为保守。"一开始他们也没有那么强大的信心和那么多资金，很长时间里都是我占14%，孙总[①]占1%，没有其他人。"席刚回忆道。

另一路则是在鲜生活努力推动数字化。草根知本不希望鲜生活长期依靠合伙人的个人经验做决策，那只是2017年、2018年不得已的选择。

数字化的前提永远都是标准化，鲜生活也不例外。孙晓宇团队从订单、调度环节开始，然后是仓储环节，一点点地梳理业务流

[①] 指的是孙晓宇。

程，定义每一个概念。

为了采集更多的货物数据，实现入仓出仓、车动货动，鲜生活还在货车上加装了温控传感器和 GPS，方便甲方实时查看货品的状态、品类、数量等信息。

完成标准化和数据在线化后，还需用电脑软件、App 等将新流程固化下来，再不断优化排单、路径、满载、调度以及时间窗等环节，力求降本增效。

这需要很强的数字能力。鲜生活一方面在财务、人力等职能模块采购现有的 IT 软件，一方面陆续招聘了约 200 位技术人员和工程师自研业务系统及推进数字化进程。鲜生活光数字化团队的人力成本一年便有约 1 亿元。

鲜生活的数字化进程不能急于求成。"这块先标准化、组织化和培训数字化。就把它变过来。不断地迭代前进。先产品标准化，再数字化推进，再一个一个地延伸。我们一个环节接一个环节、一步步地在做。"孙晓宇说道。

新希望集团的数字化进程也是这个节奏。2017 年底新希望集团发布了名为"146N"的数字化战略（见图 6-3），旨在通过上线集团 OA 系统、草根知本实施 ERP、成立"我行我数"消费者大数据合伙人公司、5S 智慧猪场等重点项目，深度连接客户，赋能全体员工。

但这些项目的目的并不是快速、全面地提高新希望集团内部价值链的数字化水平，而是标杆性的示范工程。

它颇有些培训的意味，既让大家近距离接触数字化的过程，也让大家体会数字化带来的效率提升。2017 年进入新希望集团数字

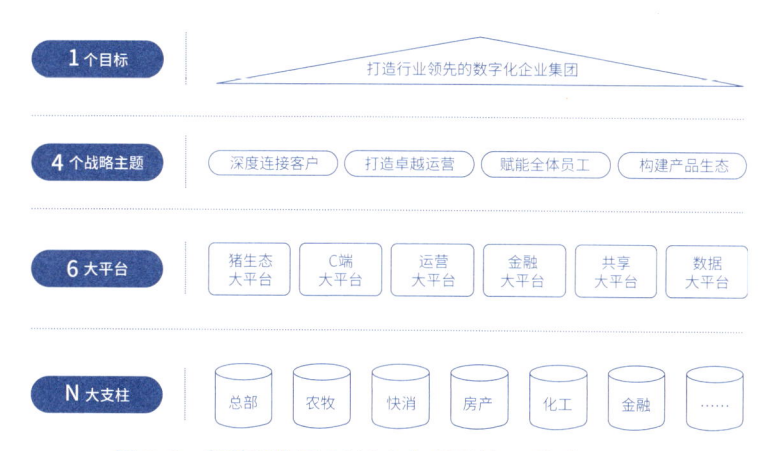

第六章 新希望：科技要升级，组织先再造

1个目标：打造行业领先的数字化企业集团

4个战略主题：深度连接客户、打造卓越运营、赋能全体员工、构建产品生态

6大平台：猪生态大平台、C端大平台、运营大平台、金融大平台、共享大平台、数据大平台

N大支柱：总部、农牧、快消、房产、化工、金融、……

图 6-3 新希望集团 2018 年初提出的 IT 战略：146N

来源：新希望集团

科技部的钱永庆总结道："146N 我觉得有点像吹响了数字化的号角。它相当于是一个播种机，就有点把星星之火给点起来的意味。"

产业链百花齐放

在恰当的节奏和战略下，鲜生活逐渐步入了正轨。2018 年鲜生活的营收达到了 7.63 亿元[17]，还实现了几百万元的净利润。

鲜生活的合伙人模式也有了进一步的落地。"后来公司业务开始上道了，管理层信心更足了，大家也愿意投资，我就把我那部分再转给他们。基本按照当初的价格，再给点利息。"席刚说道。

这时鲜生活的梦想更大了。刘永好希望可以用更加互联网、数字化的方式来整合冷链物流行业。2019 年 4 月 29 日，鲜生活以渐渐成熟的 SaaS 业务系统为基础，正式设立了子公司成都运荔枝科技有限公司（下称运荔枝）。[18]

如果说鲜生活是链家的话，那么运荔枝承载了成为贝壳的使命。运荔枝试图用 OTWB 等 SaaS 系统集群，让平台上的冷链物流公司实现订单全生命周期的数字闭环管控，用大数据算法匹配货、车、库、人、路，从而降低运输配送成本，提高运输配送时效。

到 2021 年 9 月，鲜生活建立起了覆盖全国 34 个省级行政区、645 个市县的全国冷链网络，直营车辆约 4000 台，平台合作入网车辆超过 8 万辆，云仓面积超过 100 万平方米，拥有 20 余万个交付站点。

这些运、配能力服务了 2400 余家行业客户，2021 年上半年它们就给鲜生活贡献了 30 亿元收入——相当于 2020 年的全年营收。而且鲜生活营收中，来自新希望集团内部的业务量不足 20%。

在业绩的突飞猛进下，2021 年已经进入全国行业前十的鲜生活先后完成了两轮融资，估值已达 100 亿元。令人振奋的是，鲜生活不是草根知本旗下公司的唯一成就。

鲜生活发源地之一的新乳业 "24 小时巴氏鲜牛乳"，已发展出了低温酸奶、低温调制乳、低温乳饮料等系列产品。低温奶产品的销售额占新乳业销售的比例也接近了 60%。

2016 年，新乳业还出现了员工股权激励平台——新之望创业投资有限公司[19]，它持有新乳业的股份占比达 5.03%。2014 年并购的那批地方乳企在几年间也实现了盈利。

多重利好下的新乳业成功于 2019 年 1 月 25 日登陆深交所，成为新希望集团旗下的又一上市公司（其营收增长趋势见图 6-4）。

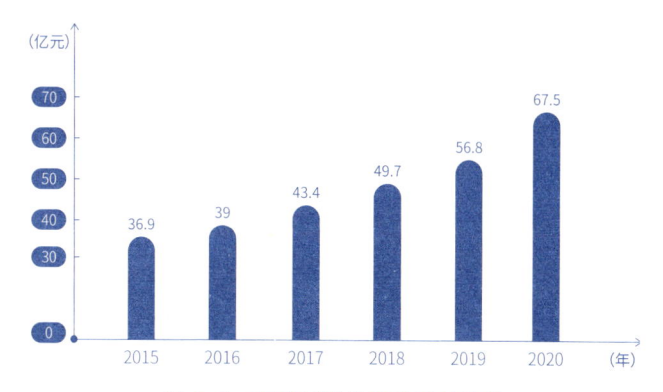

图 6-4 新希望乳业营收增长趋势

来源：财报、公开资料
注：数据做了四舍五入的处理。

新乳业上市后，席刚的大部分精力转到了草根知本。

随着川菜、火锅在全国范围内的持续受追捧，川菜的调味料行业也在 2015 年后从"生产什么就能销售什么"的粗犷发展，进入了垂直化精耕细作的阶段。[20]

复合调味料公司川娃子打算趁机从 B 端的供应链公司转为打造 C 端酱类的消费品公司。为了获得草根知本及新希望集团的整合能力、技术、生产、营销等资源，2018 年 4 月川娃子加入了草根知本集团，成为新希望调味品公司的一员。[21] 随后双方在电商[22]、工厂等方面协同发力，川娃子 2021 年的投后估值为近 40 亿元。

刘永好认为这几年通过设立独立的合伙人公司平台草根知本，首先战略目标明确，用"四共"理念推动合伙人体制和新的激励机制，为新希望推动的"五新"理念做实验。

组织升级 × 战略驱动

总而言之，草根知本正在崛起。"现在草根知本的平台上，实现了一家公司上市，跑出来了两个百亿元估值的公司，有两个超过 30 亿元估值的公司，还有不到 10 个估值在 1 亿~10 亿元的公司。"包含乳业在内，草根知本的员工数已达 2 万人之多。2021 年草根知本用于控股型投资的资金已经超过 50 亿元。

刘永好和刘畅积极地推动草根知本的崛起。2019 年开始有人想投草根知本的项目时投不进去，于是找到他。这几年互联网公司对传统行业的颠覆并没有想象的那么容易，传统行业若能利用好数字化，未来反而会更有机会。

"五新"理念

草根知本、新网银行、新希望六和、新希望地产等新气象涌现的原因，被刘永好在 2018 年底总结为"五新"理念（见图 6-5）：转换新机制、任用新青年、探索新科技、布局新赛道、担当新责任。

新机制即以合伙人为代表的按照"四共"理念来推动的机制。相比传统企业的强管控型模式，合伙人机制显然要更灵活，也更容易激励组织活力。

新青年算是管理者年轻化的另一种表达。新希望文化手册里将年轻人写作"推动企业变革和创新的发动机"。他们有奋斗动力和诉求，对新经济、新消费认识更为深刻。

新赛道并不只是强调新生行业，而是希望以新希望集团既有的

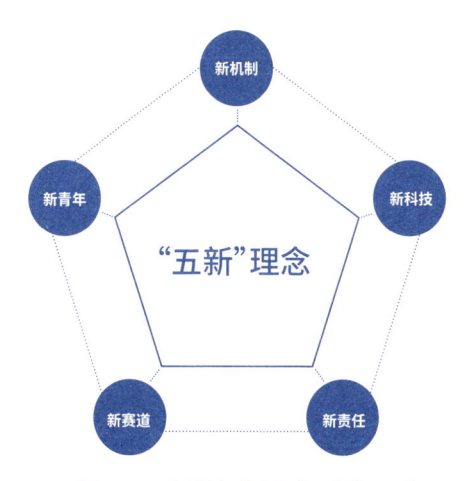

图 6-5　新希望集团"五新"理念

来源：新希望集团

产业链上下延伸，用诸如合伙人机制、投资控股、风险投资等新形式布局。

新科技也不只是强调数字科技，还包括新希望集团、草根知本旗下相关产业公司的产品科技，比如生物工程、食品科技、饲料科技等。

新责任既是指员工的学习能力、进取心是否足够，也是指对自己和家庭的责任，还是指新希望集团对国家、社会的新时期责任。不欠薪、不欠税、不欠息、不行贿已成基石。新时代要求公司承担得更多，比如社会帮扶、乡村振兴、食品安全等。

在更具时代特色的"五新"理念之外，新希望集团在 2019 年底还梳理出了十条价值观作为公司的基本准则、组织精神、发展理念和对外态度,这就是所谓的"新十条"。其中值得一提的是刘永好一直以来倡导的"快半步"理念被写入其中,"快一步的话,就有可能掉下去起不来了;快半步则进退都有一定的把握,退时退得回去,前进时占优势"。

总结了新希望集团、草根知本以及外部企业的经验后,刘永好发现那种恐慌之下的数字化转型——请大量数字化人才、花大量预算的结果往往不尽如人意。他认为只有先完成组织再造,传统企业才能更好地与数字化转型融合在一起(见图6-6)。

"有人说,传统企业加上数字科技就转型成功了,我认为远远不只如此,或者说根本不是这样的。传统企业转型时,如果仅仅简单地加以数字化,多半都会死去。为什么?因为传统企业的格局、人才、组织、文化、体系是历史形成的,它的产、供、销、文化、激励方式都不一样。传统企业和互联网企业的组织基因是完全不一样的,把两个不同基因的物体并在一起会产生变异和抗体。这就像人的肝和猪的肝虽然90%是一样的,但是如果把猪肝直接移植给人是不行的,会排异,因为基因不一样。必须把这些不一致的基因分离了、去掉了,可能才行。因此,传统企业转型时,就必须进行组织再造。"[23]

新希望集团组织再造的内涵,即是下大力气推动"五新"理念和"新十条"的落地。2019年是新希望集团加速"快半步"的一年。

集团加速转型

2019年6月,刘永好和刘畅认真交流沟通,共同认为合伙制

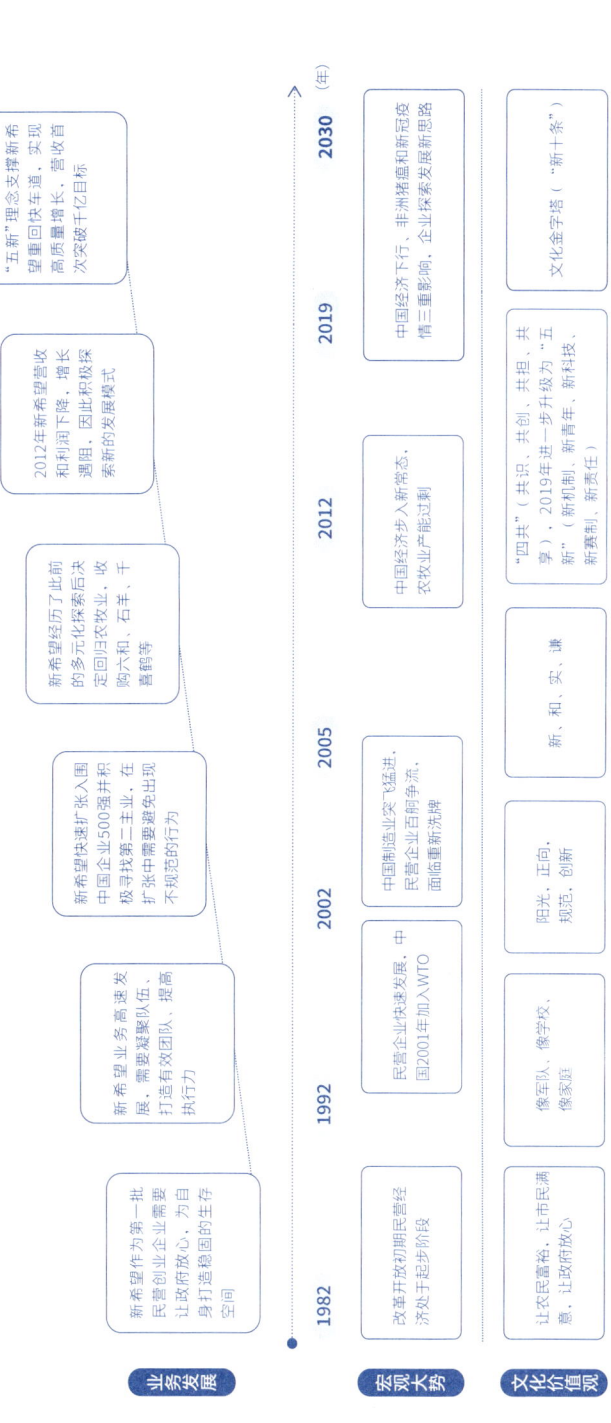

图 6-6 新希望集团文化价值观的五轮关键迭代

业务发展：

- **1982**：新希望作为第一批民营创业企业需要让政府放心，为自身打造稳固的生存空间
- **1992**：新希望业务高速发展，需要凝聚队伍，提高打造有效团队，执行力
- **2002**：新希望快速扩张，中国企业500强并积极寻找第二主业，在扩张中需要避免出现不规范的行为
- **2005**：新希望经历了此前的多元化探索后定回归农牧业，收购六和、石羊、千喜鹤等
- **2012**：2012年新希望营收和利润下降，增长遇阻，因此积极探索新的发展模式
- **2019/2030**："五新"理念支撑新希望重回快车道，实现高质量增长，营收首次突破千亿目标

宏观大势：

- **1982**：改革开放初期民营经济处于起步阶段
- **1992**：民营企业快速发展，中国2001年加入WTO
- **2002**：中国制造业突飞猛进，民营企业百舸争流，面临重新洗牌
- **2012**：中国经济步入新常态，农牧业产能过剩
- **2019**：中国经济下行，非洲猪瘟和新冠疫情三重影响，企业探索发展新思路

文化价值观：

- **1982**：让农民富裕、让市民满意、让政府放心
- **1992**：像军队、像学校、像家庭
- **2002**：阳光、正向、规范、创新
- **2005**：新、和、实、谦
- **2012**："四共"（共识、共创、共担、共享），2019年进一步升级为"五新"（新机制、新青年、新科技、新赛制、新责任）
- **2019**：文化金字塔（"新十条"）

资料来源：新希望集团

企业将会是新希望集团旗下公司的主流形态："新建企业全部为合伙制，现有公司能转则转为合伙制"。[24] 于是合伙人公司在新希望集团范围内出现得越来越多了。

在刘畅的推动下，新希望六和的合伙人机制结束了试点探索，从 2019 年开始先后在河南、广西、川渝、湖北、江苏等区域推广。2021 年初，新希望六和还推出了针对近 4000 位核心骨干员工的价值 10 亿元的股权激励计划。[25]

2018 年底，新希望地产公司高管成立了股权激励平台成都云璟观澜企业管理有限公司（下称云璟观澜）。在刘永好、刘畅、张明贵决定分拆新希望地产中的物业板块新希望服务并单独上市后，2020 年 5 月 9 日，云璟观澜以优惠的方式获得了新希望服务 6.2%的股份。[26]

2019 年 5 月，蚂蚁金服集团前人工智能商业决策总监盛子夏不愿再做职业经理人，与刘永好沟通过后被"五新"理念、合伙人机制打动，于是带领团队与新希望集团成立了上海厚沃信息科技有限公司，即新希望产业科技服务有限公司。

这是一家供应链金融公司，他们希望用互联网、大数据等技术，专注于农牧业的中小微企业信贷。"集团出一份钱，我出一份钱，共同设立一个合资公司。"盛子夏称翻身做了自己的主人，"整个积极性完全不一样。集团给予我们资源支持，也给了我们足够的自由度。每年的 KPI、战略、业务目标都是我们自己定的，每年都以 200% 以上的目标去挑战自己的极限。"

到 2021 年中，新希望集团已经有 400 多位不同层级的合伙人，合伙制企业也达到了大约 150 家。与之相比，新希望集团保持着一个赋能型的总部，至今只有 120 人左右。[27]

为了把数字科技对外赋能也作为一项业务，新希望集团将旗下的数字农业研究院、数字战略咨询服务公司、智慧水务公司、智慧乡村公司、智慧智能养殖公司等 13 家专业公司，以及大约 2000 位数字科技人才整合为了新希望数字科技集团，用于探索乡村场景的数字化业务（新希望集团赛道布局见图 6-7）。

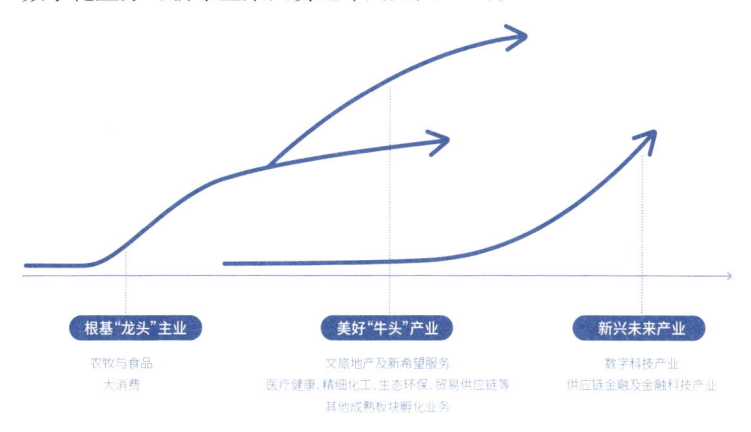

图 6-7 新希望集团赛道布局

来源：新希望集团

2020 年底，新希望集团的整体信息化程度达到了大约 90%，接下来新科技的应用方向是纵深发展。

2020 年 9 月，将新希望地产全口径销售额带到 1031 亿元[28]、6 年间增长 50 倍的张明贵，转岗新希望六和担任执行董事长兼总裁。刘畅、张明贵强化猪产业在生产、销售、日常运营等方面的精细化管理时，毫不吝惜对数字化和智能化的投资。

刘畅表示，目前已有包括 IBM 在内的十多家咨询公司帮助新希望推动数字化，"一年咨询费花几千万元"。[29]

草根知本的数字化程度略高。2021 年开始，它将建设营销数字化、供应链数字化、产业供应链 to B、新零售 to C、财务数智化、人力数智化、决策数智化这七个枢纽型数字化工程。2019 年转任草根知本 CIO 的钱永庆说，草根知本希望在创收、降本、管理上进一步提高数字能力，帮助旗下被投资企业提高运营效率。

2021 年新希望集团要实现"卓越运营"目标，数字化也被寄予了更大的希望。新希望集团常务副总裁、首席运营官李建雄解释道："在信息科技方面首先要建立数据中台，通过定量分析进行科学的运营决策，其次要通过智能化手段有效提升生产效率，并建立起新希望的第一运营模型。借助数字化、智能化应用，提升供应链管理能力，以数字化销售的预测进一步精益化管理，控制成本。在生物科技方面要运用科研优势，在多个新赛道中争取成为行业领先。"[30]

简言之，要做到卓越运营的基础是组织再造，抓手则是科技驱动。数字科技和生物科技的相关指标从 2019 年开始均被列入新希望集团对于业务管理人员的考核当中。

要达成上述目标，新希望集团的新青年们将承担更多责任（见图 6-8）。经过多年的年轻化，2020 年新希望集团 13.5 万名员工的平均年龄为 36 岁——2018 年是 38 岁，其中 2000 多位中层管理者的平均年龄降到了大约 35 岁。刘永好一直戏言他是集团总部管理者年轻化的最大障碍："要是把我开除的话，平均年龄还得下降。"

尽管以"五新"理念、"新十条"为核心的新希望集团整体组

		1年	3年	5年
科技驱动（12项）	数字科技	1. 建设大数据中台 2. 组建乡村大脑公司		5. 做实"数科集团"，孵化1~2家数字科技独角兽企业，成为行业数字化创新示范
		3. 优化集团第一模型，让数据成为生产力　4. 全面升级数字化人才战略及激励机制		
	生物科技	1. 获批1~3个国家级科技奖项	4. 建设一流科技研发主体，包括波士顿研究院、各产业研究院等	6. 项目申报补贴5年翻番（年平均增长20%以上） 7. 科技经费5年预算翻番，形成科学的项目管理机制
		2. 实现"猪芯片"技术行业领先　3. 孵化"人造肉"成为行业独角兽　5. 建领先的科学家队伍及先进的激励机制		
卓越运营（5项）			1. 211鲜达计划 2. 精益生产计划（标准成本解析），打造一批标杆工厂	
		3. 供应链提升计划，包括存货周转、应收账款、吨均费用、人均创利、销售净利率等专项 4. 利润捡拾方法计划（如：房产九大措施）（0876每头猪/离赢利能力）		
		5. 建立集团风控委员会，发布五年风控规划并实施		
组织再造（11项）		1. 高盈利、高激励机制再升级 2. 完善合伙人机制 3. 创新总部、板块和区域组织赋能模式 4. 全面推行数字人力及管理者精准画像 5. 推行对标学习等沟通学习方式 6. 组织创新能力和效能评估		
		7. 文化节 8. 管理者廉洁行动	9. 100名核心管理者领导力计划 10. 内部培养100名/年新青年计划	11. 外部招聘100名管培生/5年

图6-8　新希望集团5年内的28项任务

来源：新希望集团

织再造仍在推进中，其数字化、智能化、管理科学决策与目标仍有差距[31]，但新希望集团还是获得了不俗的成长。

2021 年新希望集团的总收入达到了 2170 亿元，首次进入了《财富》世界 500 强企业行列[32]，利润也突破了 100 亿元。营收、利润增长约为 30%。

刘永好觉得新希望集团的组织变革和数字化转型"凑凑合合也还可以，至少赶上了经济转型和结构转型大的格局"。[33] 他认为新希望集团的组织再造还需要更深入，数字化转型应该更坚决。

青腾一问 | 杨国安对话刘永好

杨国安：你对数字化的理解，今天和 5 年前相比有没有一些重要的变化？

刘永好：有很大的变化。5 年前，我更多是在想，是不是我们在数字化这方面多招点人，多投点钱，就行了。后面我们发现，数字化再造和组织再造、文化再造一样重要。而且往往组织再造和文化再造更重要，（没有组织和文化再造）后面的数字化再造实施不下去。

杨国安：为什么会发生这种转变？

刘永好：我们也做过好多的研究、分析、走访，发现有不少企业花了很多钱，请了很多数字化人才，制定了很多措施，以为通过这样的努力企业就数字化再造了，但结果不尽如人意。然后又花了很多钱，几亿、十几亿下去，结果在公司推行的时候，阻力重重。原有的体系认为，这个不好用，不会用，还不如原来的体系。再加上利益分配、文化没跟上,最后钱花了,项目却被扔在一边。原有的格局这时也发生了变化。原来还过得去,有饭吃,现在饭都不一定吃得上了。这些折腾加速了它的淘汰。

于是,我就总结出一个认知,我们传统企业在今天必须进行数字化的再造,成为数字化的新移民。但在这个转型过程中,不单单要引进数字化的人才,进行数字化的投入,多买电脑,多买机器,多买网络,多上云——其实这些都容易,是只要给钱就能解决的事。

最难的问题是思维的转变,组织体系的转变,文化的转变。数字化再造时,原来的很多体系是障碍,必须改过来,就好比基因一样。原有的基因是那样的,你非要按这样去做。不行,有抗体。

我们意识到这个问题后,就下了大决心,在进行数字化转型的同时或者之前,我们要做组织和文化的再造。

这几年我们在"五新"理念和"新十条"文化的建设这两方面花了大力气。有了这个组织转型,新移民里就有了适合数字化的基因。我们再来推企业的数字化转型、培养技术人员、招聘工程师、成立相应的科技公司,就容易了、便利了,很多问题迎刃而解。因为组织和文化再造,和数字化再造的要求是一致的。

我们信息化的推动已经上了个台阶,数字化的再造才刚刚开始,智能化还要有个过程。有些公司的试点已经成功了,但是多数公司还在进行中。

我们还没有做到最好,还有相当长的路要走,但是显然跟几年前大不一样了。

我们草根知本的团队告诉我:"董事长,按照这样的方式,只要我们不犯大错误，再给我 5 年时间，可以形成一个千亿市值的草根体系。"

这就是再造一个新希望了。第一个新希望，用了 40 年，形成这个格局。用不到 10 年的时间造一个草根知本，也可能形成千亿市值的格局。并且草根知本都是在消费的新赛道上，它更有活力。

这就是我们的探索，我们的尝试。所以这几年新希望的数字化转型是有一定成效的，是生机勃勃的，我们做的是对的。

杨国安：你刚才讲很多组织转型的核心是人，那么过去关键的人才是否愿意退下来？你们怎么处理？

刘永好：原来做出贡献的人通常年龄偏大了，这个时候我们要进行文化的宣贯，让他知道我们必须要年轻化。

第一，到了国家法定的退休年龄，我们按照国家规则去做。

第二，就算退休了，我们请他做顾问、做导师。有了这样的安排，他往往都愿意。

第三，还未到退休年龄的老员工，从一线下来到二线的时候，他的收入水准不会有特别大的变化。他的收益还是有基本保证的。

第四，荣誉感。师带徒，他能够带出徒弟，徒弟做好了，他也有功劳。甚至，他的徒弟做得比他好，他是不是能够分享一部分徒弟的收益。

实际上这是一个人性的问题。名的问题，利的问题。这些问题解决好了，他愿意下来。你看我很多事都带头做。新希望六和是集团内最大的公司，我 8 年前就不做董事长了，让刘畅去做。

杨国安：你怎么吸引新的科技人才过来？要用好科技，需要的是又懂科技又懂业务的桥梁型人才。这些人才不好找，也不好吸引。

刘永好：引进一些著名大学的大学生，同时引进一些市场上有经验的管理者，主要是靠合伙制。我们说你的工资水准跟你原体系会差不多。但是来我们这里，你是股东、企业家，也是老板，你可以分享价值的成长。这很重要。

实施"五新"理念以后，我们有100多个合伙制的企业，有400多个合伙人。一大批80后做董事长、总经理了，一大批收入上百万元、千万元的人也在公司出现了。这样的话，号召力很大。

合伙人之外还有一种全新的模式。比方说我们认为医疗健康领域会大有发展，在大概七八年以前我们就开始组建产业基金专门投资医疗健康。这就不是我们控股了，是别人控股。我们作为投资者和产业赋能者来支持你，推动你的发展。现在有的已经上市了，有的正准备上市。

杨国安：新希望集团涉猎的产业领域非常多，现在又有很多合伙人公司，集团总部目前承担的职能是什么？

刘永好：集团更多强调服务、战略服务，而不是管理。

服务，做什么呢。第一，定战略。第二，定文化。第三，赋能。赋能包括数字化，用数科集团来引领、推动公司的数字化。从信息的集中、上云、数字化到智慧化的管理。赋政府资源的能、金融的能、品牌的能、文化的能、培训的能。

一家好的公司，有好的创始人、领头人，有好的文化基因，我们可以把它当儿子来养，不断给它赋能，可以当儿子来养，支持它发展壮大。比如我们投资的蓝生脑科，现在已经在规模、技术等方面走到了行业前列。

生产运营这些更多让我们的事业板块来做。

有限的管理体现在四个方面。第一是红线思维，就是哪些你不能碰。比如你舍弃了食品安全，那赚钱再多都不行。第二是文化的管理。第三是重要管理者的任免。第四是战略、文化、精神层面的交流、沟通、学习。

杨国安：复盘的话，你觉得这些重要决策里有哪些可以做得更好？

刘永好：要是我们再早一点进行组织的再造、文化的再造，效果会更好一些。越早越好。这是第一。第二，关于放权，放得还不够彻底。少发言，做得还不够。好多时候都是因为惯性，结果我一说话人家就依我说的做了。这样不好，这方面还要改进。

第七章

贝壳：
引领行业升级创新者

没人瞧得起的房地产经纪行业里,很多从业者都知道行业未来应该是什么样,改变的命门在何处,却没有人去做实际的改变。在一个供过于求的市场,贝壳找房的创始人们以第一性原理思考行业和公司痛点,寻找转型路径,扛住压力推着公司向前走。

更多关于贝壳数字化转型升级的详情,
请扫码观看《一问》视频。

青腾《一问》纪实访谈节目选择的这个案例反映了贝壳找房创始人左晖[1]和彭永东的变革领导力。

没人瞧得起的房地产经纪行业里,很多从业者都知道行业未来应该是什么样,改变的命门在何处,却没有人去做实际的改变,因为无须改变也可以赚钱(房消费的发展同步于互联网的发展进程见图 7-1)。在一个供过于求的市场,他们的判断充满了理性。

除了贝壳找房的创始人们。

他们以冷静且极具韧性的态度,在市场还远没有倒逼企业转型的 2009 年左右,便思考着如何提高这个行业的尊严水平[2],然后付诸实施。之后的十多年时间里,一个传统的线下中介公司链家升级为一个线上线下俱佳的 O2O 公司链家网,再迭代成一个向行业赋能的智能化交易平台贝壳找房。未来,贝壳找房打算升级成一个科技驱动的新居住服务商。

从链家到链家网,再到贝壳的 20 年,走了一条让自己先升维再向其他人降维的道路。其间,贝壳找房的创始人们顶住了经纪人普遍离职的压力,顶住了流量骤跌的压力,顶住了拿赚到的钱全部投资长期项目却可能血本无归的压力,顶住了被全行业封杀的压力……

以第一性原理思考行业和公司痛点,寻找转型路径,扛住压力

---

[1] 2021 年 5 月 20 日,贝壳找房发布讣告,左晖因病去世。大概在 2013 年,左晖被诊断为肺癌,经多次治疗仍无济于事。左晖生前最后一条朋友圈的标题是:相信价值观的力量、相信相信的力量!
[2] 一个大家心照不宣的事实。在中国很多房产经纪行业的从业者处于鄙视链的最底端,被包括他们自己在内的很多人看不起。

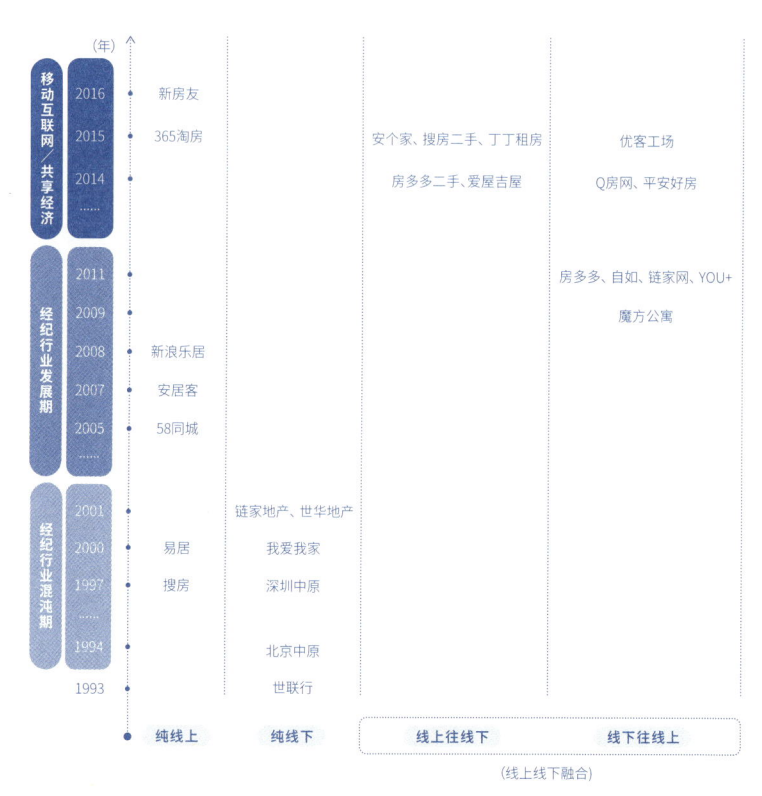

	(年)		纯线上	纯线下	线上往线下	线下往线上
移动互联网/共享经济	2016		新房友			
	2015		365淘房		安个家、搜房二手、丁丁租房	优客工场
	2014				房多多二手、爱屋吉屋	Q房网、平安好房
	……					
经纪行业发展期	2011					房多多、自如、链家网、YOU+
	2009					魔方公寓
	2008			新浪乐居		
	2007			安居客		
	2005			58同城		
	……					
经纪行业混沌期	2001			链家地产、世华地产		
	2000		易居	我爱我家		
	1997		搜房	深圳中原		
	……					
	1994			北京中原		
	1993			世联行		

(线上线下融合)

图 7-1 房消费的发展同步于互联网的发展进程

来源：华泰证券研究所

推着公司向前走，这些或许都不算罕见。罕见的是，左晖还早早找到了一位跟自己同频共振的接班人，贝壳找房联合创始人、董事长兼 CEO 彭永东。

前述难而正确的事情，有彭永东与他一起分担。左晖也早早对他委以重任。2020 年时，他曾谈及自己与彭永东的分工："没有什么分工，基本上都是他，不需要分了。"

战略驱动

在中国企业的数字化历史上，2014—2015 年是个小小的里程碑。美团成为火热数年的 O2O 概念中诞生的第一家实现规模级营收的公司[1]，出行新贵滴滴的前景看上去比美团还要光明。腾讯在 2015 年初正式提出了"互联网+"的概念，试图以互联网为代表的数字能力改造更多行业。风投、私募基金们则纷纷投资互联网创业者，期待后者对传统行业发起降维攻击。

线下 VS 线上

房地产经纪是其中的热门赛道。那时市值几十亿美元的垂直房产媒体搜房网开始组建线下团队，市值百亿美元的 58 同城则收购了安居客……但进入这个赛道的互联网公司中，最凶猛的是一家叫爱屋吉屋的创业公司。

爱屋吉屋的口号是：我们要用互联网飞机大炮的方式挑战传统房地产中介的刀耕火种。该公司基本放弃了线下门店，试图依靠网站或 App 重塑找房、预约、交易等流程来提高行业整体效率。它在市场上的撒手锏则以免佣金或低佣金的形式补贴消费者，还大量投放广告吸引流量。这些流量交给了以高出行业一倍薪资[2]挖角得来的传统经纪人做转化（见图 7-2）。

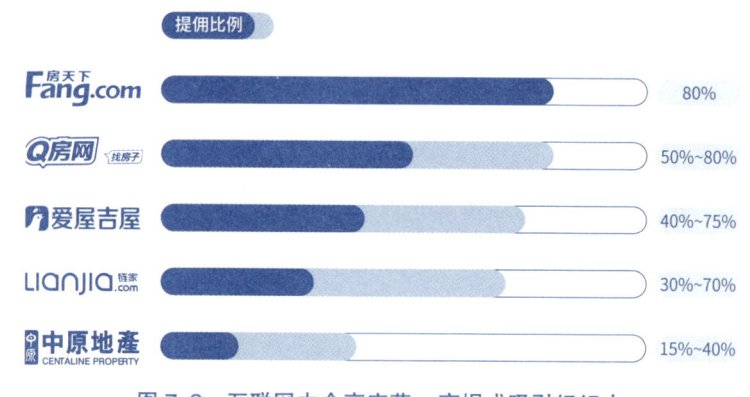

	提佣比例
Fang.com	80%
Q房网 找房子	50%~80%
爱屋吉屋	40%~75%
Lianjia.com 链家	30%~70%
中原地产 CENTALINE PROPERTY	15%~40%

图 7-2　互联网中介高底薪 + 高提成吸引经纪人

来源：根据公开资料整理，华泰证券研究所

爱屋吉屋先是在有着高频交易的租房市场打样，半年左右即占据了上海约 30% 的市场份额。随后爱屋吉屋杀向北京……随后又进入了低频的房地产经纪行业，主攻二手房交易。

不得不说爱屋吉屋的模式在那时看起来颇为正确。2015 年爱屋吉屋仅在上海、北京便成交了 17893 套房屋[3]，全年成交额（GMV）达到了约 400 亿元。链家走了十年的路，爱屋吉屋一年多便走完了。

如此战绩离不开风投的青睐和推动。截至 2015 年底，爱屋吉屋完成了 5 轮合计 3.5 亿美元融资，投资人包括顺为资本、淡马锡、晨兴资本、高瓴资本等知名机构。

作为被颠覆的对象，入行已十多年的链家董事长左晖完全不认同互联网创业者的打法和理念。

在左晖看来，线下门店仍然承担了服务、引流功能时，去掉门店是件很滑稽的事情:"门店(开支)总体份额占链家收入的不到8%。其实门店的价值要远远大于它的成本。(互联网中介)没有门店不是不想有门店,是没法有门店。"[4]

从 2010 年开始,链家管理层每年都会演练如何"干掉链家",虽然"链家"总是在演练中获胜[5],但互联网一方的攻击力和趋势性不容小觑。经过漫长的思考,他们得出结论:互联网的价值并不是颠覆、替代线下,而是赋能、迭代线下。

链家认为以高频带低频的流量导流功能只是线上价值的一部分,后者真正的核心价值应该是数据。线下的核心则是经纪人及门店提供的服务。线上对于线下的真正意义是帮助经纪人提供更好的产品或服务。

IBM 战略与变革高级咨询顾问出身、2010 年加入链家后负责链家互联网业务的彭永东认为线上线下是在数据层面相互促进的关系:"线上强大让线下也受益,线下受益让线上的数据也更全面。未来房产中介的竞争在于,谁有最好的数据,谁能知道客户的决策,谁能建立未来房产 O2O 平台。"

行业痛点,五大矛盾

对于线上、线下价值的不同判断,来自对行业整体痛点的不同理解。彭永东认为行业里有五大矛盾:消费者与经纪人之间、经纪人与经纪人之间、经纪人与行业周期、前台与后台、经纪人与经纪公司之间的矛盾。[6]

行业里的基础设施乏善可陈,没有房产信息,没有服务标准,没有金融服务①……参与者几乎都处于"裸奔"状态，他们之间的交互迸发出的基本是人性的阴暗面。

经纪人撒谎欺骗消费者，消费者一有机会便逃单甩开经纪人；经纪人之间恶性竞争、互相提防；面对行业调控，经纪公司和经纪人毫无抵抗之力；经纪人得不到经纪公司的赋能，组织效率不高；经纪人与经纪公司之间的关系很紧张，前者老想自立门户，后者则视前者为易耗品。一位台湾的经纪行业前辈曾告诉左晖："经纪人和毛巾一样，拿着毛巾就拧，拧干了换一条再接着拧。"

对于这原始的、剑拔弩张的状态，左晖经常自问自答两个方面的问题：第一，我们存在的意义到底是什么？到底给社会创造了什么价值？有链家或者没有链家会有什么不同？第二，我们到底是在什么场景下向什么人提供了什么价值？[7]

站在原点处的思考指向了一个更底层的共性问题，身为行业核心资产的经纪人的尊严。左晖说："我们一直对服务者的状况比较不在意……这是行业根本性的一些东西。"

链家曾有一位门店店长给闹事的客户下跪，以求息事宁人。"从那件事之后，我更清楚地知道，我们的服务者群体可能是比我想的要更复杂的一个群体。"左晖非常惊讶于店长的处理方式，"可能当

---

① 这里的金融服务指的是交易过程中的资金托管，类似美国的 Escrow 公司，也类似于国内的支付宝。中国长期以来既没有官方的托管服务，也没有市场化的托管公司。这给购房者带来了极大的资金风险。链家曾有一位女客户花了 800 万元买房，但第二天卖家自杀了，钱也不知去向。她给左晖留下了极深的印象，"直到今天，那个女孩的样子都在我眼前，第一她很平静，第二是心如死灰。"

时通过跪下，那个经纪人能把这个问题解决了，但是 5 年、10 年之后，他回想起这段经历，心里肯定不是很舒服。"[1]

链家并没有针对这件事刻意采取什么举措。左晖知道这种事情每天都在发生，背后的本质是共通的："大家的尊严感不够。如果不能从根本上解决问题的话，只是从表现形式上说你不许干这件事情、不许干那件事，这是没有意义的。"

行业底层，尊严的意义

关注服务者的职业尊严并不全是基于道德感或者使命感，也不全是来自自己租房曾被黑中介欺骗的切肤之痛，也不全是要被女儿以"爸爸是北京最大的中介"记住的自我证明式的需求。

左晖 1971 年出生，20 世纪 80 年代就接触过 Apple II 计算机，毕业于北京化工大学计算机应用专业。[8] 他是一个情绪波动起伏很小的理工男。在好友毛大庆看来，左晖谈起行业时关注的是数据和逻辑："数据丰富，严谨求实，从二手房市场深入洞察房地产市场内在规律。"[9]

所以，左晖关注中介的尊严——他日后将其概括为职业化，这其实与公司乃至行业的发展密切相关。经纪人每年的行业流动率几乎是 100%，平均从业时间只有 8 个月。经纪人的发展轨迹一般是走投无路了，来做中介过渡一下，然后被自然淘汰，或者有了其

---

[1] 如无特殊注明，本案例所引左晖言语，均来自李翔所著的《详谈：左晖》（新星出版社，2020 年）。

他出路后选择离开。经纪人没有安全感。"经纪人的工作不是以消费者为根本,都是以成交为导向的,都是单次博弈的状态。"左晖说道。

这是一个公司、个体都得不到积累的发展路线。整个行业的发展水平因此踯躅不前,社会评价也越来越低。

2009 年左右的中国房地产市场还是卖方市场,在房源为王的背景下,无论是吃差价还是拙劣的服务,消费者只能忍受。随着中国房地产市场转入买方市场,虽然房源仍很重要,但用户体验和经纪人的成交效率会更加重要。

那时,左晖、彭永东都觉得距离买方市场时代的到来,不会很遥远。届时,那些提供不了相当水准的服务的经纪人和中介公司将被市场淘汰。

于是,左晖、彭永东都认为无论对于经纪公司还是经纪人来说,房地产经纪都应该是一门看长期的生意。2010 年前后,链家管理层因此还就是否应该招聘大学毕业生来做中介进行了长时间的探讨。

"随着产业不断进化,经纪人是不是一个可以长期从事的职业?"彭永东相信经纪人的价值会随着知识、经验、口碑的积累越来越高,"跟媒体人、设计师开独立工作室一样,未来经纪人的个人影响力会越来越大。谁会受益?C 端用户。"

"我们的客户是两类人,一类是那些交易的买家、卖家,还有一类更重要的就是这些经纪人。我们今天越来越把经纪人看作是客户和产品,而不是看作我们的员工,虽然每个人都会签劳动合同。"2013 年前后,左晖明确了链家的核心工作是激励或引导经纪人更好地去服务消费者，满足消费者的需求，"这个生意最本质的是，实际上是激励人用正向的、良好的服务去满足消费者，然后再得到回报。它是从消费者那里得到激励的生意。"

简言之，链家得让经纪人相信保持良好口碑以在可见的未来获得的回报，要远远高于一次失信获得的回报。激励人的生意，不能做成单次博弈。

很长时间内，链家把尊严相关的内容写入了公司的使命、愿景、价值观，比如"让不动产服务业走进殿堂""共同创造和分享属于平凡人的尊严和非凡成就"[10]等。

变革领导力

做好激励、获得尊严的方法说来也不复杂。左晖相信查理·芒格的话：你要想得到什么东西，最好的方式就是让自己能配得上它。

这表达的意思是，自己没得到足够的尊重时，不要对外归因，先对内归因。

求取尊严要先对内归因

左晖说："我们自己做得怎么样？先要做到我们不骗别人，我们有比较好的服务精神，有比较好的交流状态，有更好的专业性，等等。一定要用自己的专业获得自己的尊严。"

彭永东说得很直白："经纪人为什么没尊严？你不对客户好，你发假房源，永远不可能有尊严。服务者应该提升自己的能力，尊严是靠自己去挣的。"

为了配得上这份尊重，链家力求改善服务品质。其中既包括经纪人正式着装、找专业设计师提升店面形象、洗手间对外开放时做到不丢人等相对外露的动作，也包括内生性的，在改善行业基础设施和规则方面的努力。

"吃差价"① 是明显的行业陋习。2004 年链家正式禁止经纪人靠着信息不对称忽悠客户，他们得靠"透明交易、签三方约、不吃差价"改收服务费或佣金。链家的经纪人一时间几乎走光了。左晖不为所动，干脆就此淡化了社会招聘渠道，经纪人招聘主要靠校园招聘。"我们一直从学校里边去招人，我们希望有一拨一开始来就相信这件事的人。"

沉溺于利润不考虑发展的根本，这常见于业内的企业家。或许是因为 20 世纪 90 年代便靠创立保险代理公司实现了相当水平的财务自由[11]的关系，左晖对于赚更多钱的欲望不算强烈。2007 年左右因行业基本面转好和此前的扩张策略有效，链家实现了大约 5000 万元的盈利。2008 年链家便引 IBM 等咨询公司入驻——彭永东便是当时项目组的一员，在外脑的帮助下试图厘清使命、战略、价值观，以及要不要做互联网、怎么做互联网等问题。

假房源信息遍地都是，用户体验极其糟糕，且始终没有行业基础设施。于是，2008 年链家在 30 多个城市开始做房屋普查，记录一套房子的门牌号、属性等信息，一套房源一个编码，再录入名为

---

① 2004 年终止吃差价模式时，左晖并没有想得那么深远。他回忆道："我们和竞争者比，在吃差价上根本没有优势。"

"楼盘字典"的数据库（见图 7-3）。[①] 这意味着一年至少几千万元的成本投入，而左晖对这个部门不考核投入和产出。曾有头部中介公司也在同一时间开始打造类似的楼盘字典，但数年后却因看不到效果而放弃。

获取渠道	线下	实地采集	线上	经纪人贡献 竞品抓取 业务接入 对外合作
获取工具	已有	外包商 CA、经纪人 蚁巢App 淘金小程序 API回流接口 REDS	新增	REDS小程序 情报系统
审核入库	审核后台	结构 属性 景观图 户型图 ……	其他后台	备件审核系统 成交价/市占系统
数据策略	数据血缘	实采 备件 经纪人纠错 多人验证 ……	反应堆	楼栋内反应 楼层内反应 单元内反应
数据应用	通用服务	建盘服务(无证据/证据) 楼盘匹配服务 API数据服务 ……		

图 7-3 楼盘字典数据采集方式与策略

来源：贝壳研究院

因为缺乏经验，链家先后尝试了雇用员工核查、经纪人更新、经纪人+普查员更新等团队结构。为了确保数据质量，链家先后要求采集人员携带 GPS、拍摄视频等方式。试来试去，光是为了数清楚北京有多少套房源，链家就数了 3 次。

正是有了楼盘字典，链家才能在 2011 年力推"真房源行动"，才敢承诺消费者发现一条假房源赔付 100 元。

"我们就发真房源。背后的核心是，消费者终归是理性的，是

[①] 为什么是链家启动了这些基础设施的建设，左晖认为相比区域公司，链家有一个先天性的优势："生在北京，天然造成了工作做得足够多，投入足够大。"

有判别能力的。我们就等着，等消费者回来。"左晖认为一旦消费者回来了，这件难而正确的事就会激励链家的经纪人，"一旦得到消费者的激励，就再也回不去了。"

在某种程度上，这也是想从根本上改变行业靠信息不对称赚钱的商业模式，倒逼链家、经纪人提升自己的政策解读及服务能力。2011年11月，链家还为此创设了一年两次的内部考试"搏学大考"，涵盖二手房、新房、租赁3个科目。因其筛选作用强，高分经纪人的业绩、效率明显好于低分经纪人[12]，"搏学大考"日后被链家经纪人称作"经纪人高考"。

为了更好地展示房源和赋能经纪人，彭永东以1亿元的[13] IT预算——此后每年都在1亿元以上——重塑了链家的IT格局。彭永东带领团队打通了从后端到前端的OA、SE（Sale Efficiency）[①]、人力系统、链家在线、签后交易系统等，努力推动真房源数据库的完善和面向用户的信息展示。

在传统公司认为互联网只是一时热闹的2011年，链家推出了具备智能房源推荐、720度全景看房等功能的链家在线。这也是链家经纪人业务动作线上化的开始，公司那时会根据记录到的业务动作，以电话回访的形式来监督服务质量。

2013年，链家承诺如果买方反悔不愿继续购买，链家将退还代理费。链家此举的初衷是为了保护消费者的冲动消费，"中国人买股票和买房子都是很随意的，但这是错的。我们希望培养消费者

---

① 链家在2008年左右与大连好旺角合作，引入并改造了对方的SE系统。SE可以理解为针对房产中介的销售系统，它可以帮助公司监测每个中介的每一单委托，提高从房源委托至达成交易的转化率。

重消费的过程"。左晖表示如果这加剧了消费者跳单,公司会给予经纪人一定的补偿。

尊严是有价格的。考虑到种种数据后,链家认为经纪人的收入达到社会平均水平的1.2倍才能支撑、吸引一个比较好的经纪人。

左晖曾总结了链家的这条发展道路:"链家会干什么活,不会干什么活,我们非常清楚。第一,我们会干难的活;第二,我们会干累的活;第三,我们会干慢的活。"[14]

求取尊严的外部归因

提高供给品质的同时,左晖希望经纪人可以收获外界的尊重。

"我们提倡,首先应该被同事尊重,我们很在乎小 b(指经纪人)和小 b 之间的信任和连接;然后应该被消费者尊重,在这个行业里,只要你正确做事情,一定会得到消费者的激励。

"一旦体验过,我觉得人的尊严感、自尊心都是会被逐渐激发出来的。就算你每天要想着下顿饭在哪儿,想着生活中的那么多苟且,这些事情仍然会像光一样照着你。所以先要把同事之间的信任和尊重这件事情解决。"

很长一段时间里,左晖的主要工作之一就是在公司内部反复向经纪人分享自己关于尊严的看法,"最厉害的一次,两周时间在公司做了 19 场培训,每次大概都是 5~6 个小时"。

让经纪人相互尊重,也是一条漫长且艰难的路。供小于求的时代,房地产经纪本该是个网络效应很强的行业,却从未在一家公司形成"房源更多→买家更多→卖家更多→房源更多"的正向循环。

原因就在于即便是中介公司内部，经纪人之间也互为对手，进行的是一场争取独占客户的零和游戏。赢者获得全部佣金或服务费，败者颗粒无收。于是人人都捂着房源和客户，正向循环从起点处就不成立。

"房源更多"是个假象。它散落在经纪人手中，公司并没有整体吸引来更多的买家。2009年，链家员工数超过1万人[15]、门店数超过520家时也遇到了这个"天花板"。

最后是彭永东在2011年找到了建立经纪人之间可有效合作的破局点。他提议借鉴美国MLS（Multiple Listing Service，多重上市服务系统）——一个美国当地会员经纪人共享共建的房源、求购信息数据库[16]，也蕴含着一些协作规则。全美有约900家MLS。[17]

它要求房源方经纪人获得独家代理委托后负责录入、照片、定价等所有房源端的动作[18]，成交后买卖双方经纪人各取3%的佣金。有赖于美国完善的社会信用体系、法律法规、独家代理人制度（买方和卖方各有自己的代理人），MLS几乎不需要对经纪人、经纪公司进行管理（见图7-4）。

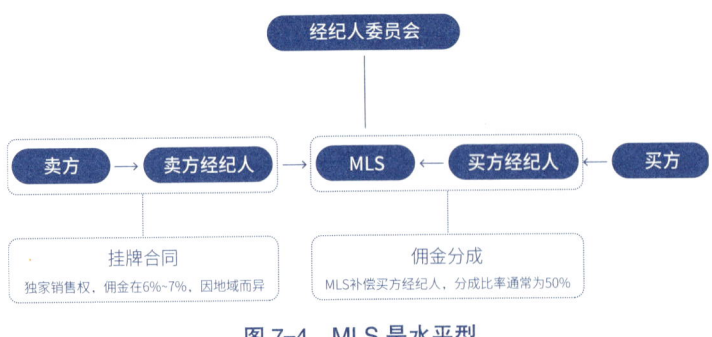

图7-4 MLS是水平型

来源：杨现领，空白研究院创始人、前链家研究院院长

在行业基础设施孱弱的中国，链家无法照搬 MLS。它得自建数据库。更大的区别在于中国是双边代理制，一个经纪人即代表了买方和卖方①。所以链家打算分拆经纪人的交易角色，让他们共享佣金收入，以此促成经纪人之间的合作。

一开始，链家是将获取房源拆成了信息录入、所属和实勘三类角色。它们可获得 30% 的佣金，达成交易的经纪人则得到剩下的 70%。[19] 对于这些角色、动作、流程，链家也给出了明确的定义和标准。

如此一来就大体平衡了获取房源和达成交易这两大环节的利益分配。经纪人之间无须剑拔弩张地单打独斗，通力合作同样可以实现收入的提高。

对于行业而言，这种合作提高了整体效率。在合作的机制下，原本一套房子只能在有限的买家群体里询价，现在变成了可以在近乎无限的买家群体里询价，成交效率自然大为提高。

"房源更多→买家更多→卖家更多→房源更多"正向循环的网络效应出现后，公司的品牌也能实现有积累的增长。随着这种合作机制的日渐完善，它后来被命名为 ACN（agent cooperation network），即经纪人合作网络（见图 7-5）。

在左晖眼中，这是经纪人之间的操作系统："我提供一个插槽，只要你愿意插到这个插座里面，按照我的规则走，你的输入项在这里，你就能得到想要的结果。"

---

① 不少人认为，双边代理制是中国房地产经纪行业过去整体表现糟糕的根源所在。之所以会形成如此制度，或许是因为中国经纪人的佣金水平在世界范围内都算低廉的关系，即这样的佣金只能养活双边代理制的经纪人。

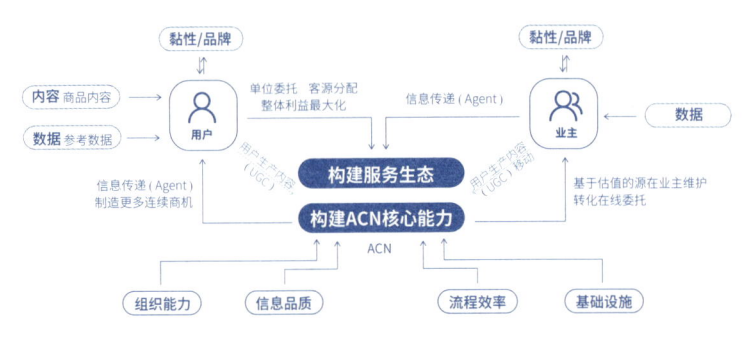

图 7-5　ACN 在房产交易中的位置

来源：链家

正反馈

这些举措的风险很大，但左晖在对过往经验的总结、对公司问题的思考中渐渐得出了一个结论：做难而正确的事。

他认为："链家要创造价值，如果不创造价值，仅仅获得结果没什么意义。在选择路径的时候，要选难的路……选择难的路，成功的概率其实是更高的。"

事实也是如此，他们陆陆续续等到了正反馈出现的那一天。比如不吃差价，当初招聘的第一批应届生中不少人成了链家的核心骨干。比如真房源行动，推出后的半年内，链家在线的流量急剧下滑。但当消费者渐渐意识到链家的房源信息是真实的时，流量开始大幅上涨，转介绍数据也出现了上扬（北京市场占有率见图 7-6）。

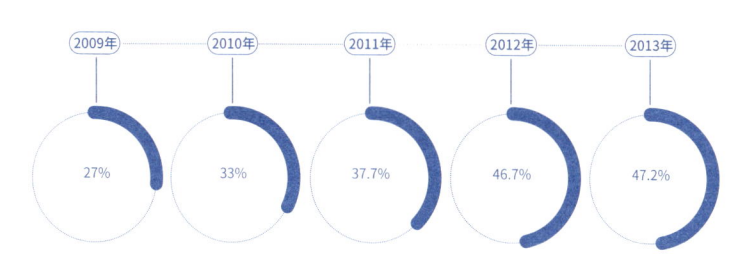

2009年	2010年	2011年	2012年	2013年
27%	33%	37.7%	46.7%	47.2%

图 7-6　2009—2013 年链家在北京市场占有率

来源：《中国企业家》

"第一，组织已经形成一种记忆。就是我们干的任何事，短期来说好像都挺难的，但是长期来说还挺好，好像都挺能获益的。第二就是这么干是可以过来的，历史已经证明，所以再干下一个的时候就容易了。"彭永东觉得这些反馈对链家意义重大，组织的柔韧性经得起折腾。

经过长达六七年的积累后，链家这个组织发生了明显的变化（见图7-7）。经纪人与经纪人之间、经纪人与公司之间的亲密感与信任感都变强了。

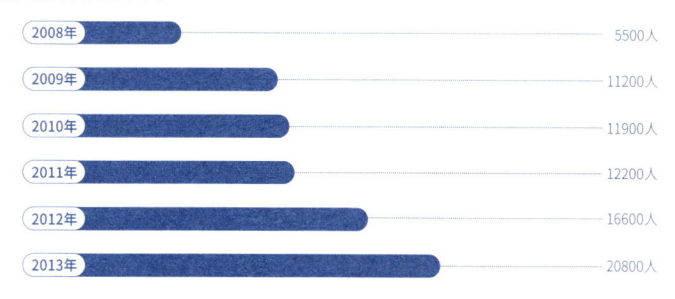

年份	员工数量
2008年	5500人
2009年	11200人
2010年	11900人
2011年	12200人
2012年	16600人
2013年	20800人

图 7-7　2008—2013 年链家全国员工数量

来源：《中国企业家》

他们的安全感发生了变化，从业时间超过一年的经纪人越来越多。认为自己的价值就是提供信息的经纪人开始变少了，越来越多的人相信了链家 2015 年提出的经纪人职业化。

房产中介应是复杂、专业化程度高的职业，经纪人的竞争优势应是对商圈的深度掌握和口碑。链家认为经纪人想的事核心应该是，社区的网络因为他的连接能更紧密。

令左晖十分骄傲的是，到 2015 年链家经纪人已经甩开了同行。"你很难想象一个没有安全感的经纪人怎么服务好客户。安全感写在脸上，链家的经纪人一定长得跟别人不太一样。北京链家经纪人的月度流失率只有 3%[①]，全行业平均水平肯定超过 10%，日本大概是 4%。我们这个行业天然就有流动性，但我已经做到这种程度了，你凭什么跟我竞争？"[20]

2015 年链家把经纪人的入职门槛提高到了统招本科的学历。其中的逻辑是，一个接受了 16 年教育的学生，大概率会在工作中更有底线、更认真。

与之相应的是收入。2014 年底，链家计划提高经纪人的提佣比例至最高 70%。2015 年 1 月，链家提高新入职经纪人的底薪至 4000 元。只要工作积极性达标，哪怕 3 个月内没开单也不碍事，试用期可以再延长 3 个月。

链家在线也日渐成形。[21] 2013 年初，链家已拥有 500 多台服务器，每天访问核心系统超过 1000 万次，积攒了 200T 的数据量。

---

① 左晖说链家内部统计显示，流失率每降低 1%，北京链家人员在职平均年限会提高 0.1 年。

北京的 600 万套房、10 万幢楼进入了链家的楼盘字典数据库。到 2014 年底，链家在线的团队规模超过了 100 个，每日独立访客超过 15 万——房产中介行业里排第一。

链家在线的数据价值、对客户的触达能力优化了经纪人的运营效率。彭永东说："在上客效果上，搜房是 0.6 个/月，也就是一个半月才能带来一个客户，而我们自己的平台相当于每个月人均接近 4 个。""效率体现在业绩上的结果是，2011 年通过链家在线成交的客户占比不到 5%，2014 年底这个数字已经变成了 25%。"链家副总裁林倩说道。

提高服务品质、经纪人互相合作的链家模式在 2011 年以开设分公司的形式向其他城市复制。结果不仅初获成功，还向当地的房产经纪公司输出了链家的方法论，比如徐万刚掌舵的成都伊诚地产。

"我开始觉得消费者好像还比较喜欢我们，觉得好像这帮人说的事情都做到了，还比较靠谱。"左晖认为"消费者-经纪人-链家"之间的互动终于走上了正循环。

这意味着链家的成长驶入了快车道（见图 7-8）。2010 年，链家实现了大约 800 亿元的交易额，公司收入达到了大约 20 亿元。2012 年，链家的交易额超过了 1100 亿元，公司收入达到了 33.15 亿元。2014 年链家的交易额达到了 2000 亿元，公司收入则为 39.3 亿元，还实现了 4.1 亿元净利润。[22]

正是在这样的正反馈下，面对互联网公司的凶猛进攻，链家相信自己对房地产经纪行业和互联网的理解是正确的。

"系统在什么界面上漂亮，再连接到什么，这都是瞎话。跟经

时间	营业额	交易额
2009年	17亿元	600亿元
2010年	20亿元	800亿元
2011年	15.7亿元	560亿元
2012年	33.15亿元	1100亿元
2013年	50亿元	1700亿元
2014年	39.3亿元	2000亿元

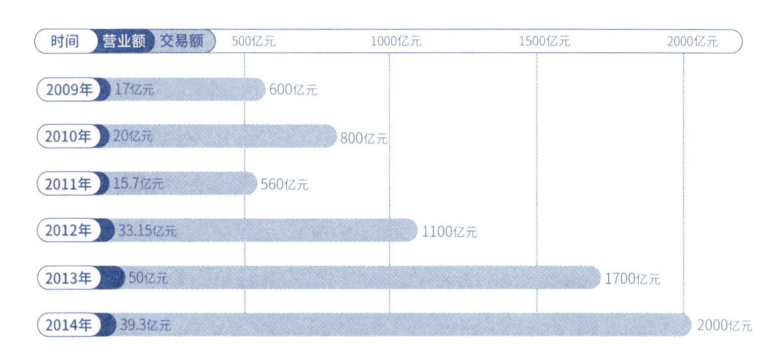

图 7-8 链家以线下发展为主时的高速成长

来源：公开资料
注：数据为约数。

纪人聊的感受很差，消费者就不会有好体验。"彭永东回忆起自己去门店实习的经历，最大的感受是服务业不解决人的问题就没什么前途，"拼的都是人。人的背后其实是价值观。让所有人按照你的方式玩，这是价值观的生意。"

科技赋能 × 业务重构

但互联网狂潮仍会带来价值，链家进一步意识到了数字技术的重要性。于是彭永东带着十几个人独立办公、独立运营，出任了由链家在线升级而来的链家网 CEO。他们的目标是成为"房产交易领域的万亿房产 O2O 平台"。

个中意味很明显，将线上业务与线下经纪业务彻底分拆，以避免经纪业务的组织框架、预算等限制线上业务的发展[23]，让链家网更好地赋能经纪人。

线上升格

链家在线反映了供小于求的时代特色。它并不是以用户为中心。经纪人可以决定网站上展示什么内容，比如房屋拍照、评价等。现在他们没这个权力了。链家网会评估哪些内容对于用户有价值，比如用户其实更想看到业主提了多少次价、同一社区的房屋的历史成交价等。

系统也改了。以前链家在线的IT系统属于IOE类型[①]，子系统单独开发，其中一部分外包给了供应商。2014年初，百度高级工程师闫觅加入链家，他觉得这套系统维护烦琐、难以开发新功能、运行速度慢，"不是很灵活，有各种问题"。

独立后的链家网吸引来了包括新浪微博平台与大数据部总架构师、PHP技术大拿惠新宸在内的大量程序员加盟。2015年，在链家网大约200人的技术团队中，近80%来自百度、新浪这样的一线互联网公司。[24]

正是这支对于互联网创业公司来说堪称豪华的团队，在接下来的两年时间里把过去的架构、系统重写成了云端的SaaS形态，同时打造了面向用户的前端界面——链家网和链家App。

---

① 以IBM为代表的主机、以ORACLE为代表的关系型数据库、以EMC为代表的高端存储设备，意即IT系统属于信息化时代。

此举意义重大。PC 时代的链家在线只能获得用户的注册信息和咨询电话一类的节点信息，但不了解节点之间可能长达六七周的用户动作到底是什么。

"我们当时能做的就是'真房源'，保证静态信息的真实性。"时任链家网 CCO[①] 的徐东华说，App 给链家网带来了大量的行为数据，比如看了哪一套房、看了多久、收藏了什么、是否有分享，等等。"这个数据对我们非常宝贵，我们更加精准地了解客户需求，这使得经纪人撮合的效率成倍地提高。移动互联网带来的改变：第一是提升效率；第二是痕迹等于价值。"

除了数据采集能力得到提升之外，新系统更重要的价值是提升了链家经纪人的合作效率。

2011—2014 年间，ACN 网络与链家在线的 IT 系统的耦合性并不太好。徐东华表示："我们在 PC 时代通过贴标签，竖立红、黄线等刚性管理方法进行管理，但我们发现虽然有这么严格的管理方法，但效果也不过如此。"

但在移动互联网时代就不一样了。App 上即可采集到大量行为数据、即时性、智能手机随身等特点，让闫觅团队可以把更多的线下流程固化到线上，也让链家网可以用更具激励性的管理动作加快 ACN 网络的构建（见图 7-9）。

"比如经纪人信用等级的建立。经纪人每一个的信息分享动作都可以被记录，通过这些动作累积信用等级，从而鼓励经纪人多分享、多合作。"徐东华说道，"我们的目标是要建立经纪人的信用档

---

① CCO 指的是首席内容官。这是链家发展过程中的一个阶段性职位，旨在表达那时链家对结构/非结构性内容的重视。

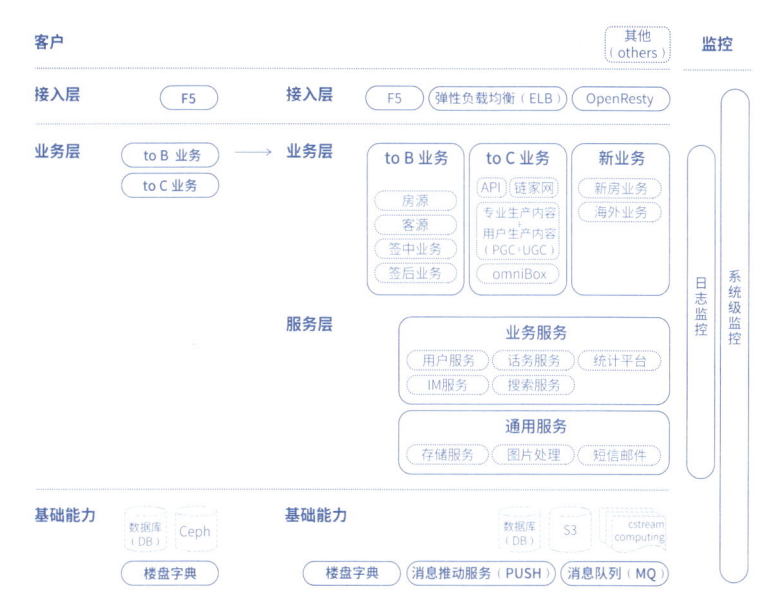

图 7-9　链家网 2014—2016 年技术架构大致演变

来源：贝壳找房商业地产产研负责人吕毅

案，未来甚至可以建立客户的信用档案，这对交易和未来向金融等方面的发展都是很有帮助的。"

先自营做大做深，再开放赋能同行

ACN、App、楼盘字典、新 IT 架构的适用范围显然具有基础设施的属性，可以延伸到整个房地产经纪行业。

左晖、彭永东在规划链家网时，一度想打造一个面向行业而不仅仅是链家的开放平台。这样便可以提升非链家经纪人的专业能力和职业化形象，提升更多消费者买房卖房的体验……总而言之，"要在行业里面做一些事情"已经是左晖心底徘徊了许久的想法。

彭永东团队甚至已经做了些许动作。闫觅回忆道："最开始我们做了一个网站，当时的名字也叫贝壳，而且颜色也是蓝色。当时我们还真的去看了域名，只是觉得贵，没买。"

但思前想后，左晖、彭永东觉得链家的势能还是不足，仓促间发力的话，一旦失败就可能会怀疑平台模式本身的可行性："这样就被封死了，之后再想做就变得很难了。"

于是彭永东放弃了这个念头，认为链家网还是赋能链家为先。但只靠链家的内生增长确实不够快，这时出现了另一条道路——并购其他经纪公司来验证链家这套以提升经纪人尊严为底座、ACN+高品质服务为抓手、数字化系统为保障的打法是否可以复制。"如果并购过来直营的都无效，那别人就更无效了。链家收购的价值不在于房源，而在于这些经纪人。链家要把最优秀的经纪人汇聚到链家这个平台上。"左晖说道。

当然，由于链家打算提高给经纪人的分佣比例，这会造成单笔收益率的下降，为了确保获利规模，链家也必须提高公司的营收规模。

2014—2015年，左晖先后找了伊诚地产、上海德佑、中联地产、浙江盛世管家①等11家他认为价值观不错的公司洽谈收购，希

---

① 房地产经纪的地域性很强，各地的政策、市场都有所区别。在链家成为全国领头羊之前，这个行业算是群雄割据，其中我爱我家、中原地产等老牌公司的全国性布局做得更好。

望大家一起"做一件更大的事情，有机会对行业产生更大的影响。成为中国的标杆企业，就像苹果、谷歌之于美国，奔驰、宝马之于德国一样"。

这些公司的创始人很多是左晖的多年好友。他们也重视用户和经纪人。他们也有超出自身企业范围的行业视野，像链家一样尝试过颇多新花样。像徐万刚创业初期曾尝试将房产和电子商务结合："2004年弄了半年，跑不通，就算了。后来做门店，（线上）完全落后了。后来我想做也做不了，也没这个能力了。链家在这方面的确就比较突出。"

他们愿意与链家合作，但很在意自己耕耘多年的品牌就此被收购。于是链家提议放弃各自的原有品牌，启用一个新品牌，这下彻底打消了大家的顾虑。

"你看老左，人家还是挺大度的。这无非就是照顾我们的感受嘛。"徐万刚回忆道，"我们觉得要是把链家这个品牌放弃了，在全国范围来看损失还是挺大的。所以同意还是用链家。"

在这个过程中，链家的管理层、被收购企业创始人多次谈论了做行业平台的构想。根据左晖的说法，主要成员都认可这个方向，但觉得当前的时机不太好。

那仍然是模式的打磨期。2015年链家的全国布局从9个城市骤增至24个城市，门店总数从1500家骤增至6000家，经纪人数量从3万人骤增至10万人。链家的交易额达到了7090亿元，行业老大中原地产则为9205亿元[25]；佣金收入相比2014年骤增近3倍，达155.2亿元[26]，中原地产则为152亿元[27]。

链家正在逼近行业头牌。2016 年的"2·23 上海客诉事件"[①]也未影响链家的整合、消化和成长（见图 7-10）。至今，链家覆盖了 30 座城市，拥有 8000 家门店和超 14 万名经纪人。

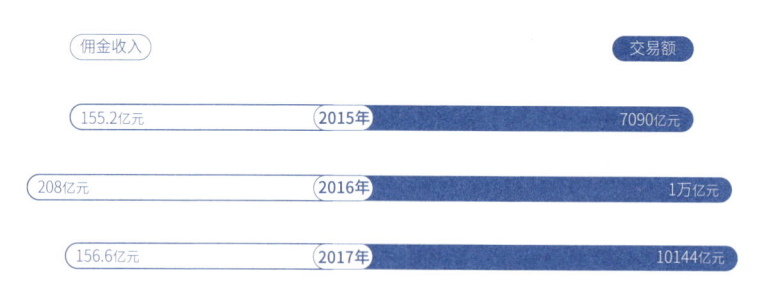

佣金收入	年份	交易额
155.2亿元	2015年	7090亿元
208亿元	2016年	1万亿元
156.6亿元	2017年	10144亿元

图 7-10　链家的全国扩张期

来源：公开资料

注：数据为约数。另，2016 年佣金收入为链家的估计数字。2017 年佣金收入为贝壳招股书中的链家佣金成本。

---

① 发生在上海的交易纠纷。链家上海两家门店涉嫌隐匿房源信息等，被相关部门约谈，引起了轩然大波。舆论质疑交易流程、经纪人管理、链家金融理财等服务，还指责链家为"垄断者""房价推手"。左晖惩罚了 12 名涉事员工，带领公司对外道歉、赔偿客户，并承诺整改相关服务。它引发了左晖对于链家服务标准、流程是否存在问题的担忧，最终还暂停了金融业务。事后前往上海链家时，他向员工道歉："很多事情应该是我的工作没做好，所以特别抱歉。"这是让左晖意识到链家已经具备社会影响力的事件。2016 年链家成立 15 周年大会上，链家将"2·23 上海客诉事件"的当事人请到了现场重述过程。此举令链家投资人、新希望集团董事长刘永好震惊，他说在 15 周年的庆祝活动上不讲业绩，讲的是平凡的小事，这样的公司才是伟大的。

这几年是 ACN 的迭代期。彭永东说 ACN 发展的核心就是用大样本反复去试，不然很难有更大范围的延展。"2010—2014 年，我们主要在北京打磨；2014—2017 年，我们在 30 个城市、用 10 万人来打磨 ACN。"值得一提的是，链家并不是唯一探索经纪人合作网络的房产中介公司，但它是其中坚持最久的一家。

效果也显示出来了。2015 年，北京链家的单边比为 3，即一单交易有 3 个经纪人参与其中。[28] 2016 年，链家要求每单合同都要有 5 个角色[29]参与其中，不允许资深经纪人独自开单。到 2017 年，ACN 在链家北京的实践已经达到了 6 的单边比，即一单交易会有 6 个经纪人参与其中共享佣金。链家经纪人的平均从业时间超过了 30 个月，在北京链家拥有了近 7000 位 5 年以上资历的经纪人。

启动智能化

2016 年，一直掌管链家线上业务的彭永东从链家网 CEO 升至链家 CEO。当时没多少外人注意这个顺理成章的晋升，但事后来看，它在某种程度上预示着链家的数字科技对房产中介行业的改造将进入深水区。

产品经理、技术人员需要深入梳理两类人群对于链家的需求，比如用户需要快速了解房产信息、交易流程，而经纪人需要实现有效的客户沟通、沉淀客户意向。这就需要把 ACN 网络中的经纪人角色拆得更细，把权责利界定得更清楚，等等（见图 7-11）。

每个环节都十分复杂。事实上，后来成为 CTO 的闫觅觉得链家网研发团队 70% 的精力是在做运营流程管理："真正深入整个房

角色	责任
房源方	
房源录入人	将业主委托交易房源录入系统
房源维护人	熟悉业主、住宅结构、物管以及周边环境；在客源方带看时陪同讲解
房源实勘人	在贝壳系统内申请并完成对于委托房源拍摄照片或录制VR
委托备件人	获得业主委托书、身份信息、房产证书信息并上传至政府指定系统
房源钥匙人	征求业主同意，获得业主出售房源的钥匙
客源方	
客源推荐人	将契合的客户推荐给其他经纪人
客源成交人	向买房人推荐合适的房源并进行带看；与业主谈判和协商、促成双方签约
客源合作人	辅助客源成交人，帮助匹配房源、在带看和交易时协助准备文件、预约等
客源首看人	带客户首次看成交房源的经纪人
交易/金融顾问	签约后相关交易及金融服务

图 7-11　贝壳找房 ACN 合作网络定义的 10 个角色

来源：贝壳找房

产交易过程，而不仅仅是把房子搬到线上，不是让网民看到房子打个电话就完了。"[30]

将流程先优化、再固化到系统上是个漫长的过程。以前链家靠人来录入带看、房屋状况等数据，然后一层层上报，数据准确性堪忧。他们后来找到了切入点：制定新流程使得员工做某些事情时自动与系统产生交互。

"举个例子。经纪人带了一个客户去看房子，在整个过程当中，他必须通过手机完成某一个交互才能做到下一步。或者说我们在门上装一把智能锁，这样就会产生交互，我们从线上就可以获得数据了。"闫觅说道。[31]

在大约 500 位产品技术人员[32]的推动下，链家网支撑住了业务的融合和发展。他们抽离出了公共技术部分，将其打造成公共服务，到 2016 年链家网已经建立起了用户、统计、搜索、存储等多个类似技术中台的公共服务模块来支撑子业务的发展。那时除了二手房交易外，链家已经开始尝试向居住领域多元化扩张。它在 2011 年设立了长租公寓自如[33]并于 2016 年独立分拆，2015 年还与股东万科合作设立了万链装修[34]。作为房产经纪行业的自然延伸，也因其市场格局、服务水平等与经纪行业的相似，装修行业日后将成为链家的又一增长曲线。

这时链家网的数据积累已经颇为可观。物体数据方面，真房源已有真实存在、真实委托、真实价格、真实图片 4 个标准，对一套房子的描述扩充至 380 多个字段（标签）。原来一套房子的数据量可能只有 10KB，到 2017 底则需要 1MB 甚至 10MB 的数据量了。2008—2016 年链家花了 4.5 亿元，覆盖了 30 个城市的 7000 万套房源，链家网的真实房源率已经达到了 97% 以上。[35]

值得注意的是 2016 年链家开始研发的 VR 技术。相对于图片、视频等内容格式，VR 将带给用户碾压性的体验。惠新宸说公司内部曾对于 VR 有很大的争论："担忧是用户在线上看完房子，是不是可以不去线下跟经纪人见面？但最后我们认为 C 端用户会喜欢 VR，这才让我们下定决心去做这件事。"

人的数据分两类。一类是用户，链家用 107 个维度来定义用户，用户画像量超过了 2000 万[36]。除了 App、网站等数据外，将来链家可以通过用户在 VR 里的浏览深度、停留时间等来把握用户的表面需求和真实需求。另一类是经纪人,链家希望用学历、经历、过往业绩、培训记录、违规等维度来刻画一个经纪人。这套指标发展到后来就是经纪人圈子里大名鼎鼎的"贝壳分"。

流程数据更多是指经纪人的行为。绝大部分经纪人的主要办公场景已经转移到了链家 App,这使得链家可以抓取到大量数据。比如百万级别的成交数据,比如有没有按照 SOP 来完成,客户答疑是否准确、及时,有没有答非所问,等等。2016 年,这些流程数据量每天就超过了 30GB。[37]

在这个基础设施约等于无的行业里,数据化直接成为链家对用户的巨大吸引力。真房源导致链家网的流量比 2011 年翻了几十倍[38],链家的线上流量稳居房地产行业前三[39]。时任链家网楼盘中心总经理白智广提到真房源提高了交易效率,也让"经纪人变得更加自信"。

左晖当初期待的消费者购买房产时的心理及行为状态能够转变为重消费模式,已在链家初见曙光。2017 年,消费者在网站、App上浏览过 1.2 万次后,才会完成一笔交易。而全国的平均水平是 3000PV(Page View,页面浏览量或点击量)对应一笔"成交"。

这意味着链家生产了第一批房地产数据,也聚集起了第一批消费它们的互联网用户。人的数据、房的数据、流程数据一多,链家网就具备了智能化的基础。

2016 年前后,链家网招募了一批算法、数据模型团队,开始用随机森林、Hedonic、神经网络、卷积神经网络、逻辑回归、SVM、HMM、ItemCF、UserCF 等算法,提高估价、户型图识别、用户画像、楼盘识别等场景中的智能程度(见图 7-12)。

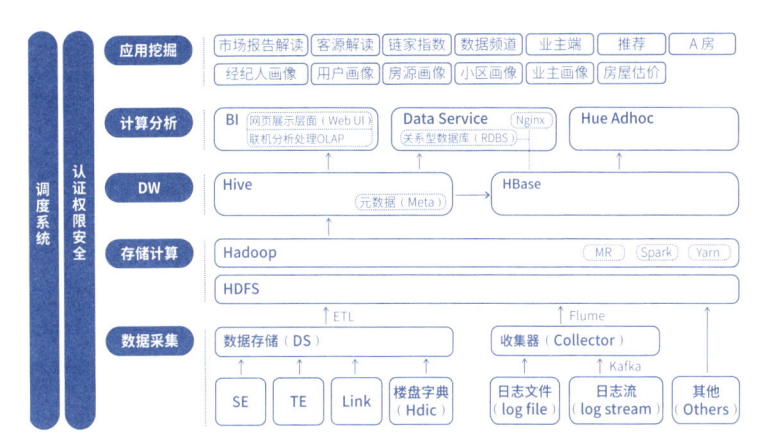

图 7-12　2016 年链家网大数据架构

来源：公开资料

典型如 2016 年链家用 GBDT、随机森林、Hedonic、神经网络算法建立的估价模型来评估一套房子的成交价格，他们想看看一套房子 14 天和 30 天的成交概率分别是多少，什么样的房子容易成交。[40]

如果准确度足够高的话，该模型可以极大地优化交易流程和经纪人的业务动作。闫觅说："这是很典型的例子，我们可以把重点资源放到更容易卖出去的房子上。"彭永东则称在北京、深圳、南京试点的准确度达到了 75%。

调度系统亦很典型。为了让信息尽快传播到合适的经纪人处，从而提高系统的整体效率，闫觅说 2016 年链家上线了调度系统："比如，一个业主的房子降价了，理想的情况是看过这个房子的客户和相应的经纪人能尽快知道这个消息。系统要告诉相应经纪人

'你们要重点关注一下这个客户'。"[41]

战略驱动

与完成移动化、在线化、标准化,进入智能化阶段的 O2O 平台链家网相比,互联网公司不仅在技术上没有体现什么优势,业务的整体发展走向也骤然改变。

链家再定义互联网

搜房网从线上内容延伸至线下房产中介的尝试基本上是失败了。在连续十几个季度的净亏损后,搜房网回到了自己擅长的线上房产内容领域。此前的线下门店由直营转为加盟,相关高管也离开了搜房网。

爱屋吉屋的处境更糟糕。当初它火热到让左晖也产生了自我怀疑,但他还没来得及做更多发酵,爱屋吉屋就偃旗息鼓了。补贴、高薪、少门店、广告投放等打法让爱屋吉屋的运营成本高到难以为继,被迫走上了提高中介费、开设线下门店、降低经纪人分佣比例的道路。如此一来,它就像个没什么特点的传统中介公司了。这对于用户和经纪人都没什么吸引力。2016 年,爱屋吉屋的市场份额、流量骤然下滑,裁员、关店、欠薪等负面动作随之而来。2017 年,爱屋吉屋开始大规模裁员,最终整个公司只剩下了 400 人。2019 年 2 月,久无声息的爱屋吉屋宣布停止运营。

如果说 2014 年之前的链家是业界翘楚,那么 2015—2017 年的链家不仅逐步成为房产中介行业的老大，具备了全国级的影响力，还因在"互联网+"盛行的年代作为线下企业击败互联网公司的孤例震动了整个企业界。

链家的估值早已碾轧了所有房地产经纪公司，现在还超过了大多数房地产公司。2016 年[42]、2017 年[43]，腾讯 CEO 马化腾两度拜访链家，理解其线下逆袭"最终成了老大"的逻辑后，腾讯成了链家的重要支持者（链家融资进程见图 7-13）。

2011年1月	2014年1月	2016年4月	2016年6月	2017年7月	2017年4月	2017年11月	2017年11月
Pre-A轮	A轮	B轮	B+轮	战略投资	战略投资	战略投资	战略投资
9400万元人民币	数亿元人民币	64亿元人民币	未披露	26亿元人民币	30亿元人民币	未披露	未披露
鼎晖投资	鼎晖投资 复星锐正资本	华兴新经济基金 百度投资并购部 H Capital 源码资本 好未来中国 腾讯投资	淳信宏图	融创中国	万科集团 腾讯资本 百度投资并购部	新希望集团 春华资本	高瓴资本 华兴资本 吉平资本 川商基金

图 7-13 链家融资进程

来源：贝壳找房专项股权基金

对于外界抛过来的线下大旗，左晖的态度是："有一段时间大家把我们当作线下打败线上的案例，我说我们可不扛这个旗……对线下的人来说，线上的从 0 到 1，根本就进不了门。但这事对我们来说没有门槛，我们天生就在里面。不太谦虚地说，我们其实是混血的。我们的核心团队基本上是 IT 出身的，这还是蛮重要的。其实当时（2001 年）做链家的时候，我们先成立了网站，先做了一个 homelink.com。我们的线上比线下早。"

链家发展至此，楼盘字典、ACN 网络、提高经纪人尊严等具有行业基础设施属性的能力，先在全国开设直营分公司的试验中复制成功，又在全国收购、整合地方经纪公司中再度复制成功。

是时候把它们以互联网平台的形式向整个行业系统性输出了。"全产业 200 万人，大家都没有操作系统，都是乱来的、很蛮荒的状态。而我的东西已经做好了，为什么不让更多的人来用呢？为什么我们不去做呢？好像没有任何理由不去做这个事情。"左晖说道。

贝壳问世，行业情怀与成长动力

但仍有近半数高管反对做交易平台。[44] 他们的理由很充分：第一，链家的基因是 B2C，做交易平台就成了 B2B2C；第二，业内只有信息平台，交易平台模式走不通，怎么让竞争对手愿意跟我们合作？第三，交易平台真的可以让行业发生正向改变吗？

总之，链家的生意做得好好的，没有必要冒险做交易平台。但他们很快就被说服了。

彭永东认为只有交易平台才能用规则、利益引导行业发生更有价值的改变，而这事只能是链家去做。"如果我们把自己定位成一个公司组织，那做好自己就可以了。我们可能不太需要做平台这件事。如果交易平台的存在，能让行业更深地认同我们对于行业的三个标准（人、物、流程）和两个价值主张（尊严与居住），那交易平台这件事情好像值得去做。"

另一个角度是，坚持校园招聘、直营的链家在业内虽然有了一批志同道合者，但在链家的全国扩张中与它们反而成了竞争关系。

"这并不是我们真正想要看到的。继续直营对这个行业不会真的产生改变,"一位链家高管总结链家的发展趋势,"在这个行业里面是不可能独善其身的。"

扩张的背后除了情怀,还有很现实的增长考量。链家已经管理了15万经纪人,继续以直营的方式扩张下去,会遇到边际效率越来越低[45]、边际成本越来越高的压力。老链家人祁世钊说得很直白:"如果想去连接一百万经纪人,靠直营的模式是做不到的。"[46]

继续增长最合适的方向,便是转型为开放式的交易平台。简而言之,从垂直的重公司转为横向的轻平台。

增长的另一个方向是离开中介行业,这是在2017年、2018年末大肆宣扬的一项思考。

左晖、彭永东觉得交易平台的发展空间也不大,按照2%~3%的变现率来看,就是两三千亿元的规模。但以交易平台汇拢的数据、流量为起点看下游行业,想象空间就大了。

此前的自如、装修业务、存量物业运营与改造业务(即愿景集团,独立于贝壳和链家)[47]的成立原因即在此处。以房产交易为核心构建相关多元化业务,可以有效熨平因行业周期性波动给公司带来的影响。

左晖说:"我们想要做的事情很明确。一方面,完成交易其实是整个居住的一部分;另一方面,我们发现在整个'住'的领域里,痛点太多了。"彭永东也认为链家可在装修、社区生活等领域发力:"社区是未来非常重要的一个入口,这种连接背后流淌着信任。"以链家在30个城市拥有近万家门店为入口,众多经纪人向社区居民提供打印复印、开放厕所等线下服务。后来这个思路迭代成了众多公益项目，比如2019年、2020年在全国推广的教社区内老人用智能手机的"我来教您用手机"项目。毫无疑问，它在提供社区服务的同时，可以切实增加经纪人与用户之间的黏性。

不管主要动力来自何方，贝壳将自己的使命明确为两点——有尊严的服务者和更美好的居住，愿景则被调整为了"服务3亿家庭的品质居住平台"。

2017年5月，链家内部成立了贝壳找房，彭永东兼任贝壳找房CEO。尽管筹划了多年，但兹事体大，彭永东还是谨慎地选择了先试点再推广的方案。8月，链家投资了以加盟模式著称业内的老牌公司21世纪不动产。9月，贝壳选择在郑州打样，采取以链家品牌开放加盟的具体形式。

从业者可以加盟链家，共享链家的房源系统、管理制度、经纪人作业工具、在线平台等[48]。但经过十多年的打磨，链家的经纪人、服务品质等超出了行业水准太多，加盟商一时很难跟上。而且加盟商对于加入链家的价值也多存疑虑。

继续这么走下去，新平台活不了，链家也将受到拖累。为了给自己增加回旋余地，左晖与彭永东叫停了链家的加盟。2018年1月，彭永东重启了此前收购的，曾以"合伙人机制"运营的德佑品牌，链家则继续保持直营。[49]又过了几个月，郑州的业绩出现了好转。

郑州模式跑通了。2018年4月23日，链家网升级而成的贝壳找房正式对外亮相。彭永东称贝壳是独立的第三方平台交易平台，向所有房地产中介公司开放，链家只是入驻商户之一。

他强调贝壳的落脚点在于行业规则："做裁判的核心在于你得

有规则,而今天这个行业恰恰缺少规则。应该有一个人站出来说,我认为我的规则还不赖,要不咱们一块试试?"

而后,贝壳在营销、经营、交易、资本、系统、人才、供应链、品牌 8 个方面向所有中介公司赋能。比如实勘房源、户型图、店面装修、数据分析等方面,拉抬外部中介公司达到贝壳的标准。

在那个阶段,贝壳立下目标:3 年内接入 100 个中介品牌、10 万家门店和 100 万名经纪人。

组织升级

链家与贝壳的关系,和京东自营与京东平台的关系有些类似。京东自营的能力成熟后,向第三方商户开放,将自身平台化。京东自营是京东平台的最大商户,与京东第三方商家适用同样的规则。只是京东平台没有另起一个新名字。

贝壳的考验

贝壳承继了链家的资源、能力、规则等,比如行业的命门——真房源,链家得先拿出自己的楼盘字典与愿意加入贝壳的中介公司共享。但贝壳看上去像是另起炉灶,作为 B2B2C 的平台,贝壳甫一问世,便将 B2C 母体链家纳入其中。前者是后者必须全力支持的未来。

支持首先体现在人力上。贝壳需要近 2 万名员工,这些目前的链家人被要求在 48 小时内做出选择,是留在链家还是去贝壳工作。对他们来说，转去贝壳，意味着新的工作内容和岗位，甚至是新的城市。

这是长期主义者验收组织能力的时刻。从不吃差价开始，到楼盘字典，到真房源，到经纪人职业化，到左晖、彭永东反复强调房产中介是门价值观生意，到核心管理层多次讨论交易平台……在十几年内一遍遍的熏陶和越来越强的正反馈洗礼下，无论是管理层还是基层员工都体现出了对公司战略的高度认同。链家 B 轮投资人华兴资本做尽职调查时就曾发现基层经纪人对于线上化、ACN、真房源的理念和左晖说的差不多。[50]

当然不是每一个员工和高管都与左晖、彭永东的理念完全一致，但近 2 万名员工就这样未生波澜地转去了贝壳。没有一个高管需要左晖或彭永东出面说服。

作为新平台，自然是应者寥寥。为了能让更多从业者加入贝壳，链家出台了财务上的支持政策，鼓励经纪人去德佑做加盟商。

此举一度引起了链家负责人的反对。链家开会时他们不大愿意让左晖参加，怕他老鼓动经纪人、管理者离职创业。

但在左晖看来，贝壳作为新平台，将给予一些创业者创立新品牌的机会，且窗口期不会很长。"链家的同事们应该去迎接这些挑战，事业也有机会得到更好的发展……并且我深深地认识到，链家 1 万多名管理人员，即便我这么去鼓励，真正愿意出去、敢出去的人也不是很多。"

如果说内部的反应充其量算是小摩擦的话，那外部的反应堪称惊涛骇浪。

链家向外界共享了楼盘字典，彭永东认为这体现了贝壳作为中立平台的基本立场和行业格局:"谁都不想把真房源拿出来,这事需要有人去推动。我们希望成为行业困境的破局人。"

但有的竞争对手完全不相信贝壳的中立。他们一致认为贝壳是"既当裁判员,又当运动员",是一家凭借行业地位试图行"垄断"之实的邪恶公司。

2018年6月,链家之外的几家主流中介公司举办了"全行业真房源誓师大会"。因不参与贝壳平台及联合自建底层规则的态度,它们被人称作"反壳联盟"。该"联盟"不允许有人倒戈。2019年4月,21世纪不动产、中环地产宣布参与贝壳后就遭到了封杀。打官司也是少不了的。2019年贝壳成立一周年之际,贝壳被起诉盗用房屋图片。在新领域,贝壳也被围追堵截。2019年8月,部分"反壳联盟"成员一起共建新房联卖平台。

对此左晖表示不在乎。2017年他曾谈到对竞争的看法:"都知道要发真实的房源,也都知道要建立数据能力,要建楼盘字典。但是有谁能做出来呢?你知道这件事情,但你就是做不出来。"

彭永东基本不回应"反壳联盟"。他说贝壳作为平台不关注竞争,公司并不依靠竞争来凝聚团队,而是关注创造价值。他强调贝壳坚持两条主线:一是让经纪人之间更好地合作,二是让消费者得到更好的体验。

"只要大家的初衷都是看着这两个点……只要大方向是一致的,就没有本质的问题。相向而行,最后给行业最大的福利。"[51]消费者第一、经纪人第二、店东第三、投资人第四、平台第五,这是彭永东眼中的贝壳价值观。

公司标准改成平台标准

贝壳那时也无暇顾及外部争论。平台模式最怕出现的局面就是没人搭理自己，因此，贝壳得尽快做大规模。

为此，贝壳一方面聚焦于下沉市场的中小中介机构，邀请它们加入贝壳，另一方面用德佑品牌吸引从业者加盟。贝壳告诉他们，平台的 ACN 网络、真房源等模式会有半年左右的爬坡期，随后效果才能慢慢显示出来。一开始贝壳收取的平台费较低，后来稳定在了二手房交易佣金的 5%~8%，新房交易佣金的 10%~15%。[52]

作为公司战略的重要布局，河南是贝壳的第一站。2018 年 7 月，贝壳迎来了河南当地中介品牌房快递、世家等入驻。9 月，贝壳的签约门店数突破了 800 家。随后河南的经验被快速向西安、南京、武汉等城市复制。

为了给入驻贝壳的品牌、经纪人安全感，贝壳请了代言人在全国范围内大打广告，还努力获得了微信钱包的九宫格入口。彭永东在 2018 年 6 月更是表示流量完全不是问题："（链家网）我们经历过从最早的五千、八千的日活，到后来十万、百万等突破，在贝壳上同样能够实现。贝壳的长期目标是实现链家网的十倍流量。"[53]

从 B2C 的链家网转为 B2B2C 的平台，难度是把链家的标准调整成行业的标准，这也是彭永东遇到的难题。"从 A 到 B 怎么走？为什么这么走？怎么走会提高效率？复杂的地方在于，这行业有这么多人，凭啥要按你的走呢？"[54]

典型如 ACN（见图 7-14）。这套操作系统过去适配的是链家标准的经纪人和服务品质。现在贝壳既不能倾向于链家的标准，又不能制定劣币驱逐良币的规则。那时担任贝壳大中华北区 COO 的徐万刚说，加入贝壳的品牌必须承诺提供真房源，必须遵守平台规则。

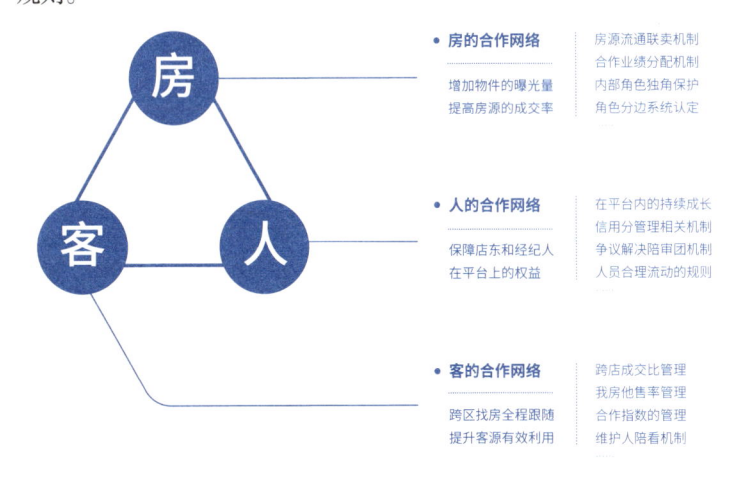

- 房的合作网络
  - 增加物件的曝光量
  - 提高房源的成交率
  - 房源流通联卖机制
  - 合作业绩分配机制
  - 内部角色独角保护
  - 角色分边系统认定

- 人的合作网络
  - 保障店东和经纪人在平台上的权益
  - 在平台内的持续成长
  - 信用分管理相关机制
  - 争议解决陪审团机制
  - 人员合理流动的规则

- 客的合作网络
  - 跨区找房全程跟随
  - 提升客源有效利用
  - 跨店成交比管理
  - 我房他售率管理
  - 合作指数的管理
  - 维护人陪看机制

图 7-14　ACN 网络的结构

来源：公开资料

于是在 2018 年 9 月，贝壳便推出了叫"店东管理委员会"的地方组织。[55] 当地品牌店东投票选举委员会委员，大家共同反馈、协调、完善当地的平台运营细则，探索平衡点在何处。

最终 ACN 合作规则吸收了相关品牌、店东、经纪人的反馈，形成了"总规则-各类子规则-不同城市各自适用细则"的框架体系。迭代次数也非常频繁。几年间，31 类子规则累计迭代了上千次，不同城市的适用细则甚至可以做到每个月都在更新。[56]

还有一个方向需要改动。ACN 过去适配的是链家直营体系下的强管控的风格,它可以在合作网络不大起作用的时候介入,比如下属不服从命令时予以降职等。曾在北京链家担任区域总监、管理十几家门店的褚文杰说:"就是上级说了算。手段很强硬,一声令下必须怎么样。"

贝壳作为平台可以设计更高的准入标准,它可以要求新加入品牌的数据真实性,但无法责令平台内的加盟商、其他品牌,更无法以"降职"来逼迫后者。

显然,那些规则中强管控色彩浓厚的部分需要改成更加个性化、人性化的规则。2019 年 7 月离开老家西安做了德佑加盟商的褚文杰说:"链家原先的规则中有大约 80% 被挪到了贝壳,剩下 20% 命令式的规则被优化掉了。"

那出现了分歧怎么办? 2018 年底,部分新经纪品牌与贝壳推出了"贝壳百城陪审团计划"。[57] 陪审团是依据 ACN 规则由当地经纪人代表组成的自治组织,所有成员都可自主报名,定期选拔。他们集体决策经纪人之间、经纪人与合作公司之间的争议,并拥有最高裁定权。

经纪人的服务质量也得靠调整规则来约束。2018 年 11 月,彭永东正式发布了"贝壳分"。[58] 这套此前在链家运营多年的用来评价经纪人的模型,被调整得更看重学历、合作伙伴评价、专业考试、用户评价等指标后向贝壳所有的经纪人推而广之,务求提升服务质量。

贝壳分的高低将直接影响用户打开贝壳 App 寻找靠谱经纪人的第一判断,这既包括用户的主动筛选,也包括系统的推送。褚文杰说贝壳分是经纪人非常看重的标签:"它最少有 100 多个加分项,还有很多减分项。你的分高，公司就给你倾斜流量。贝壳分能到 500 已经是非常优秀的人了，大部分应该是在 300~400 之间。"

贝壳一度遇阻

尽管陆陆续续进行了一些调整，但除了赋能新经纪品牌之外，另外两个目标的进度并不如意。其中的重要原因是，贝壳的核心团队尽管已从业 10 年左右，但还是没想到行业水平如此之低。

当地中介公司的 IT 水平仅限于拥有一个电脑和一个不太好用的系统，数据质量等同于无，数据标准也不统一，甚至连电脑网都有些费劲。有一段时间，贝壳的连网店面数远远落后于签约店面数，以至于彭永东不得不将精力集中到如何解决店面连网上。

"它并不比十几年前我们刚开始做的时候高，这十多年行业没有什么进步。"左晖很感慨，"中国消费者在很多基础产品、基础服务的基础品质上没有得到满足。链家在房产交易服务领域也仅达到了及格线，但在中国现实商业领域，只要你做到了 60 分，你就有很强的竞争力。"[59]

组织架构也出现了一些问题。为了迅速做大规模，左晖、彭永东让可以膨胀规模的组织（比如德佑、链家、贝壳）独立运营。它们在城市里各有自己的后台和职能团队。

较为快速的扩张确实出现了。比如德佑当初的规划是 3 年内开 5000 家门店，结果到 2019 年初已经有 160 个品牌的 2.1 万家门店及 20 万经纪人加入了贝壳。其中德佑签约门店数超过了 8000 家，覆盖了 96 个城市。

但内部资源的分配却出现了掣肘，抬高了公司的运营、沟通成本。徐万刚说："德佑要和链家竞争。链家看不上一些门店，不想合作。贝壳又是一个平台，它要服务其他品牌，所以内部的矛盾冲突的苗头比较多了，效率比较低。"

城市负责人处于冲突点。他没有实权管理城市内几条业务线的发展需求，还要保证非链家的门店和经纪人提供的服务达到基准水平。他们感到困扰，疲于奔命。

调整随之而来。

2019年1月，贝壳更改了组织架构。贝壳、德佑、链家的管理团队在单个城市内合并，三个业务的职能线也进行了合并，统归贝壳城市总管理。相当于贝壳、德佑、链家的组织架构不在北京总部形成闭环，而是城市内形成闭环。

2018年的组织架构冲突无可避免。公司不可能既要规模，又能完美规避自营、加盟、平台之间的冲突。后来出任贝壳COO的徐万刚觉得这是一个让链家看看加盟和平台是什么、让德佑看看直营是什么的契机："冲突完了就去思考我们怎么去改变。到了一定阶段做几次调整，寻求下一个阶段的发展。大概是这样。"

2019年4月贝壳成立一周年之际，彭永东宣布3年内将在紧邻上海的江苏昆山花桥投入10亿元，建设占地面积3.3万平方米的花桥学堂，通过培训来加速店东的职业化进程。彭永东对花桥学堂十分重视，不仅亲自担任校长，甚至参与到校址设计这样的细节讨论中。[60]

在帮助新经纪品牌方面，贝壳投入了10亿元。彭永东希望扶持出50个拥有200家店面的品牌、20个拥有500家店面的品牌、

10 个拥有 1000 家店面的品牌。

搏学大考也在 2018 年 11 月被引入了贝壳平台，贝壳还给考分超过 70 分的经纪人在 App、网站上显示专业标签，给予更多的商机。

"我跟很多新的经纪人说，要多学习。比如，这个房子是欧式建筑，什么叫欧式建筑？欧式建筑有什么特点？这个小区的指标背后有什么意义？不只是要知道那些数字，还要知道数字背后的意义，包括帮用户选择的时候怎么看房，带用户看房怎么看，都是能力方面的。"彭永东期待贝壳上的经纪人对自己职业生涯有长远规划，"如果你看长期，必然会对自己有当下的规划：应该做什么，何为正确。"

科技赋能 × 战略驱动

从链家转变为平台后，线上线下融合的焦点产品研发，效率出现了下滑。徐万刚回忆道："经常出现说哪天上线，上不了，因各种原因被推迟了。上完之后，使用，又不好。很多最后不了了之了。"

人、物、流程的数据化

究其原因，是"运营→产品→技术"的单线反馈链条在平台繁多的线上线下需求面前不堪重负。2019 年，贝壳开始尝试推动项目制，把产品人员、运营人员、技术人员都拉到一个项目组里，总部和城市的需求方也拉到一个项目组里。半年或一年为一个项目周期，每周开一次项目会，拉上各条线的相关负责人担任评委，方便他们既督促进度，也协调资源。

项目制的目的是让大家聚焦于一个问题的解决，使需求在组内实现闭环。它以占用管理层、项目经理工作量的方式——徐万刚每月 1/4 的时间用于项目会，这极大地提高了贝壳的产品研发（下称产研）效率。2020 年，项目制还向公司其他条线推广，并迭代出了联席项目经理制——不是只有产研的人可以挑头推动项目。

除了制度外，底层能力的建设仍是贝壳的投入重点（见图 7-15）。到 2018 年，链家在楼盘字典的累计投入达到了 6 亿元。负责房源普查的团队超过了 200 人，负责房源验真的也有 100 人。如此投入下，链家的房源数据颗粒度已经达到了 433 个字段。如果算上用户数据，链家每天的数据增量达 30TB。

贝壳成立后的投入力度更是随着覆盖城市的大涨而猛增到超过 2 亿元 / 年。到 2019 年底，楼盘字典累计花掉了链家 / 贝壳 11 亿元。[61] 截至 2020 年底，贝壳的楼盘字典已经覆盖了全国 332 个城市，58.7 万个社区，拥有 2.4 亿条房源数据。

贝壳的产品技术团队人数达到了 3000 人之多，没有一个竞争对手公司的数字能力可望贝壳之项背。

值得一提的是，当初犹豫过的 VR 技术如今成了亮点。更替了几代测量仪器后，贝壳 VR 整合了深度激光检测模组，采集半径达到 10 米以上，深度采集精度达到 20 毫米，测量面积误差控制到了 0.4% 以内，均属于世界前列水平。[62]

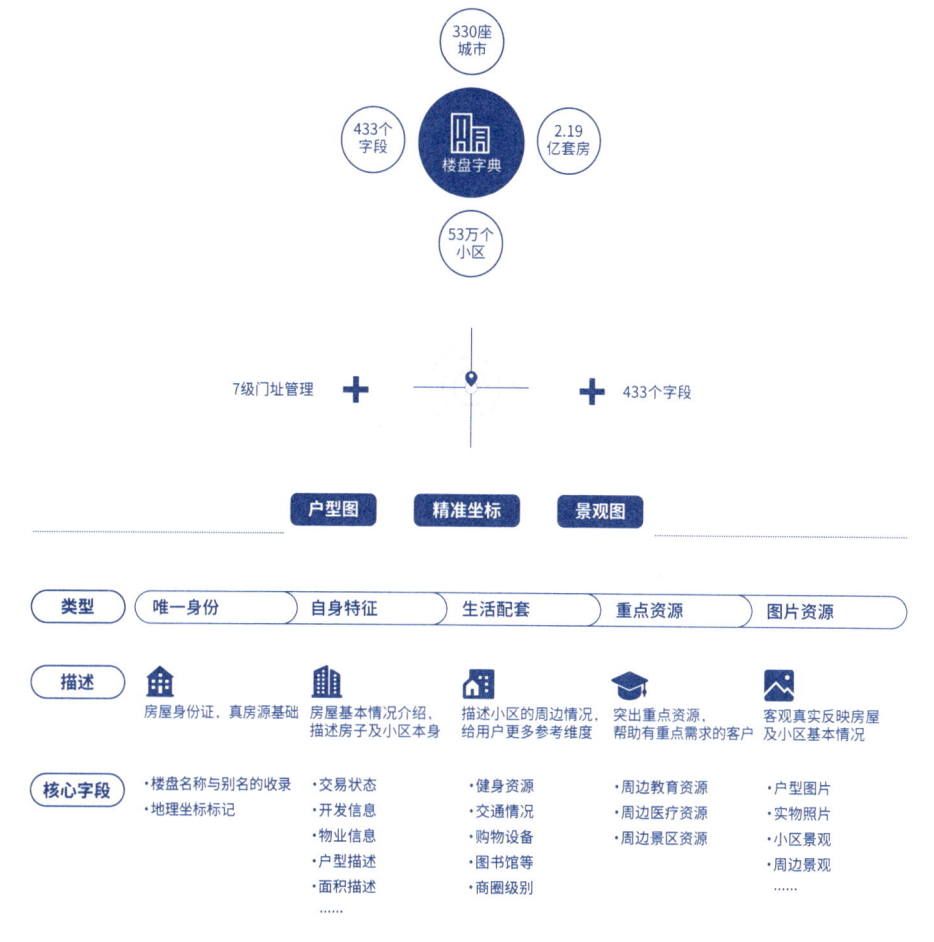

图 7-15 贝壳找房"楼盘字典"产品概述

来源：贝壳研究院

闫觅提到在制作了 100 万套 VR 模型后，他们发现只用手机拍摄照片，就可以通过深度学习预估出不少数据。贝壳还训练出了自己的算法，可将二维全景图转成三维，再生成模型。2019 年底，贝壳拥有了 330 万套 VR 房源数据，是全球最大的 VR 数据库。[63]

当初他们的担忧也被证明为利好。消费者并没有觉得看过 VR 就不用去线下看房了，他在线上看过了栩栩如生的 VR 后反而加大了去线下看房的意愿。2020 年 2 月，贝壳上发起了 1047 万次 VR 带看，相较 1 月增长 34.6 倍；2 月 VR 带看通话时长为 24.74 万小时，相较 1 月增长 171.7 倍。[64] 贝壳找房技术副总裁惠新宸说愿意去线下看房的消费者基数增大了："线下的效率反而会变高，并且带看量也没有下来。"

当初的智能化种子也生根发芽了。比如前述的依据大量数据和算法建模的估价模型，后来在几十个城市以"房屋估价"功能上线，迅速被调用了超过 1.4 亿次。贝壳在一线城市的预估价格准确率最高达到了 80% 以上，平均价格误差控制在了 4.5%——略好于美国 Zillow 的 5.4%。[65]

贝壳找房可帮助经纪人为客户寻找合适的房源。以前经纪人主要靠搜索、朋友圈或微信群、其他经纪人、房源交流会等原始方式找房子，贝壳通过经纪人、客户、房源匹配的算法帮助经纪人提高了房源匹配效率，从而将带看率从 0.59% 提高到了 3.18%，成交率从 0.12% 提高到了 0.91%。[66]

在这些能力的支撑下，到 2020 年初贝壳陆续上线了 VR 售楼部、在线签约、线上贷签和资金存管等功能，用户的消费场景和经纪人的服务场景都完成了数字化闭环（见图 7-16）。以烦琐的线上贷款签约为例，买家、业主、银行、经纪人等已无须再去线下完成签约手续，通过贝壳 App 在线完成即可。

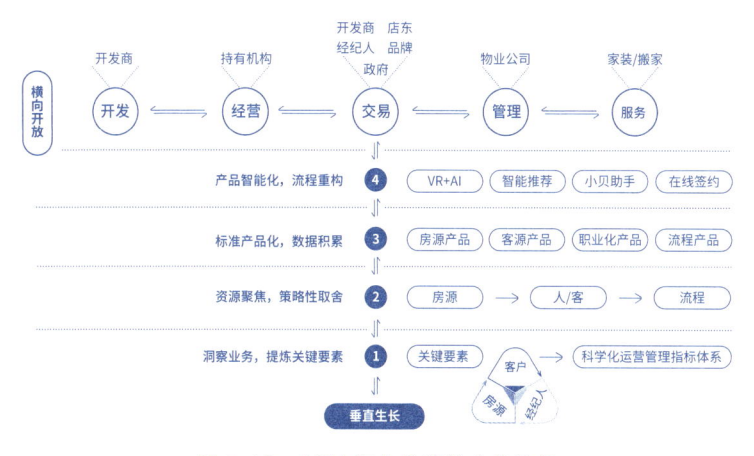

图 7-16　ACN 贝壳找房数字化路径

来源：贝壳研究院

走向新居住

调整逐渐奏效。

贝壳的经纪人们也感受到了真房源、共享房源后商机的涌现。ACN 网络过半年见效的承诺得到了兑现，有人发现自己仅仅录入房源便得到了 10% 的业绩。[67]

徐万刚注意到越来越多城市的房产中介不复恶性竞争、互相拆台的混乱，而是戴着不同工牌的经纪人可以一起举办生日会、开晨会等："现在的行业生态比较健康一些。贝壳的价值就是把链家做得不错的方法论、价值观赋能给竞争对手,提高他们的效率,为客户提供更好的服务。"

贝壳的整体效率明显得到提升,平台终于走上了轨道。徐万刚说 2019 年贝壳实现了"比较有品质的增长",完成了 2.1 万亿元的 GTV(gross transaction value,交易总额),其中链家之外的品牌贡献的 GTV 占比为 46.9%。贝壳确实成了一个平台,而不是链家自娱自乐的地方。链家的交易额、覆盖城市数比起前两年增长得不多,质量却很高。

上海链家的线上成交额占比已超过了 40%,链家自有即时沟通工具 IM 的全年互动数多达 1468 万次。[68] 链家经纪人的安全感也是最高的。2019 年从上海开始,链家在 27 个直营城市陆续给经纪人增加了底薪。北京链家的底薪已经达到了 6000 元的水平,上海、深圳的底薪甚至高达 8000 元。[69]

先竖着做链家构建出一套标准,再横着做平台来推动行业整体进步的思路如今已经初成。不过竞争对手也未放弃,2020 年仍有不少新鲜血液进入了房产经纪领域。比如易居中国与阿里巴巴打造了天猫好房,恒大集团发力房车宝集团,房多多与中原地产合作加盟平台"原萃",等等。

但疫情或竞争对手对已进入智能化阶段的贝壳影响不大。到 2020 年底贝壳连接的经纪人超过了 49 万人,门店数超过 4.69 万家,经纪品牌超过了 279 个。他们实现了 3.5 万亿元的全年 GTV——58% 来自链家之外的品牌。

彭永东此前总结的行业五大矛盾正在慢慢化解,作为最大推手的贝壳也于 2020 年实现了 705 亿元的营业收入,以及 57.2 亿元的经调整后净利润[①]。

增长也体现出了贝壳锻造的数字科技能力有多扎实。截至2020年底，贝壳楼盘字典已囊括了2.4亿套房源的动态数据，VR房屋模型也超过了900万套，2020年的VR带看量超过了6600万次。[70]

近50%的经纪人已有一半以上的作业时间在线上，超过45万经纪人拥有贝壳分。[71]作为交易平台，贝壳App的月活已经达到了4818万人，仅次于作为信息平台的安居客。[72]2020年贝壳的研发费用已经达到了24.78亿元。

左晖仍然不觉得贝壳的模式算"完全跑通了，可能完成了从0到1，算是活下来了"。

在他眼里，"跑通"的标志有三点：第一，行业的效率提高，温饱线是门店GTV达到5000万元/年，中档水平线是1亿元/年；第二，行业总体NPS值[②]能达到20%~30%；第三，经纪人平均从业时间达到24个月。简单来说，贝壳加盟品牌、经纪人的水平要达到链家的程度。

在外界看来，这是自谦之词。按上述三大标志来看，贝壳加盟品牌和经纪人的水平确实还差得很远，但贝壳占据了大约1/4的市

---

① 一般而言，经调整后的净利润剔除了一些非经常性的、跟主营收支无关的、并未影响公司现金流的项目，包括但不限于股权激励、投资收益、商誉减值等。看上去似乎净利润比经调整后的净利润更严格，事实上后者才更真实、全面地反映了公司的经营业绩，所以投资者在关注美港股公司的利润情况时更关注经调整后的净利润。

② NPS值即客户净推荐值，客户在消费后向其他人推荐的比率。

场份额。① 按商业世界的标准来看，贝壳的模式无疑基本跑通了。

事实上，先竖再横的路径已经被贝壳拿来在新业务领域复制，并获得了初步的进展，比如被视作下一个增长曲线的装修领域。2019 年，贝壳收购了南鱼家装、美窝家装。2020 年 4 月，贝壳正式发布了旗下的自营品牌"被窝家装"，以此为主着力梳理装修行业的高品质服务流程和标准。

2021 年，被窝家装 Home SaaS 系统打造了销售（CRM）、BIM 设计、交付、供应链、中台管理五大模块。其中，贝壳自研的 BIM 系统 1.0 版本已经实现了装修设计环节的全链条数字化，能够自动生成装修方案、自动输出图纸和报价[73]，并以 VR 技术呈现设计效果。被窝家装 App 还做了诸如实时查看工地、采用 VR 技术对隐蔽工程进行留底核查等减少业主与装修公司之间信息差的产品创新。[74]

为了提高服务品质，摸索两年多的被窝家装在 2021 年果断推出了号称"十心实意"的服务承诺。[75] 比如针对常见的价格不透明现象，被窝家装承诺"恶意增项，双倍返还""私下收费，双倍返还"；针对建材质量不过关的现象，则承诺"材料保真，假一赔三"。不难看出，被窝家装希望能像当年链家宣布真房源时那样，力求在业内树立新的服务品质标杆。

被窝家装的努力已经有所回报。在家装行业的标准化、流程化、线上化之复杂度远超此前想象的前提下，贝壳包括装修在内的

---

① 以经纪人数量和门店数为标准，业内一般认为中国有 200 万经纪人，20 多万家中介门店。

其他新兴业务，在 2020 年的营收达到了 20 亿元。这意味着贝壳的居住战略初露峥嵘。

2021 年 7 月，为了加强提供优质居住服务的能力，贝壳宣布拟收购圣都家装 100% 的股权。在宣布此事的内部信中，彭永东回顾并展望了公司 20 年来的发展模式，以及对贝壳进入家装行业的思考：

"链家和贝壳 20 年的实践之路，让我们对于产业的迭代深有感触，我们得先竖着做，再横着做。'竖着做'是为了构建一套标准，'横着做'是为了更深层地推动产业的进步，这未必是产业互联网的唯一路径，却是我们已经实践过并相信的路径。

"这个行业很大，根本就不用去探讨。真正需要去探讨的是'我们的存在，对家装行业的消费者和服务者意味着有什么不一样？'"[76]

不管被窝家装会给消费者和服务者带来什么不同，贝壳到了迭代自己的时刻，贝壳认为自己的 slogan（口号）"找房大平台"已经不能定义自己。随着对新业务和房产经纪行业的再思考，蕴含着众多业务探索的贝壳正在靠近自己当初设立的使命"更美好的居住"。2021 年 10 月，贝壳将 slogan 替换成了"让居住更美好"。

这是彭永东的下一程。

青腾一问 | 杨国安对话彭永东

杨国安：链家 / 贝壳做了哪些布局来应对房产中介行业的挑战？

彭永东：像这样的产业，最核心的就是如何来重建行业标准。

那它到底需要什么标准呢？我们归纳为三点，第一点是关于物的标准，即房子的标准，如何用数据来定义房子？第二点是关于人的标准，什么叫作一个好的服务者？第三点是流程的标准，从第一步到最后完成，需要多少个环节，每个环节怎么定义？如果能够建立这三个标准，行业就会完全不一样。

杨国安：如果是贝壳来制定行业标准，会给公司带来什么样的发展？

彭永东：这些标准建立起来取决于它能否推动两件事情，第一件是让消费者的体验更好，第二件是让服务者的从业时间变得更长。这是两个核心的底层价值。

如果能满足这两点，公司必然有发展。消费者更喜欢你，更愿意选择你。服务者工作的时间更长，操守更好，知识经验更丰富，平台也就更有价值。今天我们毫无疑问地看到，这样的方式确实让整个组织有了更好的发展。

今天整个行业的 NPS 是小于 0 的，链家是唯一一个大于 0 的品牌。我们希望在未来 5 年时间里，整个贝壳平台的 NPS 能够提升到 30%，同时经纪人从业时长能从现在的 10 个月提高到 24 个月，这就是非常大的进步了。

杨国安：数字科技在这个过程中扮演了什么角色？

彭永东：走到数字化时代，消费者的需求还是跟以前一个样子。为了满足消费者的需求，我们做事的方式、重组要素的方式发生了根本性变化。

数字化本身对整个模式产生了哪些增量价值呢？刚才我谈到三个标准，其实是让消费者在决策过程中得到了更多的数据，服务者的能力提升也变得更有效率。就是行业不断提效，消费者体验不断提升，如果没有数字化，很难想象这件事。

科技的进步也让整个组织不断地迭代，而且速度越来越快。有了系统，有了不断产生数据的线上平台，数据就变成一个输入项，不断重构流程，再产生数据，再进行重构。于是形成了这样一个高速迭代的闭环。

科技对于产业互联网最大的价值之一，就是能够进行这种流程的拆分。看上去单一环节都是不一样的领域，但都和更大的网络连接在了一起，可以和任何一个节点进行连接。

像 ACN 网络以前只能发生在小范围和信任度比较高的个人之间，有了系统后，合作可以发生在更大范围内。经纪人不用知道合作者是谁，只需要知道他的贝壳分是多少，把自己的环节做好就可以了，那么他就可以和下一个环节无缝衔接。没有科技，这件事情很难实现。

杨国安：一个高效的、精准的、大数据的交易平台还有哪些演变的空间？

彭永东：对我们来说大概有三个空间：第一是住的空间，就是房子里面；第二是社区里面的空间；第三是社区外面的空间。

围绕着住——我们叫新居住，其实没有更多有品质的供给提供给消费者。平台可以赋能给更多产业，大家共同建设。比如装修行业有非常多可以改善的机会点；比如社区服务，哪怕是搬家这件小事，都是没被满足的细分类目。

做了平台后，我们对这些类目有了新的理解。最早我们的核心业务主要是二手房交易，做贝壳后发现在平台上可以叠加新房类目，现在新房业务的增速非常明显。先竖着做，再横着做，同样的思路可以复制到其他赛道。这可能不是产业互联网的唯一路径，但是它是我们比较相信的一个路径。

杨国安： 从链家到贝壳，你遇到最主要的挑战有哪些？

彭永东： 还是在内部调整上，还是角色的变化。我们过去形成了很多底层能力和基础设施，但现在不能有短板。原来只需要3个长板的能力，现在可能需要20个长板。大家对你是信任的，所以你是不是能赋能？连上贝壳后，是不是体验更好？

所以短期内要做的事有很多，最多的时候有上百个项目同时在做。这可能是最难的一点。我想给我们更多时间，可能这也是挑战。

杨国安： 转型升级过程中，你做过的最艰难的决策是什么？

彭永东： 如果说最艰难，那肯定还是决定要不要转。说实话，链家并不是遇到了一些挑战才去做这件事。链家那时处于非常好的发展状态，做这个变化可能本身就是一个巨大的挑战。所以有转的理由，也有不转的理由，而且都非常有道理。

杨国安： 最终基于什么原因决定转过来？

彭永东： 可能还是基于我们本身能创造什么价值。如果我们把自己定位成一个组织，那我们做好自己就可以了。如果我们认为还能带来更大的变化，一些更底层的变化，那变成贝壳的意义可能更大一些。这件事情好像值得去做。

我们相信未来行业会关注消费者体验，我们相信行业会变得更有尊严，变得更在乎长期发展。我们也相信数据和科技能让行业发生巨大的变化，原本某些功能只是一种可能性，现在会因为数据的存在而变得不一样。原先行业不一定认为这些有价值,但我们认为它们会很有价值。

杨国安: 当时设想的最大风险是什么?

彭永东: 最差的情况就是贝壳这个模式没做成,原有的链家也做坏了。

杨国安: 复盘来看,你觉得有哪些可以做得更好?

彭永东: 我一直认为战略应该跑在前面,就是说当我们想象未来三五年要做什么,今天就去做筹备。说起来容易,做起来难。好像很难有这么强的预见性,比如提前半年去做准备。当然,也可能是我看得不够远,或者没有足够坚定。

回过头来说,如果我们在2017年更多地去储备一些平台的长板能力,可能会更好一些。

通过这件事的复盘反推到今天,我们对未来要做更长远的洞察,对于今天要做什么也要更加坚定。

注 释

第一章：不要成为数字化、智能化时代的恐龙

1. http://tech.sina.com.cn/i/2009-03-25/11442941159.shtml
   新周刊：京东商城的发迹史
2. https://finance.qq.com/a/20110608/001634_1.htm
   "中关村一号"海龙的命运：IT卖场即将走到尽头
3. https://cloud.google.com/learn/what-is-digital-transformation?hl=zh-cn
   什么是数字化转型？
4. https://aws.amazon.com/cn/blogs/china/overcome-obstacles-to-embark-on-cloud-migration-and-digital-transformation-journey/
   克服阻碍踏上云迁移和数字转型之旅
5. http://xqdoc.imedao.com/165248917bd2045c3fdfb23c.pdf
   数字经济　创新引领　2018中国企业数字化发展报告
6. http://www.cac.gov.cn/2016-09/29/c_1119648520.htm
   二十国集团数字经济发展与合作倡议
7. http://report.iresearch.cn/content/2012/04/169200.shtml
   2011年中国智能手机市场快速发展　出货量达7210万台
8. https://www.iyiou.com/news/20190725106751
   AIoT，不只是AI+IoT
9. http://www.caict.ac.cn/kxyj/qwfb/bps/202012/P020201215379753410419.pdf

物联网白皮书 2020 年
10. https://www.jiemian.com/article/5497710.html
明年是激光雷达电动元年，苹果、小鹏、华为都在干
https://www.ednchina.com/news/5931.html
拆解："特斯拉"！Model 3 怎样通过硬件改造升级到完全自动驾驶？
11. https://tech.qq.com/a/20121116/000052.htm
手机上那些不为人知的传感器
12. https://tech.qq.com/a/20160511/029516.htm
中国智能手机普及率 58%
13. https://www.36kr.com/p/980011616259206
历史性时刻：物联网连接规模首次超过非物联网，移动物联网连接中国"一骑绝尘"
14. https://www.huawei.com/cn/publications/winwin-magazine/36/huawei-octopus
揭秘"华为八爪鱼"，自动驾驶云服务加速智能汽车时代到来
15. http://www.gov.cn/hudong/2019-12/31/content_5465475.htm
工业和信息化部答网民关于"4G 网络速率下降"的留言
16. https://tech.sina.com.cn/5g/i/2019-08-06/doc-ihytcitm7143217.shtml
Mbps、Mb/s、MB/s 之间有什么区别
17. http://www.xinhuanet.com/tech/2019-08/23/c_1124910598.htm
记者实测 4G 网速　不同时间地点 4G 网速存在差距
18. https://tech.qq.com/a/20191029/009751.htm
5G 正式商用前速率实测：覆盖待优化中移动表现最佳
http://gdstc.gd.gov.cn/kjzx_n/gdkj_n/content/post_2998488.html
今年广东 5G 用户数预计达 2000 万
19. https://auto-time.36kr.com/p/1150555588969857
没有 5G，不配叫智能汽车
20. https://www.zte.com.cn/china/about/magazine/zte-technologies/2018/10-cn/4/5.html
4G/5G 网络融合，通向 5G 的必经之路
21. http://www.xinhuanet.com/tech/2020-06/02/c_1126062418.htm
5G 手机发力中端市场　暑期或迎新一波降价
22. https://finance.sina.com.cn/tech/2021-02-23/doc-ikftpnny9223647.shtml

中国电信柯瑞文：中国 5G 套餐用户数超 3 亿　5G 仍处于发展初期
23. https://www.sohu.com/a/309076466_99967243
5G，从消费互联网到产业互联网转型的新动能
24. https://www.seagate.com/files/www-content/our-story/rethink-data/files/Rethink_Data_Report_2020_zh_CN.pdf
数据新视界：从边缘到云，激活更多业务数据
25. https://www.inspur.com/lcjtww/445068/445237/2548664/index.html
IDC 发布《2020 全球计算力指数评估报告》
26. https://www.iyiou.com/analysis/2018111085145
云产业链，正在迎接算力时代新机会
27. https://www-file.huawei.com/-/media/corporate/pdf/public-policy/ubiquitous_computing_power_the_cornerstone_intelligent_society_cn.pdf?la=zh
泛在算力：智能社会的基石
28. http://www.aas.net.cn/fileZDHXB/journal/article/zdhxb/2016/4/PDF/20160401.pdf
区块链技术发展现状与展望
29. https://www.163.com/tech/article/DKA8BNC500097U7R.html?agt=178
订购库存和定价都用上了 AI，亚马逊很多人离岗了
30. https://finance.sina.com.cn/tech/2021-01-11/doc-iiznezxt1769886.shtml
IDC& 浪潮：2020−2021 中国人工智能计算力发展评估报告

第二章　杨五环方法论

1. http://opinion.people.com.cn/n1/2018/0330/c1003-29897549.html
人民日报：正确认识我国社会主要矛盾的转化
2. https://www.sohu.com/a/455467967_99922069
高瓴：数字化转型，如何"锦"上添"花"？

第三章　美的：如何穿越时代

1. https://www.huxiu.com/article/388337.html
万科郁亮：焦虑贩子
2. http://www.chinavalue.net/Management/Blog/2012-3-27/890285.aspx

  白电变局：向左走，向右走？
3. http://news.sina.com.cn/s/2010-10-29/084918302680s.shtml
  美的十年蝶变写就千亿传奇
4. https://www.reuters.com/article/huanqi201203121-idCNCNE82B06120120312
  《环球企业家》专稿：美的，裁员讳疾
5. http://finance.china.com.cn/industry/company/20150325/3021057.shtml
  美的或继续大规模裁员　家电业将现裁员关厂潮
6. https://m.yicai.com/news/2594486.html
  美的集团整体上市收官
7. https://www.yicai.com/news/2024016.html
  何享健交棒方洪波　美的集团去家族化
8. http://finance.eastmoney.com/news/1354,20150204475226974.html
  方洪波：美的生死入口
9. https://www.jiemian.com/article/263269.html
  美的总裁方洪波：10万人怎么做2000亿？
10. https://finance.sina.com.cn/stock/s/2019-06-21/doc-ihytcitk6666679.shtml
  "洗衣机第一股"小天鹅　22年上市全剧终
11. https://m.sohu.com/n/351987582/
  何享健交班方洪波背后：十年前就开始谋划
12. https://m.yicai.com/news/5048827.html
  美的：供给侧改革下如何壮士断腕
13. https://cn.reuters.com/article/lei-jun-xiaomi-idCNKBS0KE00L20150105
  小米2014年税前营收120亿美元　手机销量大增——雷军微博
14. https://www.jiemian.com/article/263269.html
  美的总裁方洪波：10万人怎么做2000亿？
15. https://www.reuters.com/article/midea-xiaomi-idCNKBS0JT01V20141215
  美的集团向小米定增募资12.7亿元　在智能家居等加强合作
16. http://finance.sina.com.cn/stock/t/20150404/104521888635.shtml
  美的与阿里巴巴达成全面战略合作
17. http://www.paulainc.com/uyiie/125821.iunm
  美的集团总裁助理谷云松：企业转型的IT策略与实施
18. http://12365.ce.cn/zlpd/jsxx/201605/18/t20160518_3835608.shtml

家电产销模式或因小天鹅"T+3"而发生变革
19. https://wiki.mbalib.com/wiki/%E5%A4%87%E8%B4%A7%E5%9E%8B%E7%94%9F%E4%BA%A7
备货型生产
20. http://12365.ce.cn/zlpd/jsxx/201605/18/t20160518_3835608.shtml
家电产销模式或因小天鹅"T+3"而发生变革
21. https://news.chinabm.cn/2016/1217364127.shtml
原小天鹅董事殷必彤任美的家用空调事业部总裁
22. http://www.meicloud.com/index/news/news_info/id/206.html
《电器》杂志专访 | 美云销"云订货"为什么火了？
23. http://finance.sina.com.cn/stock/relnews/cn/2021-04-14/doc-ikmxzfmk6689657.shtml
科技驱动基于制造实践 ——专访美的集团副总裁、首席信息官张小懿
24. https://www.sohu.com/a/330121826_115978
美的南沙工厂实地探访：员工配华为手表，5G 覆盖厂区
25. http://www.nbd.com.cn/articles/2019-07-26/1357721.html
美的集团 CIO 张小懿：引入 M.IoT 的南沙智慧工厂今年将被全面复制
26. https://tech.sina.cn/2020-09-07/detail-iivhvpwy5314429.d.html
美的工业互联网有何魅力？
27. http://roll.sohu.com/20140331/n397482232.shtml
美的集团 2013 年营收 1210 亿 净利 73 亿同比增 38%
28. https://www.ifanr.com/630185
22 款新品，美的智能家居新计划能否如愿？
29. https://www.36kr.com/p/1724747857921
美的智能家居战略大起底
30. https://www.163.com/dy/article/G0F9NDA905149N9E.html
方洪波：美的"没有东西可守"，将拥抱新思维做"新势力"

第四章 便利蜂：数字化系统如何"驾驶"一家公司

1. https://www.tmtpost.com/63063.html
庄辰超和搜索的那些往事（一）：世上再无搜索客

2. https://it.sohu.com/20090225/n262459577.shtml
   庄辰超："聪明"我的旅行
3. https://cn.idgcapital.com/feeds/%E5%BA%84%E8%BE%B0%E8%B6%85%EF%BC%9A%E4%B8%89%E8%BF%9B%E4%B8%89%E9%80%80%EF%BC%8C%E4%BA%8C%E5%8D%81%E5%B9%B4%E5%88%9B%E4%B8%9A%E7%94%9F%E6%B6%AF%EF%BC%8C9%E6%9D%A1%E5%85%AC%E5%8F%B8%E7%AE%A1%E7%90%86%E5%BF%83%E5%BE%97
   庄辰超：三进三退，二十年创业生涯，9 条公司管理心得
4. http://finance.sina.com.cn/leadership/crz/20111123/082910865980.shtml
   自曝挖角的总裁庄辰超
5. https://www.sohu.com/a/446780512_99922069
   便利蜂庄辰超：人的效率低下，我们用算法大规模扩张
6. https://finance.sina.cn/2017-08-08/detail-ifyitapp2918367.d.html?vt=1
   韩国成便利店王国　密度超日本
7. http://m.winshang.com/news606570.html
   美宜佳 2016 营收破百亿　新增门店从 1700 多家至 9300 家
8. http://finance.sina.com.cn/zl/international/20140728/140919838735.shtml
   日本的便利店为何如此成功？
9. https://www.sohu.com/a/317647233_465282
   惨烈，第一批无人便利店超 95% 都"死光了"！
10. https://xin.jd.com/store
    京东便利店
11. http://www.eeo.com.cn/2018/0906/336467.shtml
    阿里巴巴的天猫小店构想：超越便利店
    https://www.163.com/tech/article/CHOE4H0U00097U7R.html
    刘强东要开 100 万家京东便利店，但他不承担房租
12. https://36kr.com/p/1721555124225
    Today 宋迎春：风口上的便利店，看不到的才是核心竞争力
    http://www.linkshop.com.cn/web/archives/2018/414817.shtml
    Today 今天便利店的梦想：准独角兽的雄心与挑战
13. http://www.iheima.com/article-33354.html
    美宜佳：他是中国的便利店之王！

14. https://www.sohu.com/a/322680182_168370
    便利店巨头 7-Eleven 的商业模式及核心竞争力研究
15. http://www.iceo.com.cn/renwu2013/2019/0906/306435.shtml
    内田慎治：7-Eleven 你学不会
16. https://www.sohu.com/a/312333405_713550
    专访 7-11 内田慎治："中国模式"已跑通，新进市场目标三年盈利
17. https://www.jiemian.com/article/1405755.html
    野蛮人入侵便利店？
18. https://xw.qq.com/cmsid/20210102A06U9I00
    7-11 中国董事长：不找投资为目的的合作对象，更希望找懂行的
19. http://www.linkshop.com.cn/web/archives/2015/317424.shtml
    北京便利店上演抢位战　全时挑战 7-11 便利店
20. https://www.sohu.com/a/231698958_114778
    专访 7-ELEVEn 执行董事：为什么我们是便利店第一品牌
21. http://www.iheima.com/article-166933.html
    7-11 便利店的"另类"解读：反常识打法的胜利
22. https://www.iyiou.com/news/201709275616 6
    7-Eleven 需求链信息系统启示录
23. http://www.techweb.com.cn/internet/2017-02-10/2485069_2.shtml
    离开去哪儿的庄辰超开起便利店　试营业当天我去体验了一番
24. https://www.chinaventure.com.cn/cmsmodel/news/detail/311325.html
    起底神奇"便利蜂"：豪华扩张"挥金如土"
25. http://huiyi.ccfa.org.cn/portal/cn/xiangxi.jsp?id=442168&type=2
    7-11 内田慎治：不要把便利店做成小超市
26. https://www.tmtpost.com/2780074.html
    独家专访庄辰超：便利蜂的 N 个"真相"和斑马资本的"投资马拉松"实验
27. https://www.jiemian.com/article/1405755.html
    野蛮人入侵便利店？
28. https://www.sohu.com/a/169167118_713550
    便利蜂裁员 50 多人　开发团队几乎被"一锅端"
29. http://www.woshipm.com/pd/879821.html

五个步骤，实现产品 MVP

30. http://society.people.com.cn/n1/2018/0328/c418739-29894515.html
便利蜂"互联网+便利店"创新与应用

31. https://finance.sina.com.cn/chanjing/gsnews/2020-07-06/doc-iircuyvk2198144.shtml
便利蜂盈利真相

32. https://www.reuters.com/article/third-party-global-0918-3-cc-idCNCNE98H05A20130918
《环球企业家》专稿：便当也疯狂

33. https://www.sohu.com/a/231580140_355033
专访 7-11 内田慎治：零售的本质是商品，我不怕新零售

34. https://www.sohu.com/a/312333405_713550
专访 7-11 内田慎治："中国模式"已跑通，新进市场目标三年盈利

35. http://tech.sina.com.cn/i/2017-02-10/doc-ifyamkzq1227962.shtml
前 7-ELEVEn 高管从邻家便利转战便利蜂　这次金主是庄辰超

36. https://www.36kr.com/p/1722267893761
便利蜂一年开 100 家店，今年将加速布局一、二线城市

37. http://finance.china.com.cn/industry/20181105/4800701.shtml
40 亿资金涌入！便利店 C 位逆袭还要抢药店生意？

38. https://www.36kr.com/p/1722351042561
最前线 | 便利蜂大量撤站，智能货柜扩张遇阻

39. http://www.techweb.com.cn/internet/2019-01-28/2722150.shtml
庄辰超回应便利蜂考数学裁员：体面生活是奋斗出来的

40. http://capital.people.cn/n1/2019/0130/c405954-30598447.html
便利蜂考数学裁员？考卷曝光

41. https://cn.nikkei.com/columnviewpoint/column/36038-2019-06-19-05-00-00.html
中国无人便利店热潮退去在意料之中

42. https://cn.nikkei.com/china/ccompany/37053-2019-08-28-05-00-30.html?start=1
中国无人店的最佳答案是："便利蜂"？

43. http://news.winshang.com/html/066/4442.html
本土便利店围剿 7-ELEVEn 们　互联网新贵崛起

44. https://www.huxiu.com/article/328208.html
   "我被便利蜂控制了！"
45. https://finance.sina.com.cn/tech/2020-11-23/doc-iiznctke2824627.shtml?faodatalab=2020-11-23-1
   便利蜂真比 7-11 抗造吗？
46. https://www.cbndata.com/information/89417
   一碗盒饭月销 120 万元，便利店鲜食有这么好卖吗？
47. https://www.36kr.com/p/1724484059137
   上百个 SKU，乳制品销售占比超 20%，便利蜂如何开拓自有商品？
48. http://www.techweb.com.cn/internet/2020-08-19/2801322.shtml
   便利蜂运营 CEO 王紫：动态定价在收益上带来了 30% 的提升
49. https://www.sohu.com/a/343557323_393779
   千店目标提前达成　便利蜂全国扩张再次提速
50. https://www.jiemian.com/article/5861272.html
   便利蜂自有工厂通过国际权威认证，为行业首家便利店企业
51. https://finance.sina.com.cn/tech/2020-11-23/doc-iiznctke2824627.shtml?faodatalab=2020-11-23-1
   便利蜂真比 7-11 抗造吗？
52. https://www.36kr.com/p/1279308699660041
   36 氪独家｜便利蜂最早今年四季度赴美上市，拟募资 5-10 亿美元
53. https://www.yicai.com/news/100871223.html
   便利蜂宣布将启动"高速扩张模式"　计划 2021 年门店数突破 4000 家
54. http://www.tj.gov.cn/sy/tjxw/202011/t20201107_4045923.html
   便利蜂在津投资 4 亿元

第五章　新瑞鹏：如何同步推进信息化、数字化、智能化

1. https://vcbeat.top/50679
   资本加持宠物医疗
2. https://tech.sina.com.cn/i/2019-08-06/doc-ihytcitm7283151.shtml
   高瓴资本是怎样炼成的？　600 亿美金资本王国和它的野心
3. https://www.lieyunwang.com/archives/243725

专注宠物轻问诊，"阿闻医生"要如何打造专业的宠物健康管理专家？
4. http://xqdoc.imedao.com/16796f941c825b3a3fda35c5.pdf
多品牌全渠道布局国内，宠物食品巨头扬帆
5. https://www.zhipin.com/gongsi/l03988643.html?ka=company-intro
瓴域集团介绍
6. hhttps://finance.sina.com.cn/roll/2020-07-08/doc-iirczymm1137982.shtml
高瓴主导整合，估值超百亿，这艘宠物医疗界的"航母"迎来新风口
7. https://news.cau.edu.cn/art/2019/12/27/art_8769_657369.html
新瑞鹏宠物医疗集团捐赠500万支持我校学科建设与人才培养

第六章　新希望：科技要升级，组织先再造

1. http://www.whichmba.net/business.do?actionId=BrowseArticle&channel=4&Id=1003
清华五道口金融EMBA刘畅：二代企业家畅想新希望未来
2. http://www.iceo.com.cn/com2013/2019/0710/306281.shtml
王航：新希望每五年必有一次变化
3. http://tech.sina.com.cn/i/2015-06-20/doc-ifxehfqi8156395.shtml
刘永好：新希望利润比小米高　但估值低太多
4. https://www.huxiu.com/article/140176.html
当卖饲料模式已走到头，刘永好陈春花刘畅为新希望开出了什么药方
5. http://www.iceo.com.cn/com2013/2015/1206/300531.shtml
刘永好：传统产业走出困境需要"四化"
6. http://www.xinhuanet.com/2018-01/09/c_1122229363.htm
小米计划IPO　估值数据"打架"
7. http://www.newhopegroup.com/TMT/index.html
新希望集团注重创新，一直关注新兴领域的变革和发展
8. http://www.newhopegroup.com/mt2018/Article/20189/ArticleContent_412.html
【中国企业家】追光者刘永好
9. http://www.xumurc.com/main/ShowNews_31469.html
新希望乳业首届粉丝节正式启幕
10. https://m.jiemian.com/article/413776_yidian.html

【财经天下周刊】新希望乳业新鲜逆袭
11. https://www.dac.org.cn/read/newxhzs-19061915545128410122.jhtm
新希望席刚：为了新希望，他百炼成"刚"
12. http://www.caogenzhiben.com/Article/236_1522
草根知本总裁席刚访谈：我们在尝试和摸索有没有可能在中国做一家像 3G 资本那样的投资控股公司
13. http://www.newhopegroup.com/mtbd2017/Article/20174/ArticleContent_303.html
【英才杂志】刘永好的大资本农业
14. http://www.xinxiwangdichan.com/index.php/home/News/news_info/dynamic_id/258
乐居财经|《见地》姜孟军：稳中求进
15. https://www.chinaventure.com.cn/cmsmodel/news/detail/309726.html
新希望集团旗下厚生投资 4.5 亿美元完成三期美元基金超募　首晒 7 年成绩单投 30 多个项目
16. https://www.sohu.com/a/462778594_137204
新希望草根知本席刚：用养猪的理论选投资项目 | 企投访谈录
17. https://www.sohu.com/a/311404301_343156
新希望旗下鲜生活冷链 2018 年营收超 7 亿
18. https://mp.weixin.qq.com/s?__biz=MzU5MDk0MjA3MQ==&mid=100001170&idx=2&sn=5dc9bf492ea578a8fed46833a23c7d12&chksm=7e37df8a4940569cca0b9f380595bce60b762826e99c5b6931913bbd23443c3785e27355a0e3#rd
运荔枝两周年庆，科技让交付更完美！
19. http://finance.sina.com.cn/stock/s/2017-10-10/doc-ifymrcmn0082615.shtml
刘永好资产版图曝光：布局 4 家上市公司控股 79 家子公司
20. https://www.sohu.com/a/458473410_120952561
川娃子创始人兼 CEO 唐磊：如何打开复合调味品新蓝海？
21. https://news.21food.cn/35/2829503.html
收购福猴 1 年新希望调味品又将川娃子纳入麾下　下个目标是谁
22. http://food.china.com.cn/2019-12/31/content_75565740.htm
2019 不难！草根知本赋能调味品板块打造"爆款群"
23. https://finance.sina.com.cn/chanjing/gsnews/2021-03-29/doc-ikknscsk3838647.

shtml
对话刘永好：新希望如何做出数字化"新"味道
24. http://news.qingdaonews.com/wap/2019-06/21/content_20440206.htm
新希望集团董事长刘永好：将在青莠 200 万头猪
25. https://finance.sina.com.cn/stock/s/2021-01-13/doc-ikftpnnx6404229.shtml
新希望 10 亿股权激励礼包覆盖 4000 员工
26. https://www.sohu.com/a/444709877_100032554
新希望服务：刘永好 6.2% 股权封赏 5 位高管 | 穿透 IPO
27. https://mp.weixin.qq.com/s?__biz=MzU5MDk0MjA3MQ==&mid=100001293&idx=1&sn=d766c981b80186ebbcc4d9229a957e4c&chksm=7e37dc1549405503c9a428588cadac987d90d11b47abe831191f6de1e17945566278e310bb1a#rd
【要闻】中国企业家杂志 | 解码新希望 40 不惑的"长青"逻辑！
28. http://finance.eastmoney.com/a/202104301909449642.html
新希望地产 2020 年净利润 28.4 亿元　同比增长 16.72%
29. https://finance.sina.com.cn/hy/hyjz/2020-08-30/doc-iivhuipp1507746.shtml
刘畅：数字化养猪厂的环境比我坐月子都好
30. http://www.cvonet.com/news/detail/462278.html
商业文明新希望——2020 年新希望集团总经理大会圆满结束
31. https://mp.weixin.qq.com/s/B5-PaMEu7QZiOy9fNoUYfg
2021 开篇：商业文明新希望——从优秀到卓越，惟有奋斗！
32. http://www.nbd.com.cn/articles/2021-08-02/1861375.html
新希望集团成四川首家"世界 500 强"刘永好：持续加大科技投入创新发展
33. https://finance.sina.com.cn/money/bank/bank_hydt/2020-11-16/doc-iiznezxs2108057.shtml
新希望凭什么搞银行？刘永好：有 7 亿头猪、20 亿只鸡等布置的大数据

第七章　贝壳：引领行业升级创新者

1. https://finance.qq.com/a/20140514/001610.htm
美团网移动端日交易额破亿
2. https://www.36kr.com/p/1723273691137
爱屋吉屋之死

3. https://m.21jingji.com/article/20190221/7606399dd3e6e4406d3ef6e5fbe02ef9.html
爱屋吉屋倒闭启示录：莫要妄谈颠覆行业
4. http://www.nbd.com.cn/articles/2015-06-30/926560.html
链家董事长左晖：别的中介抢不走自己的经纪人
5. https://www.jianshu.com/p/0ea47e65e996
创新院案例分析链家退 & 贝壳进
6. http://www.xinhuanet.com/house/2018-06-01/c_1122923548.htm
贝壳 CEO 彭永东：构建开放平台　解决行业五大矛盾
7. https://www.jiemian.com/article/694295.html
【财经天下周刊】链家：第三种中介
8. https://www.jiemian.com/article/1275782.html
【深度】链家　跨越万亿之后
9. https://finance.sina.com.cn/tech/2021-05-21/doc-ikmyaawc6623089.shtml
优客工场毛大庆发文悼念左晖：因为有你来过，我的世界有了一点点改变
10. https://bj.lianjia.com/about/lianjiadream
链家的梦想
11. https://finance.ifeng.com/c/86PjaHIfB6n
追忆与链家创始人左晖生前对话："我们没有垄断一套房"
12. https://news.sina.com.cn/o/2021-06-17/doc-ikqciyzk0212328.shtml
揭秘连续举办 10 年的房地产 "经纪人高考"
13. http://www.linkshop.com.cn/web/archives/2021/468353.shtml
左晖：捷径破坏者
14. http://finance.sina.com.cn/focus/ljzh/
链家董事长左晖：慢慢来，比较快
15. https://www.chinaventure.com.cn/cmsmodel/news/detail/308419.html
左晖是如何将链家的中介生意做到估值 416 亿、年销售规模 7090 亿的？
16. http://www.woshipm.com/it/4234850.html
贝壳的 ACN 网络，被低估的价值
17. http://m.caijing.com.cn/article/161700
房产中介与互联网战事：未来能出现规则制定者吗？
18. https://new.qq.com/omn/20200911/20200911A05EPP00.html?pc

贝壳 ACN 与美国 MLS 有何不同？
19. https://finance.sina.com.cn/chanjing/gsnews/2021-05-20/doc-ikmxzfmm3667520.shtml
左晖的第一次创业史：链家 10 万经纪的楼市狂想
20. http://finance.sina.com.cn/focus/ljzh/
链家董事长左晖：慢慢来，比较快
21. http://4g.zijing.org/?app=article&controller=article&action=show&contentid=633274
链家经纪人提佣比例最高达 70% 抢人成行业洗牌信号
22. https://business.sohu.com/20160419/n444882039.shtml
链家 368 亿估值背后的疯狂扩张：一年收入暴增四倍
23. http://www.ileader.com.cn/html/2015/4/27/69314.htm
链家网徐东华：房产 O2O 的真相
24. https://www.infoq.cn/article/2015/09/huixinchen-interview
专访鸟哥惠新宸：加入链家是顺理成章的职业抉择
25. https://m.sohu.com/n/473689738/
为什么二手房火 中介却一直没有上市公司？
26. http://tech.sina.com.cn/i/2016-04-18/doc-ifxriqqx2927486.shtml
链家正式启动 IPO 对赌 5 年内完成上市
27. https://www.jiemian.com/article/501467.html
全年销售过 9000 亿 "中介教父" 施永青称要感谢左晖
28. https://weekly.caixin.com/2018-05-26/101257052.html?p0#page2
链家做平台 2 万亿野心与挑战
29. https://www.jiemian.com/article/694295.html
【财经天下周刊】链家：第三种中介
30. https://www.sohu.com/a/209495994_413980
链家另一面
31. http://www.geekpark.net/news/243288
对话 CTO｜听贝壳找房 CTO 闫觅讲居住产业互联网的数字化力量
32. https://toutiao.io/posts/61lwhp/preview
链家网技术架构的演进之路
33. https://www.tmtpost.com/2392353.html

自如独立，链家裂变
34. https://www.yicai.com/news/100672500.html
万科抽身离去，万链不再姓"万"
35. https://www.sohu.com/a/108975219_115035
链家网白智广：耗时 8 年，豪掷 4.5 亿元，只做这一件事
36. https://www.infoq.cn/article/2016/09/lianjia-big-data-house-property
专访链家蔡白银：大数据如何解决房产领域痛点推动行业进步
37. http://tech.sina.com.cn/i/2016-12-14/doc-ifxypipu8112687.shtml
左晖没有明说的两件事　暴露了链家的小目标
38. https://new.qq.com/omn/20210527/20210527A04BJC00.html
"巨兽"链家系是如何炼成的？
39. http://tech.sina.com.cn/i/2017-09-03/doc-ifykqmrv8000691.shtml
"互联网＋房产"潮退之问：房产交易的核心是什么？
40. https://www.sohu.com/a/124495892_413980
链家网 CEO 彭永东：房产交易为什么那么难？
41. https://www.leiphone.com/category/industrynews/E8fYutaUrC20Tipb.html
链家网闫觅：互联网转型是一场人文革命
42. https://finance.sina.com.cn/chanjing/gsnews/2021-05-20/doc-ikmxzfmm3655957.shtml
左晖夺"命门"
43. https://bj.house.163.com/17/0110/09/CADLFKGC0007821K.html
独家 | 和左晖对谈 90 分钟　揭开链家被神化的背后
44. https://mp.weixin.qq.com/s/ZpVhOJiw5CCjf8D2QHrZ-A
链家何以变成贝壳
45. https://www.36kr.com/p/1723133247489
中介风云：链家的破壁之战
46. https://m.deyoulife.com/content/657437.html
网易独家专访 COO 祁世钊 | 十问链家与德佑
47. https://www.jiemian.com/article/5700592.html
孙宏斌再度牵手左晖，融创 15 亿入股愿景集团成第四大股东
48. https://mp.weixin.qq.com/s/tOOOUOwe1XIq1mwLWGoehw
链家登陆郑州市场 | 首尝"加盟模式"，70 家门店同步开业！

49. http://news.sina.com.cn/c/2018-01-31/doc-ifyremfz2330831.shtml
    链家欲借加盟模式再度扩张
50. https://finance.sina.com.cn/tech/2020-09-14/doc-iivhuipp4252304.shtml
    贝壳上市：长期主义者的速胜
51. https://www.sohu.com/a/322597244_323328
    58 围剿贝壳的 365 天
52. https://new.qq.com/omn/20200727/20200727A03RJZ00.html
    棱镜 | 贝壳 IPO 背后：规模仅次于阿里，2.13 万亿交易额是怎样炼成的？
53. https://www.geekpark.net/news/229842
    链家变形记
54. https://finance.sina.com.cn/chanjing/gsnews/2021-05-20/doc-ikmxzfmm3655957.shtml
    左晖夺"命门"
55. https://www.36kr.com/p/1722850410497
    贝壳找房发布"店东委员会制度"，合作品牌可参与平台决策
56. https://www.sohu.com/a/407637359_477212
    37 万经纪人共倡《新经纪守则》背后：贝壳 ACN 是远超美国 MLS
57. https://www.sohu.com/a/284542515_137462
    贝壳找房首推陪审团制度　与行业共建新居住服务平台
58. http://client.sina.com.cn/news/2020-06-05/doc-iirczymk5451751.shtml
    贝壳找房升级经纪人贝壳分信用体系　买房租房迎来"按分找人"时代
59. https://www.163.com/dy/article/GAGO7NQ90519X1J2.html
    重读左晖对房产经纪人的深度思考：这也将是照亮中国保险代理人的光
60. https://www.36kr.com/p/1724043886593
    贝壳找房 CEO 彭永东：价值观的生意不算小帐
61. https://www.36kr.com/p/1724999843841
    36 氪专访 | 贝壳找房 CTO 闫觅：有数据之后智能化是一件很自然的事，未来 toB 的 AI 助手会有很大机会
62. https://aws.amazon.com/cn/solutions/case-studies/beikerealsee-case-study/
    AWS 案例研究：贝壳·如视
63. https://www.36kr.com/p/1724999843841
    贝壳找房 CTO 闫觅：有数据之后智能化是一件很自然的事，未来 toB 的 AI

助手会有很大机会

64. http://www.xinhuanet.com/house/2020-03-13/c_1125706856.htm
贝壳 VR 售楼部重塑新房销售服务链
65. https://gu.qq.com/news-zixuangu?s=b&id=kuaibao-SN20180917115639643c7df4
贝壳估价：日均 50 万次使用　准确率比肩 Zillow
66. https://www.6aiq.com/article/1583336718096
关系图谱在贝壳的构建和应用
67. https://www.jiemian.com/article/4836254.html
从链家到贝壳，左晖 19 年的隐秘战事
68. https://mp.weixin.qq.com/s/tj3stl7mrLvMCU-K560UtA
链家：成立 18 年，我们仍然在创业
69. https://www.sohu.com/a/432379222_338497
贝壳左晖的三大"法宝"
70. http://finance.people.com.cn/n1/2021/0316/c1004-32052611.html
贝壳 2020 年营收 705 亿　净利润近 28 亿
71. https://www.time-weekly.com/post/277284
贝壳研究院发布《经纪人大数据生存全景图》
72. https://www.jiemian.com/article/5934868.html
安居客联手 58 造梦，奈何能力配不上野心
73. http://www.eeo.com.cn/2021/0706/493823.shtml
贝壳找房 80 亿元收购圣都家具　加码家装市场
74. https://www.iyiou.com/analysis/202108201021109
贝壳趟家装浑水
75. http://mobile.time-weekly.com/v2/articles/BYpVQ5?s=ArdjzPOQpmOWK3jmv
万亿家装市场催生新需求　被窝装修如何实力上位？
76. https://finance.sina.com.cn/stock/relnews/us/2021-07-06/doc-ikqcfnca5289773.shtml
贝壳董事长彭永东内部信　谈收购圣都家装

推荐阅读

杨国安作品
《变革的基因：移动互联时代的组织能力创新》

战略和商业模式容易复制，组织能力却是打赢持久战的关键。没有过硬的组织能力，战略的落地和施行就只能是空中楼阁。

《变革的基因》从组织能力的杨三角模型出发，以移动互联为时代背景，从战略、组织和人才管理、激励机制等多个角度，结合多年的研究调研、企业实践和咨询辅导，给出了如何在移动互联时代持续获得成功的战略与路径。

《变革的基因：如何创新战略、搭建团队、提升战斗力（实践篇）》

如何运用杨三角模型并切实提升企业组织能力和竞争力？

作为企业的实战案例手册，本书详细采访、记录身处不同行业的10家企业的管理变革实践，并将其经验做了归纳、总结、提炼，把理论变成具体的实践操作。

通过本书，作者希望能够帮助企业做到如下几点：

- 更具体、直观地学习移动互联网时代的组织能力打造，提供思路的借鉴。
- 结合案例，对照自己企业进行反思。每个企业所处的阶段不一样，但是要找结合点和关键点，对症下药。
- 拥有落实和推进的魄力，提高企业变革的效率和成功概率。

《组织革新：构建市场化生态组织的路线图》

市场变幻莫测，而你的公司应对不够快，怎么办？

传统的等级组织已经跟不上时代，各种新型组织形式正在出现，但领导者真正需要知道的是，什么才是有效的，如何让一个组织既能及时应对快速变化的市场，又能创造更多价值。

这本书提出一个实用、集成的六步框架，帮助企业构建市场化生态组织，包括选择正确的策略、能力、结构、文化、管理工具和领导力，帮助企业反思、革新、重获新生，以便更好地抓住转瞬即逝的市场机遇，持续释放更大的企业价值。